Zivilprozessrecht II

Hemmer/Wüst/Grieger/Tyroller/d'Alquen

Hemmer/Wüst Verlagsgesellschaft

Hemmer/Wüst/Grieger/Tyroller/d'Alquen, Zivilprozessrecht II

ISBN 978-3-86193-979-5

13. Auflage 2021

gedruckt auf chlorfrei gebleichtem Papier
von Schleunungdruck GmbH, Marktheidenfeld

Zivilprozessrecht II mit der hemmer-Methode

Wer in vier Jahren sein Studium abschließen will, kann sich einen Irrtum in Bezug auf Stoffauswahl und -aneignung nicht leisten. Hoffen Sie nicht auf leichte Rezepte und den einfachen Rechtsprechungsfall. Hüten Sie sich vor Übervereinfachung beim Lernen. Stellen Sie deswegen frühzeitig die Weichen richtig.

Zwangsvollstreckungsrecht (**ZPO II**) hat vor allem praktische Bedeutung. Während das materielle Zivilrecht klärt, ob man Recht hat und das Zivilverfahrensrecht, wie man Recht bekommt, beantwortet das Zwangsvollstreckungsrecht die Frage nach der Durchsetzbarkeit. Wichtig ist vor allem die Kenntnis der Vollstreckungsvoraussetzungen und der Rechtsbehelfe im Klauselverfahren sowie in der Zwangsvollstreckung. Insbesondere i.R.d. Drittwiderspruchsklage (§ 771 ZPO) und der Vollstreckungsabwehrklage werden regelmäßig Fragen des materiellen Zivilrechts mit solchen des Prozessrechts verbunden.

Die **hemmer-Methode** vermittelt Ihnen die **erste richtige Einordnung** und das **Problembewusstsein**, welches Sie brauchen, um an einer Klausur bzw. dem Ersteller nicht vorbeizuschreiben. Häufig ist dem Studierenden nicht klar, warum er schlechte Klausuren schreibt. Wir geben Ihnen **gezielte Tipps**! Vertrauen Sie auf unsere **Expertenkniffe**.

Durch die ständige Diskussion mit unseren Kursteilnehmerinnen und Kursteilnehmern ist uns als erfahrenen Repetitoren klar geworden, welche **Probleme** die Studierenden haben, ihr **Wissen anzuwenden**. Wir haben aber auch von unseren Kursteilnehmerinnen und Kursteilnehmern profitiert und von ihnen erfahren, welche **Argumentationsketten** in der Prüfung zum Erfolg geführt haben.

Die **hemmer-Methode** gibt **jahrelange Erfahrung** weiter, erspart Ihnen viele schmerzliche Irrtümer, setzt richtungsweisende Maßstäbe und begleitet Sie als **Gebrauchsanweisung** in Ihrer Ausbildung:

1. Grundwissen:

Die **Grundwissenskripten** sind für die Studierenden in den ersten Semestern gedacht. In den Theoriebänden Grundwissen werden leicht verständlich und kurz die wichtigsten Rechtsinstitute vorgestellt und das notwendige Grundwissen vermittelt. Die Skripten werden durch den jeweiligen Band unserer **Reihe „Die wichtigsten Fälle"** ergänzt.

2. Basics:

Das Grundwerk für Studium und Examen. Es schafft schnell **Einordnungswissen** und mittels der hemmer-Methode richtiges Problembewusstsein für Klausur und Hausarbeit. Wichtig ist, **wann und wie** Wissen in der Klausur angewendet wird.

3. Skriptenreihe:

Vertiefendes Prüfungswissen: Über 1.000 Klausuren wurden auf ihre „essentials" abgeklopft.

Anwendungsorientiert werden die für die Prüfung nötigen Zusammenhänge umfassend aufgezeigt und wiederkehrende Argumentationsketten eingeübt.

Gleichzeitig wird durch die **hemmer-Methode** auf **anspruchsvollem Niveau** vermittelt, nach welchen Kriterien Prüfungsfälle beurteilt werden. Mit dem Verstehen wächst die Zustimmung zu Ihrem Studium. Spaß und Motivation beim Lernen entstehen erst durch Verständnis.

Lernen Sie, durch Verstehen am juristischen Sprachspiel teilzunehmen. Wir schaffen den „background", mit dem Sie die innere Struktur von Klausur und Hausarbeit erkennen: **„Problem erkannt, Gefahr gebannt"**. Profitieren Sie von unserem **strategischen Wissen**. Wir werden Sie mit unserem know-how auf das Anforderungsprofil einstimmen, das Sie in Klausur und Hausarbeit erwartet.

Die Theoriebände Grundwissen, die Basics, die Skriptenreihe und der Hauptkurs sind als **modernes, offenes und flexibles Lernsystem** aufeinander abgestimmt und ergänzen sich ideal. Die **studentenfreundliche Preisgestaltung** ermöglicht den **Erwerb als Gesamtwerk**.

4. Hauptkurs:

Schulung am examenstypischen Fall mit der Assoziationsmethode. Trainieren Sie unter professioneller Anleitung, was Sie im Examen erwartet und wie Sie bestmöglich mit dem Examensfall umgehen.

Nur wer die Dramaturgie eines Falles verstanden hat, ist in Klausur und Hausarbeit auf der sicheren Seite! Häufig hören wir von unseren Kursteilnehmenden: **„Erst jetzt hat Jura richtig Spaß gemacht"**.

Die Ergebnisse unserer Kursteilnehmerinnen und Kursteilnehmer geben uns Recht. Maßstab ist der Erfolg. Die Examensergebnisse zeigen, dass unsere Kursteilnehmenden überdurchschnittlich abschneiden.

Die Examensergebnisse unserer Kursteilnehmerinnen und Kursteilnehmer können auch Ansporn für Sie sein, intelligent zu lernen: Wer nur auf vier Punkte lernt, landet leicht bei drei.
Lassen Sie sich aber nicht von diesen Supernoten verschrecken, sehen Sie dieses Niveau als Ansporn für Ihre Ausbildung.

Wir hoffen, mit unserem Gesamtangebot bei der Konkretisierung des Rechts mitzuwirken und wünschen Ihnen **viel Spaß beim Durcharbeiten** unserer Skripten.

Wir würden uns freuen, mit Ihnen in unserem Hauptkurs und mit der **hemmer-Methode** gemeinsam Verständnis an der Juristerei zu trainieren. Nur wer erlernt, was ihn im Examen erwartet, lernt richtig!

So leicht ist es, uns kennenzulernen: Probehören ist jederzeit in den jeweiligen Kursorten möglich.

Karl-Edmund Hemmer & Achim Wüst

VORBEREITUNG AUF DAS ERSTE STAATSEXAMEN

KURSORTE IM ÜBERBLICK

AUGSBURG
Wüst
Mergentheimer Str. 44
97082 Würzburg
Tel.: (0931) 79 78 230
Fax: (0931) 79 78 234
Mail: augsburg@hemmer.de

BAYREUTH
Daxhammer/d´Alquen
Parkweg 7
97944 Boxberg
Tel.: (07930) 99 23 38
Fax: (07930) 99 22 51
Mail: bayreuth@hemmer.de

BERLIN-DAHLEM
Gast
Schumannstraße 13
10117 Berlin
Tel.: (030) 240 45 738
Fax: (030) 240 47 671
Mail: mitte@hemmer-berlin.de

BERLIN-MITTE
Gast
Schumannstraße 18
10117 Berlin
Tel.: (030) 240 45 738
Fax: (030) 240 47 671
Mail: mitte@hemmer-berlin.de

BIELEFELD
Lück
Salzstr. 14/15
48143 Münster
Tel.: (0251) 67 49 89 70
Fax.: (0251) 67 49 89 71
Mail: bielefeld@hemmer.de

BOCHUM
Schlömer/Sperl
Salzstr. 14/15
48143 Münster
Tel.: (0251) 67 49 89 70
Fax.: (0251) 67 49 89 71
Mail: bochum@hemmer.de

BONN
Ronneberg/Clobes/Geron
Meckenheimer Allee 148
53115 Bonn
Tel.: (0228) 91 14 125
Fax: (0228) 91 14 141
Mail: bonn@hemmer.de

BREMEN
Hemmer/Wüst
Mergentheimer Str. 44
97082 Würzburg
Tel.: (0931) 79 78 257
Fax: (0931) 79 78 240
Mail: bremen@hemmer.de

DRESDEN
Weber
Täubchenweg 83
04317 Leipzig
Tel.: (0175) 93 13 967
Mail: leipzig@hemmer.de

DÜSSELDORF
Ronneberg/Clobes/Geron
Meckenheimer Allee 148
53113 Bonn
Tel.: (0228) 91 14 125
Fax: (0228) 91 14 141
Mail: duesseldorf@hemmer.de

ERLANGEN
Grieger/Tyroller
Mergentheimer Str. 44
97082 Würzburg
Tel.: (0931) 79 78 230
Fax: (0931) 79 78 234
Mail: erlangen@hemmer.de

FRANKFURT/M.
Geron/Hahn/Bold
Dreifaltigkeitsweg 49
53489 Sinzig
Tel.: (02642) 61 44
Fax: (02642) 61 44
Mail: frankfurt.main@hemmer.de

FRANKFURT/O.
Gast
Schumannstraße 18
10117 Berlin
Tel.: (030) 240 45 738
Fax: (030) 240 47 671
Mail: mitte@hemmer-berlin.de

FREIBURG
Behler/Rausch
Rohrbacher Str. 3
69115 Heidelberg
Tel.: (06221) 65 33 66
Fax: (06221) 65 33 30
Mail: freiburg@hemmer.de

GIEßEN
Sperl
Parkweg 7
97944 Boxberg
Tel.: (07930) 99 23 38
Fax: (07930) 99 22 51
Mail: giessen@hemmer.de

GÖTTINGEN
Schlömer/Sperl
Kirchhofgärten 22
74635 Kupferzell
Tel.: (07944) 94 11 05
Fax: (07944) 94 11 08
Mail: goettingen@hemmer.de

GREIFSWALD
Lück
Knieperstraße 20
18439 Stralsund
Tel.: (03831) 26 27 17
Fax: (03831) 26 27 28
Mail: greifswald@hemmer.de

HALLE
Weber
Täubchenweg 83
04317 Leipzig
Tel.: (0175) 93 13 967
Mail: halle@hemmer.de

HAMBURG
Schlömer/Sperl
Steinhöft 5-7
20459 Hamburg
Tel.: (040) 317 669 17
Fax: (040) 317 669 20
Mail: hamburg@hemmer.de

HANNOVER
Daxhammer/Sperl
Matzenhecke 23
97204 Höchberg
Tel.: (0931) 400 337
Fax: (0931) 404 3109
Mail: hannover@hemmer.de

HEIDELBERG
Behler/Rausch
Rohrbacher Str. 3
69115 Heidelberg
Tel.: (06221) 65 33 66
Fax: (06221) 65 33 30
Mail: heidelberg@hemmer.de

JENA
Weber
Täubchenweg 83
04317 Leipzig
Tel.: (0175) 93 13 967
Mail: halle@hemmer.de

KIEL
Onoszko/Lück
Knieperstraße 20
18439 Stralsund
Tel.: (03831) 26 27 17
Fax: (03831) 26 27 28
E-Mail: kiel@hemmer.de

KÖLN
Ronneberg/Clobes/Geron
Meckenheimer Allee 148
53113 Bonn
Tel.: (0228) 91 14 125
Fax: (0228) 91 14 141
Mail: koeln@hemmer.de

KONSTANZ
Kaiser
Hindenburgstr. 15
78467 Konstanz
Tel.: (07531) 69 63 63
Fax: (07531) 69 63 64
Mail: konstanz@hemmer.de

LEIPZIG
Weber
Täubchenweg 83
04317 Leipzig
Tel.: (0175) 93 13 967
Mail: leipzig@hemmer.de

MAINZ
Geron
Dreifaltigkeitsweg 49
53489 Sinzig
Tel.: (02642) 61 44
Fax: (02642) 61 44
Mail: mainz@hemmer.de

MANNHEIM
Behler/Rausch
Rohrbacher Str. 3
69115 Heidelberg
Tel.: (06221) 65 33 66
Fax: (06221) 65 33 30
Mail: mannheim@hemmer.de

MARBURG
Sperl
Parkweg 7
97944 Boxberg
Tel.: (07930) 99 23 38
Fax: (07930) 99 22 51
Mail: marburg@hemmer.de

MÜNCHEN
Wüst
Mergentheimer Str. 44
97082 Würzburg
Tel.: (0931) 79 78 230
Fax: (0931) 79 78 234
Mail: muenchen@hemmer.de

MÜNSTER
Schlömer/Sperl
Salzstr. 14/15
48143 Münster
Tel.: (0251) 67 49 89 70
Fax.: (0251) 67 49 89 71
Mail: muenster@hemmer.de

OSNABRÜCK
Fethke
Philosophenweg 23
23970 Wismar
Tel.: (0541) 18 55 21 79
Mail: osnabrueck@hemmer.de

PASSAU
Rath/Wenzl
Mergentheimer Str. 44
97082 Würzburg
Tel.: (0931) 79 78 247
Fax: (0931) 79 78 260
Mail: passau@hemmer.de

POTSDAM
Gast
Schumannstraße 18
10117 Berlin
Tel.: (030) 240 45 738
Fax: (030) 240 47 671
Mail: mitte@hemmer-berlin.de

REGENSBURG
Daxhammer/d´Alquen
Parkweg 7
97944 Boxberg
Tel.: (07930) 99 23 38
Fax: (07930) 99 22 51
Mail: regensburg@hemmer.de

ROSTOCK
Burke/Lück
Knieperstraße 20
18439 Stralsund
Tel.: (03831) 26 27 17
Fax: (03831) 26 27 28
Mail: rostock@hemmer.de

SAARBRÜCKEN
Bold/Hein/Issa
Preslesstraße 2
66987 Thaleischweiler-Fröschen
Tel.: (06334) 98 42 83
Fax: (06334) 98 42 83
Mail: saarbruecken@hemmer.de

TRIER
Geron
Dreifaltigkeitsweg 49
53489 Sinzig
Tel.: (02642) 61 44
Fax: (02642) 61 44
Mail: trier@hemmer.de

TÜBINGEN
Kaiser
Hindenburgstr. 15
78465 Konstanz
Tel.: (07531) 69 63 63
Fax: (07531) 69 63 64
Mail: tuebingen@hemmer.de

WÜRZBURG
- ZENTRALE -
Mergentheimer Str. 44
97082 Würzburg
Tel.: (0931) 79 78 230
Fax: (0931) 79 78 234
Mail: wuerzburg@hemmer.de

VORBEREITUNG AUF DAS ZWEITE STAATSEXAMEN

ASSESSORKURSORTE IM ÜBERBLICK

BAYERN
WÜRZBURG/MÜNCHEN/NÜRNBERG/REGENSBURG/POSTVERSAND

RA Gold
Mergentheimer Str. 44
97082 Würzburg
Tel.: (0931) 79 78 2-50
Fax: (0931) 79 78 2-51
Mail: assessor@hemmer.de

BADEN-WÜRTTEMBERG
KONSTANZ/TÜBINGEN/POSTVERSAND

RA Kaiser
Hindenburgstr. 15
78467 Konstanz
Tel.: (07531) 69 63 63
Fax: (07531) 69 63 64
Mail: konstanz@hemmer.de

STUTTGART

RAin Baier / RA Baier
Mergentheimerstr. 44
97082 Würzburg
Tel. 0931-7978247
Fax. 0931-7978260
Mail: stuttgart@hemmer.de

BERLIN/POTSDAM/BRANDENBURG
BERLIN

RA Gast
Schumannstr. 18
10117 Berlin
Tel.: (030) 24 04 57 38
Fax: (030) 24 04 76 71
Mail: mitte@hemmer-berlin.de

BREMEN/HAMBURG
HAMBURG/POSTVERSAND

RAe Sperl/Clobes/Dr. Schlömer
Kirchhofgärten 22
74635 Kupferzell
Tel.: (07944) 94 11 05
Fax: (07944) 94 11 08
Mail: assessor-nord@hemmer.de

HESSEN
FRANKFURT

RA Geron
Dreifaltigkeitsweg 49
53489 Sinzig
Tel.: (02642) 61 44
Fax: (02642) 61 44
Mail: frankfurt.main@hemmer.de

MECKLENBURG-VORPOMMERN
POSTVERSAND

RAe Burke/Lück
Buchbinderstr. 17
18055 Rostock
Tel.: (0381) 37 77 40 0
Fax: (0381) 37 77 40 1
Mail: rostock@hemmer.de

RHEINLAND-PFALZ
POSTVERSAND

RA Geron
Dreifaltigkeitsweg 49
53489 Sinzig
Tel.: (02642) 61 44
Fax: (02642) 61 44
Mail: trier@hemmer.de

NIEDERSACHSEN
HANNOVER

RAe Sperl/Schlömer
Steinhöft 5 - 7
20459 Hamburg
Tel.: (040) 317 669 17
Fax: (040) 317 669 20
Mail: assessor-nord@hemmer.de

HANNOVER POSTVERSAND

RAe Sperl/Clobes/Dr. Schlömer
Kirchhofgärten 22
74635 Kupferzell
Tel.: (07944) 94 11 05
Fax: (07944) 94 11 08
Mail: assessor-nord@hemmer.de

NORDRHEIN-WESTFALEN
KÖLN/BONN/DORTMUND/DÜSSELDORF/POSTVERSAND

RAin Dr. Ronneberg
Meckenheimer Allee 148
53113 Bonn
Tel.: (0228) 91 14 125
Fax: (0228) 91 14 141
Mail: koeln@hemmer.de

SCHLESWIG-HOLSTEIN
POSTVERSAND

RAe Sperl/Clobes/Dr. Schlömer
Kirchhofgärten 22
74635 Kupferzell
Tel.: (07944) 94 11 05
Fax: (07944) 94 11 08
Mail: assessor-nord@hemmer.de

THÜRINGEN

RAe Singbartl/Weber
Täubchenweg 83
04317 Leipzig
Tel.: (0175) 93 13 967
Mail: halle@hemmer.de

SACHSEN

RAe Singbartl/Weber
Täubchenweg 83
04317 Leipzig
Tel.: (0175) 93 13 967
Mail: leipzig@hemmer.de

SACHSEN-ANHALT

RAe Singbartl/Weber
Täubchenweg 83
04317 Leipzig
Tel.: (0175) 93 13 967
Mail: halle@hemmer.de

Kommentare:

Stein/Jonas   Zivilprozessordnung

Thomas/Putzo   Zivilprozessordnung

Zöller   Zivilprozessordnung

Lehrbücher:

Brox/Walker   Zwangsvollstreckungsrecht

Jauernig   Zwangsvollstreckungs- und Insolvenzrecht

Knöringer   Die Assessorklausur im Zivilprozess

Rosenberg/Schwab/Schilken   Zwangsvollstreckungsrecht / Zivilprozessrecht

Weitere Nachweise (insbesondere auf Aufsätze) in den Fußnoten.

§ 1 EINFÜHRUNG

A) Die Zwangsvollstreckungsklausur im Examen

Bedeutung der Zwangsvollstreckung

Das Zwangsvollstreckungsrecht spielt, auch wenn es vertieft v.a. im Referendariat und Assessorexamen dargestellt und geprüft wird, bereits im Ersten Staatsexamen eine wichtige Rolle. Der formalisierte Ablauf mit seiner klaren Regelung im Gesetz und die Vielzahl der Rechtsbehelfe auf allen Ebenen der Zwangsvollstreckung eignen sich in besonderer Weise, die Fähigkeiten zu systematischer juristischer Arbeit abzuprüfen.

1

Außerdem finden sich im Zwangsvollstreckungsrecht zahlreiche Schnittstellen zu anderen Gebieten des Zivilrechts. So können z.B. i.R. einer Drittwiderspruchsklage nach § 771 ZPO zahlreiche sachenrechtliche Probleme in eine Klausur eingebaut werden.

Schwerpunkte einer zwangsvollstreckungsrechtlichen Klausur sind häufig die Klagearten und ihr Verhältnis zum materiellen Recht. Ohne vertiefte Kenntnisse hierzu ist eine erfolgreiche Lösung kaum zu fertigen. Allein die richtige Darstellung des Prozessrechts kann in einer solchen Klausur bis zu einem Drittel der zu vergebenden Punkte ausmachen.

hemmer-Methode: Setzen Sie im Zwangsvollstreckungsrecht nicht auf Lücke. Die Grundzüge dieses Rechtsgebietes lassen sich schnell erschließen. Die beste Gliederung hierzu liefert das Gesetz selbst in den §§ 704 ff. ZPO (vgl. Sie Rn. 7).

B) Definition der Zwangsvollstreckung

Zwangsvollstreckung (ZVS)

Die Zwangsvollstreckung ist ein staatliches Verfahren zur zwangsweisen Durchsetzung oder Sicherung von privatrechtlichen Leistungsansprüchen, die in einem Vollstreckungstitel verbrieft sind.[1]

2

Gewaltmonopol des Staates

Dieses staatliche Verfahren benötigt der Gläubiger, weil ihm das Gewaltmonopol des Staates eine Selbstjustiz im Interesse des Rechtsfriedens grundsätzlich verbietet. Selbstschutz ist nur in den engen Grenzen von § 229 BGB (allgemeiner Anspruchsschutz), § 562b BGB (Vermieterschutz), §§ 859, 860 BGB (Besitzschutz), § 910 BGB (Nachbarschutz) und § 962 BGB (Verfolgungsrecht) zulässig.

3

> *Bsp.: Dem Eigentümer eines Autos wird der Besitz mit Gewalt entzogen. Trifft er den Störer dabei auf frischer Tat an, kann er ihm den Besitz wieder mittels Selbsthilfe entziehen, § 859 II BGB. Lässt er diese Zeit verstreichen, kann er den Besitz nur noch mit Hilfe der staatlichen Vollstreckungsorgane zurückerlangen.*

> *Zu beachten ist jedoch bei Grundstücken § 859 III BGB, dessen zeitlicher Anwendungsbereich über § 859 II BGB hinausgeht. Hier hat der BGH dem Eigentümer eines Kaufhausparkplatzes einen Anspruch auf Ersatz von Abschleppkosten zugesagt, die für ein kostenpflichtiges Entfernen angefallen sind.[2]*

nur Leistungsansprüche

Durchgesetzt werden sollen im Wege der Zwangsvollstreckung nur privatrechtliche Leistungsansprüche. Deshalb ist aus einem Urteil eine Vollstreckung nur möglich, wenn es sich um ein Leistungsurteil handelt.

4

---

1   BROX/WALKER, Zwangsvollstreckungsrecht, Rn. 1.

2   Vgl. BGH, **Life&Law 2009, 511 ff.**; 2012, 853 ff. Unser Service-Angebot an Sie: kostenlos hemmer-club-Mitglied werden (www.hemmer-club.de) und Entscheidungen der Life&Law lesen und downloaden.

Feststellungsurteile haben keinen vollstreckbaren Inhalt, weil sie kein Leistungsgebot enthalten, sondern nur das Bestehen oder Nichtbestehen eines Rechtsverhältnisses feststellen; bei Gestaltungsurteilen wird die erstrebte Rechtsänderung durch das rechtskräftige Urteil selbst herbeigeführt, sodass ein weiteres Vollstreckungsverfahren nicht erforderlich ist.[3]

Von dem privatrechtlichen Anspruch, der in der Zwangsvollstreckung durchgesetzt werden soll (vollstreckbarer Anspruch), ist der Vollstreckungsanspruch zu unterscheiden.

Hierunter wird der Anspruch des Bürgers gegen den Staat verstanden, eine Zwangsvollstreckung durchzuführen.[4]

Sicherung der Zwangsvollstreckung

Neben der Durchsetzung von Leistungsansprüchen kann die Zwangsvollstreckung aber auch deren Sicherung dienen. So besteht, auch wenn der Anspruch noch nicht durchsetzbar ist, möglicherweise ein berechtigtes Interesse daran, die künftige Vollstreckung zu sichern. Die ZPO stellt dafür als Mittel den Arrest und die einstweilige Verfügung bereit (vgl. Sie zu beidem Rn. 310 ff.).

5

C) Einordnung der Zwangsvollstreckung

Abgrenzung Erkenntnis-/ZVS-Verfahren

Die Zwangsvollstreckung ist als selbstständiger Teil des Zivilprozesses vom Erkenntnisverfahren abzugrenzen.[5]

6

Das Erkenntnisverfahren[6] mit abschließendem Urteil dient der Rechtsfindung. Im anschließenden Zwangsvollstreckungsverfahren wird dieses Recht verwirklicht.

Die Zwangsvollstreckung ist jedoch nicht notwendige Folge des Erkenntnisverfahrens, weil der zu einer Leistung Verurteilte diese auch freiwillig erbringen kann.

Andererseits ist ein vorangegangenes Erkenntnisverfahren nicht zwingende Voraussetzung für eine Zwangsvollstreckung, da es außer den Leistungsurteilen noch weitere Vollstreckungstitel gibt (vgl. Sie dazu Rn. 44 ff.).

Letztlich ist es auch nicht erforderlich, dass ein vorgeschaltetes Erkenntnisverfahren bereits abgeschlossen ist, bevor mit der Zwangsvollstreckung begonnen werden kann. Beide Verfahren können vielmehr zumindest teilweise nebeneinander ablaufen, wenn der Gläubiger aus einem nach §§ 708 ff. ZPO vorläufig vollstreckbaren Urteil vollstreckt (vgl. Sie dazu Rn. 42 ff.).

Hier kann einerseits Berufung eingelegt werden und gleichzeitig – bei Vorliegen der Voraussetzungen – kann ein zwangsvollstreckungsrechtlicher Rechtsbehelf ergriffen werden.

---

3   Hinweis für Referendare: Feststellungs- und Gestaltungsurteile sind damit auch nicht für vorläufig vollstreckbar zu erklären. Beachten Sie aber, dass auch diese Urteile im Hinblick auf die Kosten für vorläufig vollstreckbar zu erklären sind (Thomas/Putzo, vor §§ 708 - 720 ZPO, Rn. 1). Wegen § 775 Nr. 1 ZPO („vollstreckbare Entscheidung") wird auch die Drittwiderspruchsklage für vorläufig vollstreckbar erklärt.

4   Th/P, v. § 704 ZPO, Rn. 3.

5   Vgl. Sie dazu BROX/WALKER, Zwangsvollstreckungsrecht, Rn. 5.

6   Dazu HEMMER/WÜST, ZPO I.

§ 2 ÜBERBLICK ÜBER DIE GRUNDZÜGE DER ZWANGSVOLL-STRECKUNG

Gliederung des 8. Buchs der ZPO

Die Zwangsvollstreckung ist im achten Buch der ZPO geregelt. Den besten Überblick über ihre Grundzüge liefert das Gesetz selbst.

7

Dort werden in den §§ 704 bis 802 ZPO die allgemeinen Grundsätze einer jeden Zwangsvollstreckung geregelt, bevor in den §§ 802a ff. ZPO Bestimmungen über die einzelnen Arten der Vollstreckung folgen.

Letztere wiederum lassen sich unterscheiden nach Vollstreckungsgrund und Vollstreckungsgegenstand.

Somit ergibt sich folgende Gliederung, der auch im Wesentlichen in diesem Skript gefolgt werden wird:

I. **§§ 704 - 802 ZPO**: Allgemeine Vorschriften der Zwangsvollstreckung

8

II. **§§ 802a ff. ZPO**: Zwangsvollstreckung wegen Geldforderungen:
1. §§ 802a ff. ZPO: Allgemeine Vorschriften[7]
2. §§ 803 - 863 ZPO: in das bewegliche Vermögen
3. §§ 864 ff. ZPO: in das unbewegliche Vermögen

III. **§§ 883 ff. ZPO**: Zwangsvollstreckung zur Erwirkung der Herausgabe von Sachen und zur Erwirkung von Handlungen oder Unterlassungen

IV. **§§ 916 ff. ZPO**: Arrest und einstweilige Verfügung

---

hemmer-Methode: Zum Aufbau des Skriptes: Die folgenden Randnummern (9 bis 31) versuchen in möglichst knapper Darstellung das ganze Skript als „Basics ZPO II" zusammenzufassen.
Sollten Sie daher etwas nicht sofort verstehen, so ist dies ganz selbstverständlich. Eine vertiefte Darstellung findet sich in den jeweiligen Kapiteln (vgl. Sie dazu die Hinweise in Klammern nach den Überschriften). Lesen Sie also diese Ausführungen zunächst „ganz entspannt" durch.

A) Allgemeine Vorschriften der Zwangsvollstreckung

I. Allgemeine Vollstreckungsvoraussetzungen (dazu ausführlich § 3, Rn. 32 ff.)

formale Voraussetzungen der Zwangsvollstreckung

Die Zwangsvollstreckung, durch die u.U. erheblich in die Privatsphäre des Schuldners eingegriffen wird, ist in der ZPO an strenge formale Voraussetzungen gebunden. Mit der Vollstreckung darf nur begonnen werden, wenn

9

⇨ ein **Titel** als Grundlage der Zwangsvollstreckung,

⇨ die **Klausel** als Zeichen der Vollstreckbarkeit,

⇨ der **Antrag des Gläubigers** an das Vollstreckungsorgan die Vollstreckung durchzuführen

⇨ und die **Zustellung** des Titels an den Schuldner

---

vorliegen.

---

7   Diese allgemeinen Vorschriften wurden neu gefasst durch das Gesetz zur Reform der Sachaufklärung in der Zwangsvollstreckung, in Kraft getreten zum 01.01.2013. Die Vorschriften ersetzen die §§ 899 bis 915h, die in gleichem Zuge aufgehoben wurden. Vgl. zu den Änderungen d'Alquen, Life&Law 2013, 58 ff.

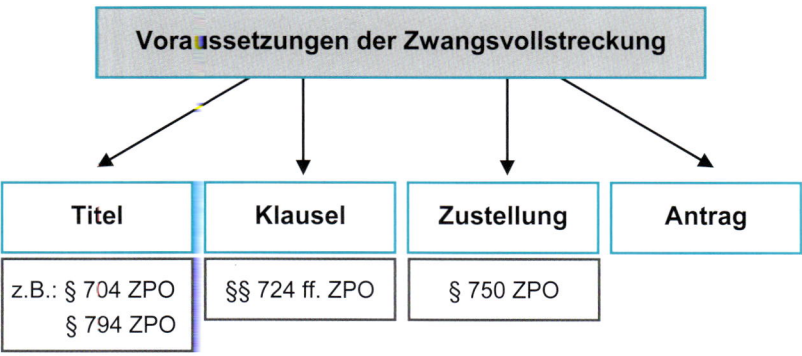

1. Vollstreckungstitel

Titel

Vollstreckungstitel sind Entscheidungen und beurkundete Erklärungen, aus denen durch Gesetz die Zwangsvollstreckung zugelassen ist. Sie bilden für Gläubiger und Vollstreckungsorgan die Grundlage, gegen den Schuldner vorzugehen[8] (vgl. Sie dazu Rn. 33 ff.).

10

2. Vollstreckungsklausel

Klausel, § 725 ZPO: führt zu vollstreckbarer Ausfertigung

Die Vollstreckungsklausel bezeugt Bestehen und Vollstreckungsreife des Titels.[9] Sie hat den Wortlaut des § 725 ZPO und wird gemäß § 724 I ZPO am Schluss des Titels angefügt.

11

Die Klausel lässt eine vollstreckbare Ausfertigung des Titels entstehen. Sie hat Zeugnis- und Schutzfunktion und ist insoweit unentbehrliche Voraussetzung der Vollstreckung[10] (vgl. Sie ausführlich zur Klausel Rn. 61 ff., insbesondere Rn. 64 zur ausnahmsweisen Entbehrlichkeit einer Vollstreckungsklausel).

3. Zustellung

Zustellung, § 750 ZPO

Die Erforderlichkeit einer Zustellung ergibt sich aus § 750 ZPO. Die Zustellung selbst ist in den §§ 166 ff. ZPO geregelt (vgl. Sie ausführlich unter Rn. 96 f.).

12

Funktion der Zustellung

Mit der Zustellung soll der Schuldner ein letztes Mal vor der drohenden Zwangsvollstreckung gewarnt werden und so vielleicht doch noch zur freiwilligen Leistung bewegt werden.

Zum anderen soll ihm der drohende Eingriff in seine Privatsphäre verkündet werden.

4. Vollstreckungsantrag

Antrag

Die Vollstreckungsorgane werden nur auf Antrag des Gläubigers tätig.[11]

13

hemmer-Methode: Insofern ist also die populäre Aufzählung der wichtigsten Vollstreckungsvoraussetzungen mit „Titel, Klausel, Zustellung" nicht ganz vollständig.

---

8   Vgl. ZÖLLER-STÖBER, v. § 704 ZPO, Rn. 14.

9   Vgl. ZÖLLER-STÖBER, § 704 ZPO, Rn. 1.

10   Vgl. ZÖLLER-STÖBER, § 704 ZPO, Rn. 1.

11   Vgl. Th/P, v. § 704 ZPO, Rn. 39.

Für die Klausur werden sich hier freilich selten Schwierigkeiten ergeben, da auch tatsächlich die Vollstreckungsorgane kaum ohne einen entsprechenden Vollstreckungsantrag mit der Zwangsvollstreckung beginnen werden.

Relevant für die Klausur dürfte allenfalls der „Auftrag" an den Gerichtsvollzieher nach §§ 753, 754 ZPO sein, z.B. bei der Pfändung beweglicher Sachen, weshalb die Problematik auch in diesem Zusammenhang dargestellt werden soll (vgl. Sie unten Rn. 113).

II. Parteien der Zwangsvollstreckung

Parteien der ZVS

14

Die Parteien der Zwangsvollstreckung heißen Gläubiger und Schuldner.[12] Vollstreckungsgläubiger ist derjenige, der die Zwangsvollstreckung aus dem im Titel enthaltenen Anspruch betreibt. Vollstreckungsschuldner ist derjenige, gegen den der im Titel enthaltene Anspruch vollstreckt wird.

Alle anderen im Vollstreckungsverfahren beteiligten Personen sind dagegen „Dritte". Dies gilt auch dann, wenn sie materiell-rechtlich für den titulierten Anspruch haften. Vollstreckungsschuldner ist nur der Schuldner, gegen den auch ein titulierter Anspruch gegeben ist.

III. Organe der Zwangsvollstreckung

1. Definition

Vollstreckungsorgane

15

Als Vollstreckungsorgan bezeichnet man das staatliche Organ, das die Zwangsvollstreckung durchführt. Im Vollstreckungsrecht gibt es vier Vollstreckungsorgane. Ihre funktionelle Zuständigkeit bestimmt sich danach, **wegen was** und **in was** vollstreckt wird.

hemmer-Methode: Diese beiden Fragen („wegen was?" und „in was?") müssen Sie von jetzt an verinnerlichen. Sie sind das Grundgerüst jeder Zwangsvollstreckung. Nur wenn Sie diese Einordnung vorgenommen haben, können Sie festlegen, welches Organ zuständig ist und welche Vorschriften anwendbar sind.
Bitte vergleichen Sie dazu gleich nochmals die Übersicht unter Rn. 8 und Rn. 20. Wenn Sie diese einfache Grundsystematik beherrschen, kann in der Klausur eigentlich nichts mehr „schief gehen"!

2. Die verschiedenen Organe

§ 753 ZPO: Zuständigkeit des Gerichtsvollziehers, soweit nichts anderes bestimmt

16

⇨ Dem Gerichtsvollzieher ist die Vollstreckung übertragen, soweit sie nicht dem Gericht zugewiesen ist, § 753 I ZPO. Er nimmt also im Wesentlichen Vollstreckungen wegen Geld in körperliche Sachen und wegen Herausgabe eines bestimmten Gegenstandes vor.

§§ 828, 864 I, 866 I ZPO: Vollstreckungsgericht (AG)

17

⇨ Das Vollstreckungsgericht (§ 764 ZPO) ist zuständig, soweit es im Gesetz ausdrücklich bestimmt ist. Dies gilt für die Vollstreckung in Forderungen nach § 828 I ZPO und die Vollstreckung in das unbewegliche Vermögen gemäß §§ 864 I, 866 I ZPO und § 1 I ZVG.

hemmer-Methode: Gem. § 764 I ZPO ist Vollstreckungsgericht das Amtsgericht, das durch den Richter oder Rechtspfleger nach § 20 Nr. 17 RPflG entscheidet.

---

12   Dazu Th/P, v. § 704 ZPO, Rn. 9.

§§ 866, 867 ZPO: Grundbuchamt

⇨ Das Grundbuchamt ist lediglich zuständig für die Eintragung einer Zwangshypothek bei der Vollstreckung in das unbewegliche Vermögen gem. §§ 866, 867 I S. 1 ZPO, auf Antrag des Gläubigers nach § 13 I S. 1 GBO.

§§ 887, 888, 890 ZPO: Prozessgericht

⇨ Schließlich vollstreckt das Prozessgericht die Pflicht zur Vornahme von vertretbaren und unvertretbaren Handlungen (§§ 887, 888 ZPO) und erzwingt Unterlassungen und Duldungen (§ 890 ZPO).

hemmer-Methode: Ob das richtige Vollstreckungsorgan tätig geworden ist, stellt sich als Frage der Wirksamkeit bzw. der Rechtmäßigkeit des Vollstreckungsverfahrens dar und kann somit z.B. bei der Begründetheit einer Erinnerung nach § 766 ZPO eine Rolle spielen.
Lernen Sie diese Zuständigkeiten nicht auswendig, sondern heben Sie sich das jeweilige Vollstreckungsorgan durch Unterstreichungen im Gesetzestext hervor, soweit die Prüfungsordnung Ihres Bundeslandes dies zulässt. Im Übrigen ist es nur eine Frage der Übung, dass Sie die funktionelle Zuständigkeit des jeweiligen Vollstreckungsorgans „im Schlaf beherrschen". Belasten Sie also Ihren Kopf nicht mit solchen Details, die Ihnen mit dem weiteren Lesen des Skriptes ohnehin geläufig werden!

B) Die einzelnen Arten der Vollstreckung

Vollstreckungsgrund

Welche Vollstreckungsart im Einzelfall einschlägig ist, richtet sich nach Vollstreckungsgrund und Vollstreckungsgegenstand.

hemmer-Methode: Es kann nicht oft genug erwähnt werden: Fragen Sie sich im Zwangsvollstreckungsrecht immer, wegen was in was vollstreckt wird. Wer hier auf das falsche Gleis gerät, wird regelmäßig „unterm Strich landen".

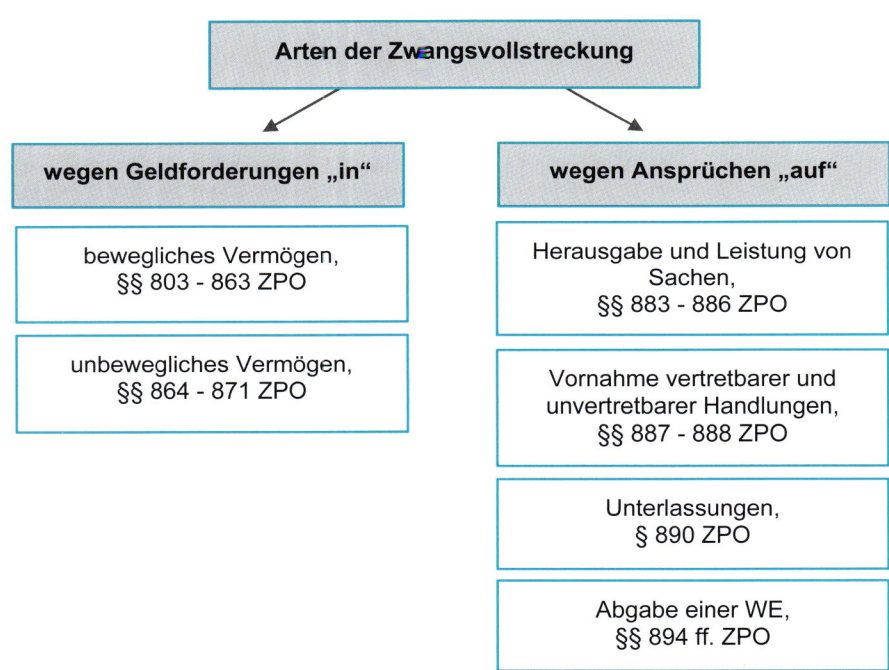

I. Wegen einer Geldforderung (dazu ausführlich § 4, Rn. 99 ff.)

Vollstreckung wegen Geldforderung

Als Vollstreckungsgegenstand bei Geldforderungen kommt das bewegliche Vermögen nach §§ 803 ff. ZPO sowie das unbewegliche Vermögen nach §§ 864 ff. ZPO in Betracht. Die Zwangsvollstreckung erfolgt dabei durch Pfändung und Verwertung.

18

19

20

21

Zum beweglichen Vermögen gehören:

⇨ körperliche Sachen, §§ 808 ff. ZPO;

⇨ Forderungen, §§ 828 ff. ZPO;

⇨ Herausgabeansprüche, §§ 846 ff. ZPO;

⇨ sonstige Vermögensrechte, §§ 857 ff. ZPO.

hemmer-Methode: Achtung! Die §§ 846 ff. ZPO haben nichts mit der Herausgabevollstreckung nach §§ 883 ff. ZPO zu tun. Bei letzterer geht es um einen Titel, der auf Herausgabe lautet. Bei §§ 846 ff. ZPO lautet der Titel auf Zahlung von Geld. Der Vollstreckungsschuldner hat aber nichts „Pfändbares" im Besitz. Allerdings hat er seinen wertvollen Flügel einem Freund geliehen. Gepfändet wird nach § 846 ZPO nun der Anspruch aus § 604 BGB auf Herausgabe des Flügels zur Verwertung. Dem Vollstreckungsgläubiger kommt es also - anders als bei § 883 ZPO - nicht auf den Gegenstand selbst an, sondern nur darauf, dass dieser i.R.d. Verwertung „zu Geld gemacht wird".
Diese absoluten Verständnisgrundlagen können Sie sich ganz einfach durch die Frage: „wegen was" wird eigentlich vollstreckt? erschließen.[13]

Der Schuldner haftet also grundsätzlich mit seinem gesamten Vermögen, auf das der Gläubiger i.d.R. freien Vollstreckungszugriff hat.[14]

II. Wegen einer anderen Pflicht des Schuldners (dazu ausführlich § 5, Rn. 221 ff.)

Herausgabe einer Sache, §§ 883, 885 ZPO

1. Vollstreckungsgrund kann die Pflicht des Schuldners sein, eine bestimmte bewegliche oder unbewegliche **Sache herauszugeben, §§ 883, 885 ZPO**.   22

Bewegliche Sachen nimmt der Gerichtsvollzieher weg. Bei unbeweglichem Vermögen wird der Schuldner „aus dem Besitz gesetzt" und dieser dem Gläubiger zugewiesen.

vertretbare Handlungen, § 887 ZPO

2. Der Schuldner kann zu etwas verpflichtet sein, was auch ein Dritter vornehmen kann (**vertretbare Handlung**). Hier ermächtigt das Prozessgericht den Gläubiger nach **§ 887 I ZPO**, die Handlung auf Kosten des Schuldners vorzunehmen.   23

> *Bsp.: Der Vermieter schuldet aufgrund rechtskräftigen Titels die Reparatur einer Wasserleitung als Instandhaltungspflicht aus § 535 I S. 2 BGB. Lässt er sie jedoch nicht reparieren, kann der Mieter auf Kosten des Vermieters einen Installateur beauftragen, wenn ihn das Prozessgericht aufgrund seines Antrags dazu ermächtigt hat.*

> *Davon zu trennen wäre wiederum der Fall, in dem der Mieter die Reparatur selbst durchführen lässt und unter den Voraussetzungen des § 536a II BGB Aufwendungsersatz verlangt. Hier würde wiederum unmittelbar wegen einer Geldforderung vollstreckt werden.*

unvertretbare Handlungen, § 888 ZPO

3. Der Schuldner kann zu etwas verpflichtet sein, was nur er vornehmen kann (**unvertretbare Handlung**). Hier ordnet das Prozessgericht nach **§ 888 ZPO** als „Beugemaßnahme" Zwangsgeld oder Zwangshaft an, falls die Handlung nicht vorgenommen wird. Eine vorherige Androhung ist nicht erforderlich, § 888 II ZPO.   24

---

13   Vgl. Sie hierzu Rn. 195.

14   Streitig! Vgl. JAUERNIG, Zwangsvollstreckung, § 1 X.

hemmer-Methode: Lesen Sie § 888 I S. 1 ZPO. Die Formulierung „...durch Zwangshaft oder durch Zwangshaft..." ist kein Schreibfehler. Zwangs- bzw. Beugemittel sind alternativ entweder Zwangsgeld oder Zwangshaft. Wurde Zwangsgeld angeordnet, so kann zur Beitreibung auch Zwangshaft angeordnet werden.

Diese Zwangshaft dient damit nicht der Erzwingung der unvertretbaren Handlung, sondern der Beitreibung des Zwangsgeldes.

Die Zwangshaft kann aber auch sofort anstelle von Zwangsgeld angedroht werden, um die unvertretbare Handlung selbst zu erzwingen. Lesen Sie unter diesem Blickwinkel die Vorschrift nochmals!

Bspe.: Pflicht zur Auskunftserteilung nach § 1379 I S. 1 BGB, Pflicht zur Aufstellung eines Nachlassverzeichnisses nach § 1994 I S. 1 BGB oder im Presserecht der Abdruck einer Gegendarstellung.

Duldung oder Unterlassung, § 890 ZPO

4. Pflicht des Schuldners kann es auch sein, eine bestimmte Handlung **zu dulden oder zu unterlassen, § 890 ZPO**. Hier droht das Gericht bei Zuwiderhandlung als „Ahndung gegen Ungehorsam" Ordnungsgeld oder Ordnungshaft an.

25

Bspe.: Die Pflicht, weitere ehrenrührige Äußerungen zu unterlassen oder die Pflicht des Mieters, bestimmte Renovierungsarbeiten des Vermieters in seiner Wohnung zu dulden.

Abgabe einer Willenserklärung, § 894 ZPO

5. Vollstreckungsgrund kann die Verpflichtung zur **Abgabe einer Willenserklärung** sein. Hier wird durch ein rechtskräftiges Leistungsurteil die Abgabe der Willenserklärung nach **§ 894 ZPO** fingiert.

26

Bsp.: Abgabe einer Einigungserklärung nach § 929 BGB bei Verurteilung aus § 433 I S. 1 BGB.

Abgabe einer eidesstattlichen Versicherung, § 889 ZPO

6. Schließlich gibt es die Pflicht des Schuldners, eine **eidesstattliche Versicherung** abzugeben (**§ 889 I ZPO**). Hier verfährt das Vollstreckungsgericht nach § 889 II ZPO wie bei unvertretbaren Handlungen.

27

Bspe.: § 259 II BGB und § 260 II BGB.

hemmer-Methode: Verwechseln Sie diese eidesstattliche Versicherung nicht mit der Vermögensauskunft i.S.d. § 802c I S. 1 ZPO. Diese (früher Offenbarungseid genannte) Maßnahme hat den Zweck, den Schuldner zu verpflichten, seine gesamten Vermögensverhältnisse offen zu legen, damit der Gläubiger beurteilen kann, ob die Durchführung der Zwangsvollstreckung überhaupt sinnvoll ist.

C) Die Rechtsbehelfe in der Zwangsvollstreckung
(dazu ausführlich § 6, Rn. 234 ff.)

I. Die Rechtsbehelfe des Schuldners

Rechtsbehelfe des Schuldners

I.R.e. Zwangsvollstreckung drohen schwerwiegende Eingriffe in die Privatsphäre und das Vermögen des Schuldners. Aus diesem Grunde müssen ihm Rechtsbehelfe zustehen.

28

Der Schuldner kann insbesondere:[15]

⇨ nach **§ 766 ZPO Erinnerung** erheben gegen die Art und Weise des Vollstreckungsverfahrens,

⇨ gegen Entscheidungen des Vollstreckungs- oder Prozessgerichts die **sofortige Beschwerde nach § 793 ZPO** erheben,

⇨ gegen Handlungen des Rechtspflegers nach **§ 11 RPflG** vorgehen,

⇨ gegen die Erteilung der Vollstreckungsklausel nach **§ 768 ZPO** klagen oder nach **§ 732 ZPO Erinnerung** erheben,

⇨ oder, soweit (ausschließlich) materielle Einwendungen und Einreden gegen den titulierten Anspruch bestehen, die **Vollstreckungsabwehrklage** nach **§ 767 ZPO** erheben.

II. Rechtsbehelfe des Gläubigers

Rechtsbehelfe des Gläubigers

Daneben müssen auch dem Gläubiger Rechtsbehelfe zustehen, wenn die Art und Weise der Zwangsvollstreckung seinen Interessen und Anträgen nicht gerecht wird. Dafür stehen ihm die **Erinnerung nach § 766 ZPO** sowie die **sofortige Beschwerde nach § 793 ZPO** zur Verfügung.

29

Zudem besteht auch die Möglichkeit, dass dem Gläubiger die Klauselerteilung verweigert wird. Handelt der Rechtspfleger, kann dagegen sofortige Beschwerde eingelegt werden, § 567 I Nr. 2 ZPO. Ist diese erfolglos,[16] kann er nach § 731 ZPO auf Erteilung klagen. Verweigert der Urkundsbeamte der Geschäftsstelle die Erteilung (also in den Fällen der §§ 724, 725 ZPO), steht dem Gläubiger die Erinnerung nach § 573 ZPO zu. Danach ist die Beschwerde nach § 567 I Nr. 2 ZPO gegeben.[17]

30

III. Rechtsbehelfe von Dritten

Rechtsbehelfe von Dritten

Letztlich ist es auch möglich, dass durch eine Zwangsvollstreckung in das Vermögen oder die Privatsphäre eines Dritten eingegriffen wird, etwa durch Pfändung einer schuldnerfremden Sache (vgl. Sie dazu Rn. 254 ff.).

31

Deshalb kann sich in einem solchen Fall auch ein Dritter gegen die Vollstreckung mittels einer **Drittwiderspruchsklage nach § 771 ZPO** wehren oder zumindest **auf vorzugsweise Befriedigung nach § 805 ZPO** klagen.

Sind Verfahrensrechte des Dritten verletzt, so kann er zudem auch die Erinnerung nach **§ 766 ZPO** (sog. „**Dritterinnerung**"[18]) erheben.

hemmer-Methode: Im Prinzip „war es das schon"! Dieser Überblick über die Zwangsvollstreckung wird mit den folgenden Kapiteln nun vertieft dargestellt werden. Sollten Sie den „roten Faden" einmal verlieren, so blättern Sie einfach nochmals diesen Überblick der Rn. 9 bis Rn. 31 durch!

---

15 Vgl. Sie dazu ausführlich Th/P, v. § 704 ZPO, Rn. 54.

16 Nach überzeugender Ansicht kann nicht sofort auf Erteilung der Klausel geklagt werden, es fehlt am Rechtsschutzbedürfnis, vgl. Th/P, § 731 ZPO, Rn. 6.

17 Th/P, § 724 ZPO, Rn. 14.

18 Vgl. Sie dazu K. SCHMIDT, JuS 1992, 90 ff. (95).

§ 3 DIE ALLGEMEINEN VOLLSTRECKUNGSVORAUSSETZUNGEN

Titel, Klausel und Zustellung sind unabdingbare Voraussetzungen jeder Zwangsvollstreckung. Fehler führen hier entweder zur Nichtigkeit oder wenigstens zur Anfechtbarkeit der Vollstreckung.

32

hemmer-Methode: Wie oben (Rn. 13) schon erwähnt, ist außerdem ein Antrag des Gläubigers an das zuständige Vollstreckungsorgan erforderlich, doch soll dieser aus den oben genannten Gründen nur bei der Zwangsvollstreckung wegen Geldforderungen in das bewegliche Vermögen näher dargestellt werden (Rn. 113).

A) Vollstreckungstitel

I. Definition

Definition

Vollstreckungstitel sind Entscheidungen und beurkundete Erklärungen, aus denen durch Gesetz die Zwangsvollstreckung zugelassen ist. Sie bilden für den Gläubiger und das Vollstreckungsorgan die Grundlage, gegen den Schuldner vorzugehen.[19]

33

II. Funktion

Funktion

Der Titel bildet die Grundlage für die Zwangsvollstreckung. Hieraus lässt sich auch klar ersehen, warum der Richter den Tenor sorgfältig formulieren muss. Das Vollstreckungsorgan muss ohne weiteres aus dem Titel handeln können und sich auf seine Richtigkeit verlassen. Keinesfalls prüft es den zugrunde liegenden Sachverhalt nach.[20]

34

Vielmehr ergeben sich für das Vollstreckungsorgan aus dem Titel:

35

Inhalt des Titels

⇨ der Umfang und die Höhe der zu vollstreckenden Forderung,

⇨ die Parteien der Zwangsvollstreckung, also Vollstreckungsgläubiger und Vollstreckungsschuldner und

⇨ die Antwort auf die Frage, wegen was vollstreckt wird. So wird im folgenden Fall wegen einer Geldforderung vollstreckt.

Bsp.: „Der Beklagte wird verurteilt, an den Kläger 1.000,- € nebst ... zu zahlen."

Bei Zweifeln über die Aussage des Titels hat das Vollstreckungsorgan diesen auszulegen.[21] So mag beispielsweise bei einem Herausgabeanspruch nicht ganz klar sein, welche Sache der Gerichtsvollzieher nach § 883 ZPO wegzunehmen hat.

Wichtigste Quelle für die Auslegung ist der Tenor. Sollte der nicht genügen, ist auf die Entscheidungsgründe zurück zu greifen. Bleiben auch dann Zweifel bestehen, darf das Organ nicht vollstrecken.

hemmer-Methode: Dem Gläubiger bleibt dann nur die Möglichkeit, auf Feststellung des Titelinhalts zu klagen.[22] Auch dies kann ergebnislos verlaufen, wenn insgesamt nie klar geworden ist, um welchen Gegenstand es sich handelt. Dann muss der Gläubiger aus dem zugrundeliegenden Rechtsverhältnis - möglicherweise einem Herausgabeanspruch nach § 985 BGB - auf nochmalige Leistung klagen.

---

19   ZÖLLER-STÖBER, v. § 704 ZPO, Rn. 14.

20   Zur Bestimmtheit des Titels ZÖLLER-STÖBER, § 704 ZPO, Rn. 4.

21   Th/P, vor § 704 ZPO, Rn. 22.

22   Vgl. Sie dazu BGH, NJW 1997, 2320 = **juris**byhemmer (Wenn dieses Logo hinter einer Fundstelle abgedruckt wird, finden Sie die Entscheidung online unter „juris by hemmer": www.hemmer.de.).

Einer solchen Klage fehlt weder das Rechtsschutzbedürfnis noch steht ihr der Einwand der Rechtskraft entgegen, da der zwar rechtskräftige Titel mangels Vollstreckbarkeit wertlos ist.[23] Hier handelt es sich um eine äußerst schwierige Schnittstelle zwischen Erkenntnis- und Zwangsvollstreckungsverfahren. Dieses Problem lässt sich aber gut in einer Klausur bei der Zulässigkeit einer Klage einbauen.

nicht vom Titel erfasst: Vollstreckungsgegenstand

Lediglich den Vermögensgegenstand, in den das Vollstreckungsorgan vollstrecken soll, kann es nicht aus dem Titel ersehen. Bei der Sachpfändung beispielsweise entscheidet dies der Gerichtsvollzieher selbst, hat dabei aber in gewissem Umfang Weisungen des Gläubigers zu beachten, §§ 753, 754 ZPO.[24] Bei der Forderungspfändung legt der Antrag des Gläubigers gänzlich die zu pfändende Forderung fest.

36

III. Titelarten

wichtige Vollstreckungstitel in §§ 704 und 794 ZPO

Vollstreckungstitel ist das rechtskräftige (oder für vorläufig vollstreckbar erklärte) Endurteil gemäß § 704 ZPO. Weitere Titel in der ZPO ergeben sich aus § 794 ZPO.

37

hemmer-Methode: Dazu kommen Titel aus §§ 722, 928 ZPO, § 62 ArbGG, § 93 ZVG, §§ 201 II, 257 I InsO.

1. Das Endurteil, § 704 ZPO

rechtskräftiges Endurteil

a) Das rechtskräftige Endurteil, § 704 Alt. 1 ZPO

Der wichtigste Titel bei der Zwangsvollstreckung ist das rechtskräftige Endurteil gemäß § 704 Alt. 1 ZPO. Rechtskräftig bedeutet hierbei formelle Rechtskraft, d.h. dass das Urteil nicht mehr mit ordentlichen Rechtsmitteln angefochten werden kann, § 705 ZPO, § 19 I EGZPO. Der Rechtsstreit ist endgültig beendet. Diese formelle Rechtskraft ist Voraussetzung der materiellen Rechtskraft nach § 322 ZPO.[25]

38

Einspruch, § 338 ZPO

Unter den Begriff des ordentlichen Rechtsmittels i.S.d. § 19 I EGZPO fällt auch der Einspruch nach § 338 ZPO, obwohl dieser trotz fehlenden Devolutiveffekts kein Rechtsmittel darstellt.[26]

39

Bsp.: Der Autoverkäufer klagt den Kaufpreis in Höhe von 20.000,- € ein. Der beklagte Käufer erscheint nicht im Termin zur mündlichen Verhandlung. Es ergeht Versäumnisurteil nach § 331 ZPO. Legt der Käufer auch keinen Einspruch ein nach § 338 ZPO, kann der Verkäufer aus diesem rechtskräftigen Endurteil vollstrecken.

Einlegen eines Rechtsmittels verhindert Eintritt der Rechtskraft

Das Einlegen eines Rechtsmittels verhindert den Eintritt der Rechtskraft des ganzen Urteils, § 705 S. 2 ZPO. Das gilt selbst bei einer Teilanfechtung, zumindest solange, bis der Rechtsmittelkläger sein Rechtsmittel nicht mehr erweitern oder sich der Rechtsmittelbeklagte nicht mehr anschließen kann, §§ 524, 554 ZPO. Dies ist zumeist der Zeitpunkt der letzten mündlichen Verhandlung.[27]

40

---

23 BAUMBACH/LAUTERBACH/ALBERS/HARTMANN, Grundz., § 253 Anm. 5) A.g).

24 Im Einzelnen ZÖLLER-STÖBER, § 753 ZPO, Rn. 4.

25 Vgl. Sie zur Rechtskraft auch HEMMER/WÜST, ZPO I, Rn. 530 ff.

26 Vgl. Th/P, § 338 ZPO, Rn. 1.

27 Vgl. Th/P, § 705 ZPO, Rn. 10.

teilweise vorläufige Vollstreckbarkeit bei Teilanfechtung, § 537 ZPO	Will eine der Parteien[28] trotzdem hinsichtlich des nicht angefochtenen Restes vollstrecken, bleibt ihr nur die Möglichkeit des Antrages auf teilweise vorläufige Vollstreckbarkeit nach § 537 ZPO.

41

b) Das vorläufig vollstreckbare Urteil, §§ 704 Alt. 2, 708 ff. ZPO

vorläufige Vollstreckbarkeit	„Vorläufige Vollstreckbarkeit" bedeutet die Möglichkeit des Klägers, aus einem gerade erstrittenen Titel zu vollstrecken, obwohl der Beklagte noch Rechtsmittel einlegen und damit den Titel eventuell noch aufheben lassen kann.

42

Zum einen soll dies den Schuldner zwingen, schon den erstinstanzlichen Prozess sorgfältig zu führen.

Zum anderen soll er nicht mit dem Einlegen von Rechtsmitteln den Eintritt der Rechtskraft verhindern und somit die Vollstreckbarkeit verzögern können.[29]

Die vorläufige Vollstreckbarkeit wird in der Urteilsformel ausgesprochen, § 313 I Nr. 4 ZPO („Das Urteil ist vorläufig vollstreckbar.").

Dies unterbleibt, wenn das Urteil mit Verkündung rechtskräftig und deswegen sofort vollstreckbar ist, oder wenn das Urteil kraft Gesetzes vorläufig vollstreckbar ist wie nach § 62 I ArbGG Arbeitsgerichtsurteile.

Sicherheitsleistung	Die vorläufige Vollstreckbarkeit ist zumeist nur gegen Sicherheitsleistung zulässig (Ausnahmen bei § 708 ZPO).

43

§ 717 II ZPO	**hemmer-Methode: Die Sicherheitsleistung soll den eventuellen Anspruch des Schuldners aus § 717 II ZPO sichern. Dieser Anspruch stellt einen verschuldensunabhängigen Schadensersatzanspruch aus Gefährdungshaftung dar, der alle entstandenen Verluste ersetzen soll.[30]**

Die Sicherheitsleistung setzt sich deshalb zusammen aus dem Wert der Hauptforderung, wegen der vollstreckt wird, zuzüglich Zinsen und Kosten.[31]

Im Nachgang der ZPO-Reform 2002 wurde hier § 708 Nr. 10 ZPO geändert. Nach der alten Fassung waren Berufungsurteile der OLGe für vorläufig vollstreckbar ohne Sicherheitsleistung zu erklären. Nachdem seit der ZPO-Reform auch landgerichtliche Berufungsurteile der Revision zugänglich gemacht wurden, § 542 I ZPO, und daher deren Rechtskraft nicht mehr automatisch mit Verkündung eintrat, war strittig, ob sie zumindest analog § 708 Nr. 10 ZPO a.F. vorläufig vollstreckbar waren.

Diese Problematik hat der Gesetzgeber durch die Neufassung des § 708 I Nr. 10 ZPO behoben, indem er nun alle Berufungsurteile in vermögensrechtlichen Streitigkeiten für vorläufig vollstreckbar ohne Sicherheitsleistung erklärt.

---

28   Beachten Sie, dass diesen Antrag auch der Berufungskläger stellen kann, wenn das Urteil teilweise zu seinen Gunsten ergangen ist.

29   Vgl. Sie dazu JAUERNIG, Zwangsvollstreckung, § 1 IV.

30   BGH, NJW 1982, 2813 (2815) = **juris**byhemmer. Dieser Anspruch entsteht erst mit Aufhebung der vorinstanzlichen Entscheidung, BGH, Life&Law 2009, 247.

31   Zur Sicherheitsleistungsberechnung vgl. Sie ausführlich KNÖRINGER, § 4: Dieses Problem ist für das erste Staatsexamen zu vernachlässigen. Als Referendar dagegen müssen Sie in diesem Bereich „fit" sein.

> **hemmer-Methode:** Das System der vorläufigen Vollstreckbarkeit ist in den §§ 708 ff. ZPO unnötig kompliziert dargestellt. Merken Sie sich für die Klausur einfach: Es liegt ein vollstreckbarer Titel vor, wenn die vorläufige Vollstreckbarkeit im Urteilstenor angeordnet worden ist oder wenn diese Anordnung überflüssig ist.
> Beachten Sie hierbei die Unterscheidung zwischen der Sicherheitsleistung des Gläubigers zur Herbeiführung der vorläufigen Vollstreckbarkeit (§§ 709 ff. ZPO) und der Sicherheitsleistung des Schuldners zur Abwendung der Zwangsvollstreckung (§ 711 ZPO i.V.m. § 708 Nr. 4 - 11 ZPO bzw. § 712 ZPO).

2. Der Prozessvergleich, § 794 I S. 1 Nr. 1 ZPO[32]

Prozessvergleich

Der Prozessvergleich i.S.v. § 794 I S. 1 Nr. 1 ZPO beendet wegen gegenseitigen Nachgebens beider Parteien **vor Gericht** unmittelbar den Rechtsstreit. Er hat eine Doppelnatur.[33]

44

> **hemmer-Methode:** Zu den Vergleichen des § 794 I Nr. 1 ZPO zählt auch der nach § 278 VI ZPO zustande gekommene Vergleich. Danach kann ein gerichtlicher Vergleich auch dadurch geschlossen werden, dass die Parteien dem Gericht einen schriftlichen Vergleichsvorschlag unterbreiten oder einen schriftlichen Vergleichsvorschlag des Gerichts durch Schriftsatz gegenüber dem Gericht annehmen.
> Beachten Sie, dass es mittlerweile auch die Möglichkeit gibt, einen von Rechtsanwälten abgeschlossenen Vergleich für vollstreckbar erklären zu lassen, vgl. § 796a ZPO. Dasselbe gilt für von einem Notar abgeschlossene Vergleiche, vgl. § 796c ZPO!

> **Bsp.:** *Der klagende Käufer macht Minderung nach §§ 437 Nr. 2 Alt. 2, 434, 441 IV S. 1 BGB bei einem Autokauf geltend. Jedoch ist die Mängelhaftung ausgeschlossen, vgl. § 444 BGB. Ob der Verkäufer den Mangel arglistig verschwiegen hat, ist zwischen den Parteien strittig. Schließlich bietet der Verkäufer und Beklagte 1.000,- € Rückzahlung statt der eingeklagten 10.000,- €. Der Kläger geht darauf ein, um eine mögliche gänzliche Abweisung nicht zu riskieren.*
>
> Materiell-rechtlich stellt dieser Vergleich einen Vertrag i.S.v. §§ 779, 311 I, 241 I BGB dar, weil beide Parteien die Minderungshöhe auf 1.000,- € festgesetzt haben.
>
> Prozessrechtlich ist der Vergleich ein Prozessvertrag, der unmittelbar prozessbeendigende Wirkung hat. Deshalb müssen die Voraussetzungen der Wirksamkeit von Prozesshandlungen gegeben sein (beispielsweise die Postulationsfähigkeit); zudem muss der Vergleich nach § 278 VI ZPO zustande kommen oder gemäß § 794 I S. 1 Nr. 1 ZPO vor Gericht abgeschlossen werden, beide Parteien müssen anwesend oder vertreten sein und der Vergleich muss nach § 160 III Nr. 1 ZPO (Ausnahme: § 278 VI ZPO[34]) ordnungsgemäß protokolliert worden sein.
>
> Aus der Vergleichsurkunde als Titel kann der Kläger die 1000,- € gegen den Beklagten vollstrecken lassen.

Unwirksamkeit des Vergleichs

Zwangsvollstreckungsrechtlich problematisch wird es bei Unwirksamkeit des Vergleichs. Ist ein Prozessvergleich unwirksam i.w.S., stellt er keinen Titel dar, aus dem vollstreckt werden kann. Für den Gläubiger stellt sich dann die Frage, was er tun muss, um einen solchen Titel zu bekommen.

45

nachträglich, materiell-rechtlich

Alle materiell-rechtlichen Unwirksamkeitsgründe, die nach dem Vergleich entstanden sind, müssen in einem neuen Rechtsstreit geltend gemacht werden (bspw. Rücktritt oder Aufhebung (§ 311 I BGB) des Vergleichs).

---

32   Vgl. Sie dazu HEMMER/WÜST, ZPO I, Rn. 300 ff.

33   Ausführlich zum Vergleich HEMMER/WÜST, ZPO I, Rn. 300 ff.; sowie Eisenreich in JuS 1999, 791 ff.

34   Th/P, § 794 ZPO, Rn. 11.

> **hemmer-Methode: Anderer Ansicht ist das BAG.**[35] **Nach dieser Ansicht ist der alte Rechtsstreit fortzusetzen. Können die Parteien aufgrund der Vertragsfreiheit die Aufhebung des materiell-rechtlichen Vergleichs mit rückwirkender Kraft vereinbaren und sind andererseits verfahrens- und materiell-rechtliche Elemente einer untrennbaren Einheit (Lehre von der Doppelnatur), so ist es dogmatisch vertretbar, auch dem materiell-rechtlichen Beendigungsgrund Aufhebung verfahrensrechtliche Bedeutung beizumessen.**
>
> **Ausschlaggebend ist der prozesswirtschaftliche Gesichtspunkt. Bisherige Prozessergebnisse können verwendet werden und damit wird das Verfahren beschleunigt, es werden gleichzeitig Kosten eingespart.**
>
> **Dagegen spricht, dass mit einem wirksamen Vergleich das Verfahren beendet worden ist. Die Vertragsaufhebung (wie auch der Rücktritt) zerstören den Vergleich nicht absolut und total wie eine Anfechtung. Deshalb ist es wohl richtiger, den Prozess endgültig beendet zu lassen. Soll erneut über die Forderung gestritten werden, so muss ein neuer Prozess eingeleitet werden.**

anfänglich, materiell-rechtlich

Alle materiell-rechtlichen Gründe, die zur Unwirksamkeit von Anfang an führen (beispielsweise ein erfolgter, zugelassener Widerruf oder die Anfechtung nach §§ 119, 123 BGB)[36] werden nach Ansicht des BGH[37], des BSG[38] sowie des BVerwG[39] im alten Rechtsstreit durch Bestimmung eines Termins nach § 216 ZPO fortgesetzt.

prozessrechtlich

Prozessrechtliche Unwirksamkeitsgründe führen zwar i.d.R., aber nicht zwingend zur Nichtigkeit des materiell-rechtlichen Vergleiches.[40] Auf Grundlage des materiell-rechtlichen Vergleichs kann der Gläubiger aber einen neuen Titel erstreiten. In jedem Fall muss sich der Gläubiger bei Wegfall des Vergleiches aus prozessrechtlichem oder materiell-rechtlichem Grund einen neuen Titel beschaffen, und zwar grundsätzlich durch Fortsetzung des alten Verfahrens.

Aber: Der Einwand, aufgrund der Unwirksamkeit eines Vergleichs müsse das Ursprungsverfahren fortgesetzt werden, ist eine verzichtbare prozessuale Rüge, die grundsätzlich vor Beginn der Verhandlung zur Hauptsache bzw. im Rahmen einer vom Gericht gesetzten Klageerwiderungsfrist vorzubringen ist.[41] Wenn also die Beendigung des ersten Rechtsstreits zwischen den Parteien nicht in Frage gestellt wird, ist eine erneute Klage zulässig!

Fortsetzung des alten Verfahrens auch durch Schuldner bei drohender Zwangsvollstreckung

Meint der Gläubiger in dieser Situation, der Vergleich sei wirksam, stellt sich die Frage, wie sich der Schuldner gegen eine drohende Vollstreckung aus dem unwirksamen Vergleich wehren kann. Man könnte an eine Anwendung des § 767 ZPO denken. Dem hat der BGH aber schon vor längerer Zeit eine Absage erteilt.[42] Einer solchen Klage fehlt das Rechtsschutzbedürfnis, weil die Fortsetzung des alten Verfahrens prozessökonomischer ist (es werden keine neuen Kosten verursacht, das alte Gericht kennt den Fall schon). Zur Vermeidung von Unbilligkeiten gewährt der BGH die Möglichkeit, die aus dem unwirksamen Vergleich begonnene Zwangsvollstreckung einstweilen einstellen zu lassen, weil § 769 ZPO analog angewendet werden kann.[43]

35　　BAG, MDR 1983, 698 = **juris**byhemmer; vgl. auch BAGE 3, 43 = **juris**byhemmer für den Rücktritt.

36　　Zur Anfechtung wegen widerrechtlicher Drohung durch den Richter vgl. BAG, Life&Law 2011, 212 f. (Märzheft – Rubrik „Recht skurril").

37　　BGHZ 41, 310.

38　　BSG 19, 112.

39　　DÖV 1962, 423.

40　　Sollte im Wege der Auslegung gem. §§ 133, 157 BGB bzw. curch Umdeutung ein prozessual unwirksamer Vergleich als materiell-rechtlicher Vergleich gem. § 779 BGB aufrechterhalten werden, so stellt dieser dann jedenfalls keinen Vollstreckungstitel dar.

41　　BGH, Life&Law 2014, 183 ff. = **juris**byhemmer. Dies ist insbesondere für Referendare wichtig!

42　　BGH, NJW 1971, 467 f.

43　　BGHZ 28, 171 ff.

hemmer-Methode: Das alte Verfahren ist auch dann fortzusetzen, wenn der Schuldner aufgrund des unwirksamen Vergleichs bereits Leistungen erbracht hat und diese nun zurückbegehrt.
Er kann dann grundsätzlich nicht erneut klagen, sondern muss – durch Aufrechnung oder Widerklage – im alten Verfahren eine Rückforderung versuchen. Nur dann, wenn das alte Verfahren mittlerweile abgeschlossen sein sollte (z.B. durch Klageverzicht), kann ein neuer Prozess angestrengt werden.[44]

Vorgehen bei wirksamem Vergleich

§ 767 ZPO steht dem Schuldner also **nur** zur Verfügung, **wenn** der **Vergleich wirksam** ist. Nur dann ist das alte Verfahren beendet. Hat der Schuldner also sonstige materiell-rechtliche Einwendungen gegen den titulierten Anspruch, kann er zulässig eine Vollstreckungsgegenklage nach §§ 795, 767 ZPO erheben.

hemmer-Methode: Die zeitliche Grenze des § 767 II ZPO ist auf Prozessvergleiche nicht anwendbar. § 767 II ZPO will eine Durchbrechung der Rechtskraft verhindern. Da aber Prozessvergleiche den Rechtsstreit beenden, ohne dass eine der Rechtskraft fähige Entscheidung erlassen wird, kann § 767 II ZPO nach Sinn und Zweck nicht anwendbar sein.[45] Für die vollstreckbaren Urkunden ist dies ausdrücklich in § 797 IV ZPO geregelt!

Will der Schuldner die Zwangsvollstreckung mit sofortiger Wirkung einstellen lassen, kann er einen einstweiligen Einstellungsantrag nach § 707 ZPO stellen.[46]

3. Der Kostenfestsetzungsbeschluss, § 794 I S. 1 Nr. 2 ZPO

*Kostenfestsetzungsverfahren,
§§ 103 ff. ZPO*

Im Tenor eines Urteils wird zwar beispielsweise ausgesprochen: „Die Kosten des Rechtsstreits trägt der Beklagte." Daraus kann der Kläger aber noch nicht die Zwangsvollstreckung für die Kosten betreiben. Vielmehr bedarf es eines eigenen Kostenfestsetzungsverfahrens nach § 103 ZPO, für das nach § 104 I S. 1 ZPO, § 21 Nr. 1 RPflG der Rechtspfleger zuständig ist. Sein Beschluss nach § 105 I S. 1 ZPO legt die Höhe der Kosten fest und dient damit als Titel für die Zwangsvollstreckung i.S.v. § 794 I S. 1 Nr. 2 ZPO. Die Vollstreckbarkeit ist unabhängig vom Eintritt der Rechtskraft - beispielsweise des Urteils - und kann nach Ablauf der Wartefrist gemäß § 798 ZPO sogleich aus dem Kostenfestsetzungsbeschluss beginnen.

[46]

4. Der Vollstreckungsbescheid, § 794 I S. 1 Nr. 4 ZPO

Vollstreckungsbescheid, § 699 ZPO

Der Vollstreckungsbescheid ergeht gemäß § 699 I S. 1 ZPO auf einen Mahnbescheid, § 692 ZPO, wenn der Schuldner nicht rechtzeitig Widerspruch gemäß § 694 ZPO eingelegt hat.[47] Nach § 700 I ZPO steht der Vollstreckungsbescheid einem für vorläufig vollstreckbar erklärten Versäumnisurteil gleich.

[47]

Der Gläubiger kann mit dem Vollstreckungsbescheid als Titel i.S.v. § 794 I S. 1 Nr. 4 ZPO die Zwangsvollstreckung betreiben, eine Vollstreckungsklausel[48] ist nur ausnahmsweise notwendig, § 796 I ZPO.

---

44 Vgl. zu der Gesamtproblematik Life&Law 2011, 636 ff., wo die genannten Situationen anhand von BGH-Fällen umfassend dargestellt werden.

45 Th/P, § 767 ZPO, Rn. 24 f.

46 Vgl. Th/P, § 794 ZPO, Rn. 41.

47 Vgl. Sie zum Mahnverfahren HEMMER/WÜST, ZPO I, Rn. 641 ff.

48 Vgl. Sie ausführlich Rn. 61 ff.

Einspruch gegen Vollstreckungs-bescheid

Gegen den Vollstreckungsbescheid steht dem Schuldner der Einspruch nach §§ 700 III, 338, 339 I ZPO binnen zwei Wochen zu. Dann kann zugleich Einstellung der Zwangsvollstreckung nach §§ 719 I, 707 ZPO beantragt werden.[49]

48

Lässt der Schuldner diese Frist ebenso wie die Widerspruchsfrist verstreichen, erwächst der Vollstreckungsbescheid in formelle (§§ 705, 339 I ZPO) und materielle (§ 322 ZPO) Rechtskraft.

5. Die vollstreckbare Urkunde, § 794 I S. 1 Nr. 5 ZPO

vollstreckbare Urkunde, § 794 I S. 1 Nr. 5 ZPO:

a) Die vollstreckbare Urkunde als Titel i.S.v. § 794 I S. 1 Nr. 5 ZPO ist Ausfluss der Dispositionsmaxime im Zivilprozess und besitzt erhebliche praktische Bedeutung.

49

praktisch bedeutsam, da schneller Zugriff auf Schuldnervermögen möglich

Der Inhaber einer solchen Urkunde kann ohne Erkenntnisverfahren und Urteil aus diesem Titel vollstrecken. Insbesondere Banken lassen sich Darlehensrückforderungen mittels solcher Urkunden sichern, weil sie einen besonders schnellen Zugriff auf das Schuldnervermögen ermöglichen.

hemmer-Methode: Die vollstreckbare Urkunde ist keinesfalls ein Exot, den Sie nicht kennen müssten. Im Bayerischen Ersten Staatsexamen dient eine vollstreckbare Urkunde immer wieder als Vollstreckungstitel und damit als Aufhänger für etwaige Folgeprobleme in der Klausur. Die Vorschrift des § 794 I S. 1 Nr. 5 ZPO muss einem Examenskandidaten bekannt sein.

Bei der Urkunde ist wie beim Vergleich das materiell-rechtliche Grundgeschäft - beispielsweise eine Rückzahlungspflicht aus einem Darlehen nach § 488 I S. 2 BGB - und die Prozesshandlung zu unterscheiden, die hier als einseitige Erklärung gegenüber Notar oder Gericht auf die sofortige Vollstreckung zugunsten des Gläubigers gerichtet ist.

> **Die Voraussetzungen für eine solche Urkunde sind:**
>
> ⇨ die Erklärung gegenüber dem Gericht oder (regelmäßig) dem Notar,
>
> ⇨ die Protokollierung gemäß §§ 8 ff. BeurkG,
>
> ⇨ ein Anspruch, der einer vergleichsweisen Regelung zugänglich und nicht auf Abgabe einer Willenserklärung gerichtet ist und nicht den Bestand eines Mietverhältnisses über Wohnraum betrifft[50] und
>
> ⇨ die Unterwerfung unter die sofortige Zwangsvollstreckung.

Sollte der Anspruch aus einer Hypothek, Grund- oder Rentenschuld geltend gemacht werden, richtet er sich auf die Duldung der Zwangsvollstreckung. Unter den Voraussetzungen des § 800 ZPO gilt dies auch gegen den jeweiligen Eigentümer des Grundstücks.

Enthält die vollstreckbare Urkunde nur Regelungen hinsichtlich der Duldung der Zwangsvollstreckung, so kann auch nur aus dem dinglichen Recht vollstreckt werden, nämlich in das Grundstück.

Da die Hypothek aber eine ihr zugrunde liegende Forderung sichert (§ 1113 BGB), wird die Urkunde zumeist auch den zu sichernden schuldrechtlichen Anspruch erfassen; denn dann kann auch in das übrige Vermögen des Schuldners sofort vollstreckt werden.

---

49 § 719 I ZPO spricht zwar vom Einspruch gegen ein für vorläufig vollstreckbar erklärtes Urteil. Dem steht aber gemäß § 700 I ZPO ein Vollstreckungs-bescheid gleich.

50 Th/P, § 794 ZPO, Rn. 51.

> hemmer-Methode: **So sichert sich der Gläubiger optimal ab. Sein Anspruch ist durch die Hypothek gesichert. Mit der vollstreckbaren Urkunde kann er schnell in das Grundstück oder wahlweise in das sonstige Vermögen vollstrecken.**

vollstreckbare Ausfertigung der Urkunde

b) Die vollstreckbare Ausfertigung der Urkunde erteilt die Stelle, die die Urkunde verwahrt hat, also gemäß § 797 I ZPO das Gericht oder gemäß § 797 II S. 1 ZPO der Notar. Verweigert der Notar die Erteilung, steht dem Gläubiger als besonderer Rechtsbehelf die Beschwerde nach § 54 I BeurkG i.V.m. §§ 68 ff. FamFG zu. **51**

materiell-rechtliche Einwendungen nach § 767 ZPO geltend zu machen, dabei nach § 797 IV ZPO keine Präklusion

c) Will sich der Schuldner aus materiell-rechtlichen Gründen gegen die Zwangsvollstreckung wehren, kann er die Vollstreckungsgegenklage nach §§ 795, 767 ZPO erheben. **52**

Gemäß § 797 IV ZPO besteht für Einwendungen keine zeitliche Grenze, da sich der Vollstreckungsschuldner noch in keinem Erkenntnisverfahren gegen diesen Anspruch wehren konnte und außerdem bei vollstreckbaren Urkunden keine Rechtskraft eintritt.

> hemmer-Methode: **Vergleichen Sie nochmals Rn. 45 zum Prozessvergleich; auch bei diesem ist § 767 II ZPO nicht anwendbar, weil auch dort keine Rechtskraft eintritt.**

> *Bsp.: Die Bank verlangt für einen Darlehensrückzahlungsanspruch in Höhe von 50.000,- € die Unterwerfung unter die sofortige Zwangsvollstreckung in einer notariellen Urkunde. Da der Schuldner das Darlehen nicht fristgemäß zurückzahlen kann, will die Bank die Zwangsversteigerung des Grundstücks aus dieser Urkunde betreiben. Mit der Vollstreckungsgegenklage kann der Schuldner z.B. ohne weiteres anführen, sein Vertreter habe keine Vertretungsmacht gehabt nach § 167 BGB oder sei geschäftsunfähig gewesen nach § 104 BGB.*

§ 799a ZPO, Risikobegrenzungsgesetz

Mit § 799a ZPO[51] hat der Gesetzgeber einen verschuldensunabhängigen Schadensersatzanspruch zugunsten des Schuldners eingefügt. Wenn sich ein Eigentümer in einer notariellen Urkunde der sofortigen Zwangsvollstreckung unterworfen hat, die Vollstreckung durch eine andere als in der Urkunde bezeichnete Person stattfindet und die Vollstreckung aus der Urkunde für unzulässig erklärt wird, so ist der Vollstreckende zum Ersatz des durch die Vollstreckung entstandenen Schadens verpflichtet.

Hierdurch soll die Eigentümerstellung in den Fällen gestärkt werden, in denen die vollstreckbare Urkunde zur Absicherung einer Forderung aus einem Immobiliengeschäft errichtet worden ist und es zur Übertragung des Grundpfandrechts gekommen ist[52]. Die Vorschrift ist § 717 II ZPO nachgebildet und verschuldensunabhängig.

6. Arrest, § 928 ZPO, und einstweilige Verfügung, §§ 936, 928 ZPO

einstweiliger Rechtsschutz

Auf die Vollziehung des Arrests und der einstweiligen Verfügung finden nach § 928 ZPO die Vorschriften über die Zwangsvollstreckung entsprechende Anwendung. Titel sind dabei der Arrestbefehl und die Anordnung der einstweiligen Verfügung.[53] **53**

---

51 In Kraft getreten am 19. August 2008 (Risikobegrenzungsgesetz).

52 Vgl. Th/P, § 799a ZPO, Rn. 1.

53 Vgl. Th/P, § 928 ZPO, Rn. 1 und § 936 ZPO, Rn. 7.

Die Vollziehung darf aber nur zur Sicherung und nicht zur Befriedigung des Gläubigers führen.[54] Ausnahmsweise darf aber durch einstweilige Verfügung die Räumung von Wohnraum angeordnet werden, vgl. § 940a ZPO.

hemmer-Methode: Unter Rn. 43 haben Sie bereits den Schadensersatzanspruch gem. § 717 II ZPO kennengelernt. Eine ähnliche Regelung enthält § 945 ZPO, wenn der Arrest bzw. die einstweilige Verfügung nach Vollziehung aufgehoben werden.

IV. Besonderheiten im Titelinhalt

1. Bruttolohntitel

Bruttolohntitel: Zwar hat Arbeitnehmer nur Anspruch auf Nettolohn, darf aber Bruttolohn erstreiten, da er für Steuern und Sozialabgaben selbst haftet

Bei Arbeitslohn könnte der Umfang der Zwangsvollstreckung unklar sein. Wenn der Arbeitnehmer einen Titel für seinen Arbeitslohn - beispielsweise in Höhe von 3.200,- € - erstritten hat, muss berücksichtigt werden, dass davon der Arbeitgeber regelmäßig Steuern und Sozialbeiträge abzuführen hat.

Einen Anspruch hat der Arbeitnehmer somit nur auf den Nettolohn.[55]

Doch haftet der Arbeitnehmer u.U. (§§ 38 II, 42d III EStG) für diese vorher abzuführenden Beträge selbst. Deshalb darf er die Zwangsvollstreckung wegen des vollen Bruttolohns betreiben.

Hat nun der Arbeitgeber bereits Steuern und Sozialabgaben entrichtet, muss er hinsichtlich dieser Beträge über die Vollstreckungsgegenklage die Einstellung der Zwangsvollstreckung nach § 775 Nr. 4 oder Nr. 5 ZPO erwirken.

hemmer-Methode: Während die Bruttolohnklage seit langem anerkannt ist, war die Frage, woraus sich die Zinsen berechnen, längere Zeit umstritten.
Die frühere Rechtsprechung des BAG (2., 4., 5. und 10. Senat) gewährte lediglich „Zinsen aus dem sich aus dem Bruttobetrag errechnenden Nettobetrag".
Der 9. Senat hat sich im Jahr 2001 dem LAG München und LAG Nürnberg angeschlossen und gewährt richtigerweise „Zinsen aus dem Bruttobetrag", jedenfalls solange der Arbeitgeber die Lohnsteuer bzw. Sozialversicherung noch nicht gem. §§ 38 III, 41 I EStG bzw. § 28g SGB IV abgeführt hat. Ebenfalls 2001 hat der Große Senat entschieden, dass sich die Berechnung nach dem Bruttolohn richtet.[56]
Diese Abführungspflicht sei nur eine besondere Zahlungsweise. Erst nach Abführung tritt insoweit Erfüllung ein und der akzessorische Zinsanspruch erstreckt sich nur noch auf den Nettobetrag. Dies habe aber der Arbeitgeber im Prozess einzuwenden. Als Referendar müssen Sie diese Entscheidung unbedingt kennen!

2. Besondere Vermögensmassen

Vermögensmassen mit mehreren Beteiligten

Möglicherweise steht dem Titel eine Vermögensmasse mit mehreren Berechtigten gegenüber. Insbesondere im Gesellschafts-, Familien- und Erbrecht stellt sich die Frage, gegen wen aus welchem Titel vorgegangen werden kann.

54

55

---

54   Vgl. Th/P, § 928 ZPO, Rn. 1.

55   BAG, NJW 1985, 646 = juris by hemmer.

56   **BAG,** NZA 2001, 1195 = **Life&Law 2001, 253** = juris by hemmer.

hemmer-Methode: Besondere Vermögensmasse heißt, dass sachliche Werte im Hinblick auf die daran berechtigten, natürlichen Personen verselbstständigt sind. Fragen Sie sich bei einem Titel immer: Berechtigt er zur Vollstreckung
- **in die besondere Vermögensmasse (wie bei Titeln gegen eine OHG),**
- **in das Privatvermögen der daran berechtigten Person?**

a) Gesellschaftsrecht[57]

bei rechts- und teilrechtsfähigen Vereinigungen: Titel gegen diese selbst

Bei Kapitalgesellschaften, Personenhandelsgesellschaften (für OHG und KG vgl. §§ 124 II, 161 II HGB) und einem rechtsfähigen oder nicht rechtsfähigen (vgl. § 735 ZPO) Verein ist ein direkt gegen Gesellschaft oder Verein gerichteter Titel notwendig.

> *Bsp.: Der Geschäftsführer einer OHG hat im Rahmen seiner Vertretungsmacht im Namen der OHG einen Kaufvertrag über den Verkauf eines Dienstwagens abgeschlossen. Will der Käufer diesen Pkw an sich bringen, muss er einen Titel gegen die Gesellschaft auf Übereignung des Wagens erstreiten.*

OHG/KG: aus Titel gegen Gesellschaft keine ZVS gegen Gesellschafter, § 129 IV HGB

Gegen einzelne Gesellschafter oder Mitglieder kann aus einem solchen gegen die OHG oder KG gerichteten Titel nicht vorgegangen werden, § 129 IV HGB.[58]

bei GbR ist § 736 ZPO zu beachten

Nach § 736 ZPO ist zur Zwangsvollstreckung in das Gesellschaftsvermögen einer nach § 705 BGB eingegangenen Gesellschaft ein gegen alle Gesellschafter ergangenes Urteil erforderlich.

Fraglich ist, wie sich die Anerkennung der Parteifähigkeit der BGB-Gesellschaft durch den BGH[59] auf diese Vorschrift auswirkt.

GbR: rechts- und parteifähig

Nach ganz h.M. hat diese Vorschrift durch die neuere Rechtsprechung zur Rechtsfähigkeit der Gesellschaft bürgerlichen Rechts nicht ihre Bedeutung verloren.

Sie ist nunmehr so zu verstehen, dass der Gläubiger nicht nur mit einem gegen die Gesellschaft als Partei gerichteten Titel in das Gesellschaftsvermögen vollstrecken kann, sondern - anders als bei der OHG (vgl. § 124 II HGB) - auch mit einem Titel gegen alle Gesellschafter aus ihrer persönlichen Mithaftung.[60]

hemmer-Methode: § 736 ZPO ist daher mittlerweile so zu lesen: „Zur ZVS in das Gesellschaftsvermögen einer GbR ist ein gegen alle Gesellschafter ergangenes Urteil (nicht mehr erforderlich, sondern) ausreichend."[61]
Für die Zwangsvollstreckung in das Vermögen einer Gesellschaft bürgerlichen Rechts ist mit der Anerkennung der Rechtsfähigkeit der GbR aber nicht mehr ein Titel gegen alle Gesellschafter erforderlich, sondern es ist auch ein Titel gegen die Gesellschaft taugliche Grundlage, um in das Vermögen der GbR zu vollstrecken.[62]

Beachten Sie aber, dass aus einem Titel gegen die Gesellschaft allein nicht in das Vermögen der Gesellschafter vollstreckt werden kann.

hemmer-Methode: Dies ist die Gemeinsamkeit mit der OHG.

---

57 Hinweis für Referendare: Einen ausführlichen Beitrag über die Zwangsvollstreckung in Personengesellschaften finden Sie in NJW 2000, 1137 ff.

58 Vgl. Sie dazu ausführlich unten i.R.d. Drittwiderspruchsklage Rn. 273.

59 Vgl. BGH, NJW 2001, 1056 ff. = jurisbyhemmer, kommentiert in Life&Law 2001, 213 ff.

60 MUSIELAK/LACKMANN, ZPO, 3. Aufl., § 736 ZPO, Rn. 1; BGH, Life&Law 2005, 25 ff.

61 Vgl. K. SCHMIDT in NJW 2001, 993 ff. (997 und 1000).

62 BGH, Life&Law 2005, 25 ff.; nach a.A. kann nur mit einem Titel gegen die Gesellschaft in das Gesellschaftsvermögen vollstreckt werden, MüKo, § 705 ZPO, Rn. 321. Das würde insoweit zu einer Angleichung an die Rechtslage bei der OHG gem. § 124 II HGB führen, wurde vom BGH aber abgelehnt.

Wird die Klage gegen die Gesellschafter abgewiesen, kann aber erneut gegen die Gesellschaft geklagt werden. Eine Rechtskrafterstreckung findet nicht statt.[63]

b) Familienrecht

Familienrecht: § 740 I ZPO bei der Gütergemeinschaft

Im ehelichen Güterrecht gibt es lediglich bei der Gütergemeinschaft eine Besonderheit. Nach § 740 I ZPO reicht zur Zwangsvollstreckung in das Gesamtgut ein Titel gegen den verwaltenden Ehegatten, selbst wenn der Vollstreckungsgegenstand als Gesamtgut beiden gemeinschaftlich gehört.[64]   **59**

hemmer-Methode: Im ehelichen Güterrecht bildet nur dieses Gesamtgut eine besondere Vermögensmasse. Bei Zugewinngemeinschaft und Gütertrennung bleiben die Vermögensmassen der Ehegatten getrennt.

c) Erbrecht

Erbrecht: § 779 I ZPO Fortsetzung der ZVS in den Nachlass, wenn z.Zt. des Erbfalls schon begonnen

Hat die Zwangsvollstreckung schon begonnen, kann sie gemäß § 779 I ZPO mit dem alten Titel in den Nachlass als selbstständige Vermögensmasse fortgesetzt werden. Steht die Zwangsvollstreckung noch bevor, benötigt der Gläubiger zuerst eine Titelumschreibung (dazu Rn. 75 ff.).   **60**

B) Vollstreckungsklausel

I. Definition

Klausel, § 725 ZPO: führt zu vollstreckbarer Ausfertigung

Die Vollstreckungsklausel bezeugt Bestehen und Vollstreckungsreife des Titels.[65] Sie hat den Wortlaut des § 725 ZPO und wird gemäß § 724 I ZPO am Schluss des Titels angefügt.   **61**

Die Klausel lässt eine vollstreckbare Ausfertigung des Titels entstehen. Sie hat Zeugnis- und Schutzfunktion und ist insoweit formelle Voraussetzung der Vollstreckung.[66]

II. Funktion

Notwendigkeit der Klausel

Die Notwendigkeit einer Klausel ergibt sich aus der Tatsache, dass es sich bei der Zwangsvollstreckung um ein streng formalisiertes Verfahren handelt. Die Vollstreckungsorgane überprüfen lediglich die formellen Voraussetzung der Zwangsvollstreckung und ihre Zulässigkeit, nicht aber die Rechtmäßigkeit oder gar die Richtigkeit des Titels.[67]   **62**

Damit bleiben ihnen umfangreiche Nachprüfungen erspart. Das Vorliegen einer Klausel ist für das Vollstreckungsorgan also Kennzeichen dafür, dass ein vollstreckungsfähiger Titel vorliegt.

Klauselumschreibung bei Rechtsnachfolge

Dieses Etikett erleichtert aber nicht nur die Prüfungspflicht des Vollstreckungsorgans.   **63**

---

63   BGH, Life&Law 2011, 549 ff.

64   Bei gemeinschaftlicher Verwaltung ist gemäß § 740 II ZPO zur Vollstreckung in das Gesamtgut ein Titel gegen beide Ehegatten erforderlich.

65   Vgl. ZÖLLER-STÖBER, § 704 ZPO, Rn. 1.

66   Vgl. ZÖLLER-STÖBER, § 704 ZPO, Rn. 1.

67   Th/P, v. § 704 ZPO, Rn. 33.

Sollte beispielsweise ein Urteil aufgrund der Vorschrift des § 325 ZPO für einen neuen Gläubiger bzw. gegen einen neuen Schuldner als Rechtsnachfolger wirken, so muss der Gläubiger lediglich nach § 727 ZPO die Klausel im Titel umschreiben lassen, um vollstrecken zu können. Einer eigenen Klage gegen den Rechtsnachfolger steht unter diesen Umständen die anderweitige Rechtskraft entgegen. Außerdem würde auch das Rechtsschutzbedürfnis fehlen, da mit der Klauselumschreibung ein einfacherer, prozessökonomischerer Weg bestünde, um das gleiche Ziel zu erreichen.[68]

> **hemmer-Methode: Richtige Einordnung: Die Erteilung der Klausel selbst gehört noch nicht zum eigentlichen Vollstreckungsverfahren; sie geht diesem vielmehr als ein formeller, die Zwangsvollstreckung vorbereitender Akt[69] voraus.**
>
> **Merken Sie sich also, dass die Klausel die Brücke schlägt zwischen Erkenntnis- und Vollstreckungsverfahren. Sie soll Vollstreckungsorgan und Gläubiger bescheinigen, dass mit dem bestehenden Titel ein vollstreckungsrechtliches Vorgehen gegen den Schuldner möglich ist.**

III. Entbehrlichkeit der Klausel

Klausel nicht immer notwendig

Nicht notwendig ist die Vollstreckungsklausel ausnahmsweise bei Kostenfestsetzungsbeschlüssen (§ 795a ZPO i.V.m. § 105 ZPO), i.d.R. bei Vollstreckungsbescheiden (§ 796 ZPO), grundsätzlich beim Arrest (§ 929 I ZPO) und der einstweiligen Verfügung (§§ 936, 929 I ZPO).

64

IV. Zuständigkeit

Zuständigkeit für einfache Klauseln: Urkundsbeamter

Für die sog. einfachen Klauseln i.S.d. § 725 ZPO ist gemäß § 724 II ZPO der Urkundsbeamte der Geschäftsstelle des Prozessgerichts zuständig.

65

für Titel übertragende oder ergänzende Klauseln: Rechtspfleger

Titel übertragende oder Titel ergänzende (dazu gleich Rn. 66 ff., 75 ff.) Klauseln stellt bei Vergleichen oder Urteilen gemäß § 20 Nr. 12 RPflG der Rechtspfleger des Prozessgerichts aus. Bei Urkunden ist nach § 797 II ZPO der verwahrende Notar zuständig.

V. Sonderformen der Klausel

Drei Formen von Klauseln sind zu unterscheiden: Die einfache Klausel (§ 725 ZPO), die qualifizierte bzw. Titel ergänzende Klausel (§ 726 ZPO) und die Titel umschreibende Klausel (§§ 727 ff. ZPO).

1. Titel ergänzende Klausel, § 726 ZPO

ergänzende Klausel

Teilweise ist ein Titel erst nach Eintritt einer Bedingung oder Befristung vollstreckbar.

66

grds. bei Befristung/Bedingung gesondertes Klauselerteilungsverfahren erforderlich

a) Gem. § 726 I ZPO darf in einem solchen Fall eine Klausel grundsätzlich nur ausgestellt werden, wenn durch öffentliche oder öffentlich beglaubigte Urkunden der Eintritt dieser Voraussetzung bewiesen wurde. Die Erteilung der Klausel wirkt somit nicht deklaratorisch, sondern konstitutiv.

In einem Urteil wird eine Bedingung oder Befristung selten zu finden sein, wohl aber bei Vergleichen und vollstreckbaren Urkunden, für die über § 795 ZPO die Regelung des § 726 I ZPO entsprechende Anwendung findet.

---

68   Th/P, v. § 253 ZPO, Rn. 27.
69   Zöller-Stöber, § 704 ZPO, Rn. 1.

Bsp.: Der Vermieter klagt auf Zahlung von 350,- € Mietzins. Der Mieter setzt einen Vergleich durch, wonach der Vermieter als Bedingung zuerst die Wasserleitung wegen seiner Instandhaltungspflicht nach § 535 I S. 2 BGB zu reparieren hat. Der Vermieter (= Gläubiger) kann nur vollstrecken, wenn er in dem nach §§ 795, 726 I ZPO anzustrengenden Klauselverfahren mittels einer Handwerkerrechnung als Privaturkunde i.S.v. § 416 ZPO den Eintritt der Bedingung beweist, die allerdings noch öffentlich beglaubigt werden muss (vgl. § 726 I ZPO a.E.). Allerdings bleibt es den Parteien unbenommen, eine erleichterte Beweisführung im gerichtlichen Vergleich zu vereinbaren.[70]

Ausnahmen

b) Ausnahmsweise kann die Klausel gleich auf einen „bedingten" oder „befristeten" Titel erteilt werden, wenn der Eintritt der Bedingung oder Befristung von dem Vollstreckungsorgan leicht überprüft werden kann bzw. muss.

Die Durchführung eines Klauselverfahrens nach § 726 I ZPO wäre dann unnötige Förmelei.

67

Ohne den Nachweis des Eintritts der Bedingung bzw. der Befristung wird die Klausel demnach in folgenden drei Fällen erteilt:

aa) Vorherige Sicherheitsleistung

Vollstreckungsorgan selbst kann Erbringung einer Sicherheitsleistung prüfen

Hängt die Vollstreckung von einer Sicherheitsleistung des Gläubigers i.S.v. §§ 708 ff. ZPO ab, darf das Vollstreckungsorgan die Zwangsvollstreckung nur beginnen, wenn ihm mittels öffentlicher oder öffentlich beglaubigter Urkunde nachgewiesen ist, dass der Gläubiger die Sicherheitsleistung erbracht hat, § 751 II ZPO.

68

hemmer-Methode: Hier hat der Gesetzgeber differenziert. Der Eintritt einer Bedingung wird grundsätzlich in einem Klauselverfahren überprüft, das der Gläubiger zusätzlich nach Erlangung des Titels anstrengen muss. Die Überprüfung des Bedingungseintritts „Zahlung der Sicherheitsleistung" wird dem Vollstreckungsorgan überlassen, § 726 ZPO.

ZVS ohne Sicherheitsleistung, § 720a I S. 1 ZPO

Will der Gläubiger den Nachweis mittels öffentlicher Urkunden nicht führen oder gelingt es ihm nicht, kann er die Zwangsvollstreckung gemäß § 720a I S. 1 ZPO durchführen, also ohne Sicherheitsleistung. Bei Eintragung einer Zwangshypothek oder der Pfändung von beweglichem Vermögen entstehen dem Schuldner nur Nachteile, die schnell wieder rückgängig gemacht werden können. Nur die Verwertung des Gegenstandes kann gemäß § 720a I S. 2 ZPO erst nach Sicherheitsleistung erfolgen.

bb) Befristung der Vollstreckung bis zu einem Kalendertag

auch Befristungen bis zu einem Kalendertag sind vom Vollstreckungsorgan selbst zu prüfen

Ist die Vollstreckbarkeit bis zu einem bestimmten Kalendertag befristet, hat nach § 751 I ZPO das Vollstreckungsorgan zu prüfen, ob der Kalendertag schon eingetreten ist. Die Klausel kann somit sofort auf den befristeten Titel erteilt werden.[71]

69

Bsp.: Der Mietzins in Höhe von 350,- € soll erst ab einem bestimmten Zeitpunkt vollstreckbar sein. Den Eintritt dieses Kalendertages kann der Gerichtsvollzieher ohne weiteres prüfen. Die Zwangsvollstreckung ist gemäß § 751 I ZPO ab dem nächsten Tag zulässig.

cc) Zug-um-Zug-Leistung

Verurteilung Zug um Zug

Möglich ist auch, dass der Titel eine Verurteilung zu einer Leistung Zug um Zug gemäß § 726 II ZPO enthält.

70

---

70   Vgl. Th/P, § 726 ZPO, Rn. 6 a.E.

71   Vertiefungshinweis für Referendare: Einen weiteren Fall der Befristung regelt § 798 ZPO. Danach dürfen insbesondere Kostenfestsetzungsbeschlüsse und vollstreckbare Urkunden erst nach einer Wartefrist von zwei Wochen vollstreckt werden. Den Ablauf der Frist hat nach § 798 ZPO ebenfalls das Vollstreckungsorgan zu überprüfen.

Bsp.: Beim Rücktritt sind die Verpflichtungen gemäß § 348 I BGB Zug um Zug zu erfüllen.

In einem solchen Fall wird die Klausel grds. sofort erteilt, da über §§ 756, 765 ZPO sichergestellt ist, dass die Vollstreckungsorgane die Erfüllung der Zug-um-Zug-Verpflichtung überprüfen.

Vollstreckung durch Gerichtsvollzieher: § 756 ZPO

(1) Bei der Vollstreckung durch den Gerichtsvollzieher hat dieser nach § 756 I ZPO die Leistung tatsächlich anzubieten, es sei denn, der Gläubiger kann mittels öffentlicher oder öffentlich beglaubigter Urkunden beweisen, dass sich der Schuldner im Annahmeverzug befindet (dazu Rn. 74) oder dass dieser bereits befriedigt ist.

Bsp.: Der Gläubiger hat einen Anspruch auf Zahlung von 15.000,- € Zug um Zug gegen Rückgabe eines antiken Schrankes.

Der Gerichtsvollzieher hat in diesem Fall den Schrank grundsätzlich tatsächlich mitzuführen, um mittels eines tatsächlichen Angebotes gemäß § 294 BGB den Annahmeverzug des Schuldners begründen zu können. Erst dann kann er Gegenstände im Wert von 15.000,- € pfänden.

Ein wörtliches Angebot nach § 295 S. 1 BGB durch den Gerichtsvollzieher reicht, wenn hinsichtlich des Schrankes eine Holschuld besteht oder wenn der Schuldner bereits ausdrücklich oder konkludent erklärt hat, den Schrank nicht anzunehmen, § 756 II ZPO.

Vollstreckung durch Gericht oder Grundbuchamt: § 765 ZPO

(2) Bei der Vollstreckung durch das Vollstreckungsgericht muss gemäß § 765 ZPO der Annahmeverzug oder die Befriedigung des Schuldners durch öffentliche oder öffentlich beglaubigte Urkunden nachgewiesen werden.

Bsp.: Der Gläubiger hat einen Anspruch auf Zahlung von 50.000,- € Zug um Zug gegen Rückgabe des Pkw. Will der Gläubiger durch das nach § 828 ZPO zuständige Vollstreckungsgericht eine Forderung pfänden lassen, so geht dies nur, wenn der Nachweis nach § 765 Nr. 1 ZPO geführt worden ist.

Der clevere Gläubiger lässt deshalb den Pkw durch den Gerichtsvollzieher anbieten i.S.v. §§ 293 ff. BGB. Lehnt dieser ab, kann der Gläubiger das Protokoll dem Vollstreckungsgericht vorlegen und somit beispielsweise das Arbeitseinkommen des Schuldners pfänden lassen, § 765 Nr. 1 HS 2 ZPO.

hemmer-Methode: § 756 ZPO gilt also für die Zwangsvollstreckung durch den Gerichtsvollzieher, während § 765 ZPO bei Zwangsvollstreckungen durch das Vollstreckungsgericht anwendbar ist. § 765 ZPO gilt nach allg. Meinung analog für die Zwangsvollstreckung durch das Grundbuchamt bzw. das Prozessgericht.

§ 726 II ZPO: Bei Abgabe einer Willenserklärung Klauselerteilung erst nach Befriedigung des Schuldners oder Annahmeverzug

(3) Eine Ausnahme von der sofortigen Klauselerteilung gilt gemäß § 726 II ZPO, wenn der Schuldner eine Willenserklärung abzugeben hat. Hier wird die Klausel erst erteilt, wenn der Schuldner befriedigt ist oder sich im Annahmeverzug befindet. Denn gemäß § 894 I S. 2 ZPO fingiert schon die Übergabe der vollstreckbaren Ausfertigung die Abgabe der Willenserklärung durch den Schuldner.

Bspe.: Auflassungserklärung für ein gekauftes Grundstück, Löschungsbewilligung für eine als Sicherheit gewährte Hypothek, Urlaubsgewährung durch den Arbeitgeber.

Urteile als öffentliche Urkunde ausreichend zum Nachweis des Annahmeverzugs?

(4) Gegenüber allen Vollstreckungsorganen ließe sich anführen, dass sich der Annahmeverzug aufgrund ordnungsgemäß angebotener Leistung bereits aus dem Urteil als öffentlicher Urkunde i.S.v. § 415 ZPO ergeben könne. Schließlich habe der klagende Gläubiger beantragt, den Schuldner zur Rückzahlung Zug um Zug gegen Rückgabe zu verurteilen. Dieser habe Klageabweisung beantragt.

71

72

73

74

Vom zeitlichen Ablauf her reicht es jedenfalls aus, wenn sich der Schuldner vor und mit Urteilserlass im Annahmeverzug befindet. Im Vollstreckungsverfahren muss nicht der Annahmeverzug durch ein weiteres Angebot erneuert werden.

nach h.M. nur, wenn aus dem Tenor ersichtlich

Doch muss sich die Tatsache des Annahmeverzuges nach der h.M.[72] ausdrücklich aus dem Urteilstenor ergeben. Dem Vollstreckungsorgan sollen umfangreiche materielle Überlegungen erspart werden.[73]

Deshalb reicht es als Nachweis nur, wenn der Gläubiger durch einen klageerweiternden Antrag auf Feststellung des Annahmeverzuges nach § 256 ZPO geklagt hat. Dann ergibt sich die Tatsache des Annahmeverzuges aus dem Urteilstenor. Das Feststellungsinteresse lässt sich dann mit dem Vorteil begründen, der sich i.R.d. Zwangsvollstreckung bei §§ 756, 765 ZPO zeigt. Diese Erleichterung kann eine einfache Leistungsklage nicht erreichen.

hemmer-Methode: Auch hier gibt es wieder eine Schnittstelle zwischen „ZPO I" und „ZPO II". Im ersten Examen kann man aber von Ihnen ohne die entsprechenden Tipps und Hinweise im Sachverhalt wohl nicht erwarten, dass sie das Feststellungsinteresse i.S.d. § 256 ZPO an der vollstreckungsrechtlichen Erleichterung i.R.d. §§ 756, 765 ZPO „festmachen".

Bsp.: Der Gläubiger klagt auf Rückzahlung Zug um Zug gegen Rückgabe des Pkw. Der Schuldner beantragt Klageabweisung. Merkt der Gläubiger, dass er obsiegen wird, erweitert er seine Klage um den Antrag auf Feststellung des Annahmeverzuges. Das Urteil mit dem Tenor - „1. Der Beklagte wird verurteilt zur Zahlung von ... Zug um Zug gegen Rückgabe .... 2. Es wird festgestellt, dass sich der Beklagte im Annahmeverzug befindet" - übergibt er dem Vollstreckungsorgan als öffentliche Urkunde und kann somit unbedingt die Zwangsvollstreckung betreiben.

hemmer-Methode: Ein geschickter Kläger sorgt schon im Erkenntnisverfahren für die Feststellung des Annahmeverzugs des Schuldners. Ansonsten muss er den Annahmeverzug nach erneutem Angebot mittels Urkunde gegenüber dem Vollstreckungsorgan nachweisen. Oder er überlässt das verzugsbegründende Angebot direkt dem Gerichtsvollzieher.

2. Die Titel übertragende Klausel

a) Allgemeine Grundsätze

Titel übertragende Klausel bei Schuldner- oder Gläubigerwechsel

Die Titel übertragende (auch Titel umschreibend genannte) Klausel gibt dem Titel eine neue Zielrichtung. Sie ist notwendig, wenn zwar der Anspruch feststeht, sich aber Schuldner oder Gläubiger ändern.   **75**

§ 727 ZPO: vollstreckbare Ausfertigung für und gegen Rechtsnachfolger, vgl. §§ 265, 325 ZPO

aa) Der Grundfall des § 727 I ZPO steht in systematischem Zusammenhang mit der Vorschrift des § 325 ZPO, wobei unter Rechtsnachfolge sowohl die Einzel- als auch die Gesamtrechtsnachfolge zu verstehen ist.[74]   **76**

Nach § 727 I Alt. 1 ZPO kann eine Klausel auch für den Rechtsnachfolger des im Titel bezeichneten Gläubigers erteilt werden.

Bsp.: So kann der Erbe einen vom Erblasser erstrittenen Titel als gesetzlicher Rechtsnachfolger auf sich umschreiben lassen.

---

72   Th/P, § 756 ZPO, Rn. 9 f.

73   Dies ist Ausdruck des formalisierten Zwangsvollstreckungsverfahrens, vgl. Sie oben Rn. 34.

74   Th/P, § 325 ZPO, Rn. 2; zur umstrittenen Frage, ob im Falle der Schuldübernahme nach §§ 414 ff. BGB eine Einzelrechtsnachfolge i.S.d. § 727 I ZPO gegeben ist, vgl. Th/P, § 727 ZPO, Rn. 10 ff. Für den Fall des Schuldbeitritts wird dies jedenfalls verneint.

Nach § 727 I Alt. 2 ZPO kann sich der Gläubiger die Klausel gegen den Rechtsnachfolger des im Titel verurteilten Schuldners erteilen lassen.[75]

Bsp.: A klagt gegen B auf Herausgabe seines Mountainbikes nach § 985 BGB. Nach Rechtshängigkeit, aber vor Urteilsverkündung veräußert B die streitbefangene Sache an C, der weder von der wahren Eigentumslage noch von der rechtshängigen Klage wusste.

Wird nun B zur Herausgabe verurteilt, könnte sich A gegen C (den Rechtsnachfolger des B) gemäß § 727 I ZPO eine Vollstreckungsklausel erteilen lassen. Dazu müsste jedoch das Herausgabeurteil gegen B auch gegenüber C nach § 325 ZPO wirksam sein.

Zwar hat C gemäß §§ 932, 929 S. 1 BGB Eigentum am Fahrrad vom nichtberechtigten B erworben, da die Rechtshängigkeit gemäß § 265 I ZPO kein Verfügungsverbot begründet.

Der Rechtskrafterstreckung nach § 325 I ZPO stünde dies aber nach Abs. 2 nur dann entgegen, wenn C auch hinsichtlich der fehlenden Rechtshängigkeit gutgläubig i.S.d. § 932 II BGB gewesen wäre (sog. „doppelte Gutgläubigkeit").

Da dies hier der Fall war, erstreckt sich die Rechtskraft des Herausgabeurteils nicht gemäß § 325 I ZPO auf C. Eine Klauselerteilung für den Gläubiger gemäß § 727 I Alt. 2 ZPO gegen C scheidet demnach aus.[76]

Für Parteien kraft Amtes, z.B. den Nachlass- oder Insolvenzverwalter, findet § 727 ZPO entsprechende Anwendung.[77]

Bsp.: Der Insolvenzverwalter kann mittels Klauselumschreibung nach § 727 ZPO analog aus bereits erstrittenen Titeln zugunsten der GmbH, über die das Insolvenzverfahren eröffnet wurde (§§ 11 ff. InsO), vorgehen.

§ 728 ZPO: Nacherbschaft und Testamentsvollstreckung

bb) Die Vorschrift des § 728 ZPO korrespondiert mit der Rechtskrafterstreckung bei Nacherbfolge gemäß § 326 ZPO und bei Testamentsvollstreckung gemäß § 327 ZPO. Nacherbe bzw. Erbe können also mittels Klauselumschreibung Titel geltend machen, die Testamentsvollstrecker oder Vorerbe für sie erstritten haben.

§ 728 ZPO ist als zusätzliche Regelung notwendig, weil nach h.M. der Erbe nicht Rechtsnachfolger des Testamentsvollstreckers bzw. der Nacherbe nicht Rechtsnachfolger des Vorerben ist, sodass § 727 ZPO keine direkte, sondern über § 728 ZPO nur entsprechende Anwendung finden kann.[78]

§ 729 ZPO für Fälle der Vermögensübernahme und des § 25 HGB

cc) § 729 ZPO lässt die Klauselumschreibung im Fall der Vermögensübernahme[79] und der Firmenübernahme gemäß § 25 HGB zu. Vermögens- und Firmenübernehmer sind nicht Rechtsnachfolger der ursprünglichen Schuldner, sondern haften neben diesen nur als Gesamtschuldner.[80]

77

78

---

75 OLG Hamm, NJW 1998, 1038 = **juris**byhemmer, wendet § 727 ZPO entsprechend an, wenn der Gläubiger, der gegen den Bucheigentümer einen Titel erstritten hat, gegen den nach erfolgter Grundbuchberichtigung eingetragenen Eigentümer vorgehen will.

76 Hinweis für Referendare: Das Ergebnis entspricht dem Gesetzeswortlaut; in der Praxis würde der für die Umschreibung zuständige Rechtspfleger aber die Gut- oder Bösgläubigkeit nicht prüfen, Th/P, § 727 ZPO, Rn. 13. Wie sollte er das auch tun, es findet ja keine Beweisaufnahme statt. Der Rechtsnachfolger, der sich auf seine doppelte Gutgläubigkeit beruft, müsste sich vielmehr gegen die titelübertragende Klausel mittels Klauselerinnerung bzw. Klauselgegenklage wehren, §§ 732, 768 ZPO.

77 Th/P, § 727 ZPO, Rn. 3.

78 Th/P, § 728 ZPO, Rn. 1.

79 Da § 419 BGB durch das EGInsO aufgehoben wurde, gilt § 729 ZPO im Fall der Vermögensübernahme nur, wenn das Vermögen vor dem 01.01.1999 übernommen wurde!

80 Th/P, § 729 ZPO, Rn. 1; an dieser Stelle sei auf BREHM-BRÖßKE, JuS 1990, 209 ff., Der praktische Fall - Bürgerliches Recht und Zivilprozessrecht, verwiesen.

dd) Eine Umschreibung der Klausel ist auch statthaft gegen die Ehefrau und den Ehemann, wenn sich die güterrechtlichen Verhältnisse nach Eintritt der Rechtskraft oder Rechtshängigkeit geändert haben, vgl. §§ 742, 744, 745 ZPO.

79

> *Bsp.: Gegen die mit ihrem Ehemann im gesetzlichen Güterstand lebende Ehefrau ist wegen einer Forderung aus § 823 I BGB ein Prozess anhängig. Nach Rechtshängigkeit vereinbaren die Ehegatten in formgültiger Weise den Güterstand der Gütergemeinschaft, §§ 1415 ff. BGB.*

b) Erbrechtliche Besonderheiten

An dieser Stelle soll auf die Besonderheiten eingegangen werden, die sich aus der Verknüpfung mit den erbrechtlichen Besonderheiten ergeben. Unter a) wurden schon einzelne Punkte erwähnt.

80

Hier soll nun eine zusammenhängende Darstellung der klausurträchtigsten Probleme erfolgen.

Problem: Erbenhaftung

Die erbrechtliche Ausgangsproblematik ist dabei die Frage nach der Erbenhaftung. Der Erbe haftet auch für die Nachlassverbindlichkeiten.[81]

Für diese Haftung steht dem Gläubiger neben dem Nachlass damit auch das sonstige Vermögen des Erben zur Verfügung. Allerdings hat der Erbe die Möglichkeit, die Haftung auf den Nachlass zu beschränken, §§ 1975 ff. BGB.

In diesem Zusammenhang stellen sich für den Gläubiger Fragen bezüglich der Vorgehensweise in der Zwangsvollstreckung. Dabei ist nach verschiedenen Stadien zu unterscheiden.

§ 779 I ZPO

aa) Hat der Gläubiger **im Zeitpunkt des Erbfalls** mit der **Zwangsvollstreckung bereits begonnen**, kann diese ohne weiteres, d.h. insbesondere ohne Titelumschreibung nach § 727 ZPO, fortgesetzt werden, § 779 I ZPO. Allerdings ist dabei zu berücksichtigen, dass die Zwangsvollstreckung nur in den Nachlass erfolgen kann, § 778 I ZPO.

Will der Gläubiger auch auf das sonstige Vermögen des Erben zugreifen, bedarf es einer Titelumschreibung gemäß § 727 ZPO, die allerdings nicht vor Annahme der Erbschaft erreicht werden kann, § 778 I ZPO.

Zwangsvollstreckung nach Erbfall

bb) Schwieriger wird es, wenn ein Erbfall eintritt, die **Zwangsvollstreckung** aber **noch nicht begonnen** hat, vgl. § 779 I ZPO.[82] Dann muss der Titel gemäß § 727 ZPO umgeschrieben werden, und zwar auch, um in den Nachlass vollstrecken zu können! Im Übrigen ist dabei weiter zu unterscheiden:

80a

vor Annahme der Erbschaft: Haftung des Nachlasses

(1) Vor der Annahme der Erbschaft haftet dem Gläubiger gemäß § 778 I ZPO nur der Nachlass, und der Titel kann gegen den Nachlasspfleger, §§ 1960, 1961 BGB, den Nachlassverwalter, § 1984 BGB, oder den Testamentsvollstrecker, § 2213 BGB, § 749 S. 1 ZPO, umgeschrieben werden.

Dies ergibt sich auch aus § 1958 BGB, wonach vor Annahme der Erbschaft ein Anspruch, der sich gegen den Nachlass richtet, nicht gegen den Erben gerichtlich geltend gemacht werden kann, sodass während dieses Schwebezustandes ein vollstreckbarer Titel gegen den Erben nicht erwirkt oder umgeschrieben werden kann.[83]

---

81   Zum Begriff: HEMMER/WÜST, Erbrecht, Rn. 216.

82   Th/P, § 729 ZPO, Rn. 1; an dieser Stelle sei auf BREHM-BRÖßKE, JuS 1990, 209 ff., Der praktische Fall - Bürgerliches Recht und Zivilprozessrecht, verwiesen.

83   Vgl. PALANDT, § 1958 BGB, Rn. 2.

Gegen eine Umschreibung gegen den Erben kann sich dieser mit der Klauselerinnerung nach § 732 ZPO bzw. der Klauselgegenklage nach § 768 ZPO wehren (dazu unten Rn. 83 ff.).

hemmer-Methode: Damit gehört § 1958 BGB systematisch eigentlich in die ZPO, denn die Vorschrift entspricht insoweit § 778 I ZPO. Umgekehrt kann wegen Eigenverbindlichkeiten des Erben vor Annahme der Erbschaft gemäß § 778 II ZPO nur in dessen Privatvermögen vollstreckt werden. Diese Vorschrift dient dem Schutz des „endgültigen" Erben, wenn der vorläufige Erbe die Erbschaft ausschlägt.

bei Ausschlagung: nur Nachlass

Nimmt der Erbe die Erbschaft nicht an, bewirkt die Ausschlagung nach § 1953 I BGB, dass der Anfall der Erbschaft als nie erfolgt anzusehen ist. Dem Gläubiger bleibt (zunächst) nur der Nachlass.

bei Annahme der Erbschaft weitere Beschränkung auf Nachlass möglich

(2) Nimmt der Erbe die Erbschaft hingegen an, haftet der Erbe grundsätzlich unbeschränkt auch mit seinem sonstigen Vermögen. Er kann allerdings trotzdem die Beschränkung der Haftung auf das Nachlassvermögen im Wege der Nachlassverwaltung oder des Nachlasskonkurses nach § 1975 BGB erreichen, beziehungsweise die Einreden nach §§ 1990 bis 1992 BGB erheben.   *80b*

aber Vorbehalt erforderlich, § 780 ZPO

Der Erbe muss sich jedoch, um in den Genuss der Haftungsbeschränkung zu kommen, nach § 780 ZPO die beschränkte Erbenhaftung gemäß §§ 1975 ff. BGB vorbehalten. Dabei ist weiter zu unterscheiden:

(a) Gelingt es dem Gläubiger nicht, die Legitimation des Erben in der Form des § 727 ZPO nachzuweisen, wird er nach § 731 ZPO auf Erteilung der Klausel klagen.   *80c*

Der Vorbehalt gemäß § 780 ZPO ist dann im Rahmen dieser Klage nach § 731 ZPO als Gegenvorbringen geltend zu machen.

Hat die Klauselerteilungsklage Erfolg und führt der Gläubiger trotz erklärten Vorbehalts die Zwangsvollstreckung in das Privatvermögen des Erben durch, muss der Erbe gemäß §§ 781, 785 ZPO Vollstreckungsabwehrklage nach § 767 ZPO erheben, um die Maßnahmen der Zwangsvollstreckung nach § 784 ZPO zur Aufhebung zu bringen.

sonst droht Präklusion!

Hätte nun der Erbe im Vorprozess (§ 731 ZPO) versäumt, den Vorbehalt nach § 780 ZPO geltend zu machen, wäre er mit diesem Einwand gemäß § 767 II ZPO präkludiert.

nach Annahme Umschreibung gegen Erben, § 727 ZPO, möglich

(b) Ist der Gläubiger nicht auf eine Klage nach § 731 ZPO angewiesen, weil er die Voraussetzungen des § 727 ZPO nachweisen kann, kann dementsprechend der Erbe den Vorbehalt aus § 780 ZPO auch (noch) nicht geltend machen.   *80d*

Vollstreckt dann wiederum der Gläubiger in das Privatvermögen des Erben, muss der Erbe wiederum Vollstreckungsgegenklage erheben und dann erstmals hier den Vorbehalt aus § 780 ZPO erklären.

hemmer-Methode: In diesem Fall droht keine Präklusion, da es eine Möglichkeit der vorherigen Geltendmachung ja gerade noch nicht gegeben hat.

Aufschiebende Einreden nach §§ 2014 und 2015 BGB muss der Erbe ebenfalls mittels Vollstreckungsgegenklage nach §§ 782 S. 1, 785, 767 ZPO anführen.

> **Zusammenfassende Übersicht zur Zwangsvollstreckung und zum Erbrecht:**
>
> **1. Tod nach Beginn der ZVS ⇨ § 779 ZPO**
>
> ⇨ Fortsetzung der ZVS in Nachlass möglich, Klauselumschreibung ist nicht erforderlich.
>
> **2. Tod vor Beginn der ZVS**
>
>   **a) Vollstreckung wegen Nachlassverbindlichkeiten**
>
>   **aa)** Nur in den Nachlass zulässig, § 778 I ZPO.
>
>   **bb)** Vorher ist gem. § 727 ZPO aber eine Titel-/Klauselumschreibung gegen den nach §§ 1960, 1961 BGB zu bestellenden Nachlasspfleger erforderlich.
>
>   **b) Vollstreckung wegen Verbindlichkeit des Erben**
>
>   ⇨ ZVS nicht in Nachlass, sondern nur in Privatvermögen zulässig, vgl. § 778 II ZPO.
>
>   **c) Vollstreckung nach Annahme der Erbschaft**
>
>   ⇨ Vollstreckung wegen Nachlassverbindlichkeiten auch in das Privatvermögen des Erben, es sei denn Beschränkung der Erbenhaftung.
>
>   **aa)** Im Urteil (sowohl Grundurteil als auch Verfahren nach § 731 ZPO) geltend gemacht, § 780 ZPO.
>
>   **bb)** Geltendmachung nach §§ 781, 785 ZPO in den Fällen, in denen Antrag auf Klauselumschreibung gegen Erben antragsgemäß entsprochen wird.
>
> Beachten Sie bei mehreren Erben § 859 II ZPO ⇨ gilt bei Vollstreckung ins Privatvermögen nach Annahme (Erbquote gehört zum Privatvermögen).[84]

c) Kein Titel gegen Erblasser vorhanden

vor Annahme nicht gegen Erben, § 1958 I BGB

Hat der Gläubiger zwar einen Anspruch gegen den Erblasser, wurde dieser aber bis zum Tod des Erblassers noch nicht tituliert, kann der Gläubiger nicht gegen den Erben vorgehen, § 1958 I BGB, soweit die Erbschaft noch nicht angenommen wurde.

[81]

hemmer-Methode: Es handelt sich zwar nicht um ein Problem der Titelumschreibung, allerdings soll die Thematik der Vollständigkeit halber an dieser Stelle mit behandelt werden.

nur gegen Nachlasspfleger

Er kann nur gegen den Nachlasspfleger klagen, §§ 1961, 1960 III BGB, bzw. muss einen bereits gegen den Erblasser begonnenen Prozess gegen ihn fortführen, §§ 239, 243 ZPO.

Anmerkung: Stirbt der Erblasser, nachdem gegen ihn Klage erhoben wurde, findet ein Parteiwechsel kraft Gesetzes statt.[85] Das Verfahren wird allerdings nach Maßgabe des § 239 ZPO bis zur Aufnahme durch die Erben unterbrochen. Die Rechtsnachfolge kommt in der Praxis im Rubrum zum Ausdruck: „ XY als Rechtsnachfolger (Erbe) nach Y".[86]

Ein so erstrittenes Urteil muss der Erbe aber gegen sich gelten lassen.[87]

---

84 Pfändbar ist aber nur der Miterbenanteil, vgl. § 859 II i.V.m. I S.1 ZPO. Dies ist eine Möglichkeit für den Vollstreckungsgläubiger, die Auseinandersetzung zu verlangen (vgl. § 2042 BGB), um dann in einzelne Gegenstände seines Schuldners zu vollstrecken.

85 Th/P, § 239 ZPO, Rn. 1.

86 Anders/Gehle, Rn. 207.

87 Palandt, § 1958 BGB, Rn. 3; § 1960 BGB, Rn. 17.

nach Annahme Klage gegen Erben

Nach Annahme der Erbschaft kann die Klage gegen den Erben gerichtet werden.

Sonderproblem: Erbengemeinschaft

Ein besonderes Problem ergibt sich, wenn es sich um eine Miterbengemeinschaft handelt. Dann hat der Gläubiger, **solange die Erbschaft noch nicht geteilt ist,** ein Wahlrecht, ob er die Erben als Gesamtschuldner in Anspruch nimmt, § 2058 BGB, oder ob er eine Gesamthandsklage erhebt, § 2059 II BGB. Letzterenfalls handelt es sich um einen Fall der notwendigen Streitgenossenschaft, § 62 Alt. 2 ZPO.

82

I.R.d. Gesamtschuldklage stellt sich für den Gläubiger indes das Problem, dass der verklagte Miterbe die Leistung aus seinem Privatvermögen nach § 2059 I BGB verweigern und wegen § 859 ZPO nur in die Erbquote vollstreckt werden kann. Daher wird in der Regel auch eine Gesamthandsklage erhoben werden.

Dabei ist aber zu berücksichtigen, dass der Einwand des § 2059 I BGB nur berücksichtigt wird, wenn ein Vorbehalt erklärt wurde. Andernfalls droht auch hier die Präklusion, §§ 780, 785, 767 II ZPO.

hemmer-Methode: Allerdings wäre eine Vollstreckung in den Nachlass gleichwohl möglich, sofern nur Titel gegen alle Miterben vorliegen, § 747 ZPO. Es muss sich aber nicht um einen gegen alle Erben gemeinschaftlich erstrittenen Titel handeln.

nach Teilung nur Gesamtschuldnerklage

Nach der Auseinandersetzung der Erbengemeinschaft fällt die Möglichkeit der Gesamthandsklage weg. Der Gläubiger kann „nur" noch die einzelnen Miterben als Gesamtschuldner verklagen. Diesen steht der Einwand aus § 2059 I BGB nicht mehr zu. Hier besteht allenfalls die Möglichkeit unter den Voraussetzungen des § 2060 BGB die Haftung auf den Bruchteil zu beschränken.

VI. Rechtsbehelfe im Zusammenhang mit der Klauselerteilung

1. Die Erinnerung, § 732 ZPO

Mit der Klauselerinnerung kann der Schuldner sowohl bei formellen als auch bei materiellen Einwendungen gegen die Klausel vorgehen. § 732 ZPO ist dabei auf alle Klauseln (auch auf die einfache Klausel gemäß § 724 ZPO) anwendbar.[88]

83

a) Zulässigkeit

Zuständigkeit

aa) Sachlich und örtlich ausschließlich zuständig (§ 802 ZPO) ist nach § 732 I S. 1 ZPO das Gericht, dessen Geschäftsstelle die Vollstreckungsklausel erteilt hat. Dies gilt auch in den Fällen, in denen der Rechtspfleger entschieden hat oder die Klausel erst auf Beschwerde des Gläubigers erlassen worden ist.

84

hemmer-Methode: Erinnern Sie sich: Die einfache Klausel erlässt der Urkundsbeamte der Geschäftsstelle, Titel ergänzende und übertragende Klauseln stellt der Rechtspfleger aus, § 20 Nr. 12 RPflG.

Bei vollstreckbaren Urkunden gilt § 797 III, VI ZPO. Es entscheidet das Amtsgericht, in dessen Bezirk der Notar seinen Sitz hat.[89]

Frist

bb) Eine Frist ist nicht zu wahren. Die Erinnerung muss allerdings schriftlich erhoben werden.

85

---

88   Th/P, § 732 ZPO, Rn. 1 und 8.

89   Beachten Sie auch die Neuregelung des § 796a ZPO bei den Anwaltsvergleichen.

Rechtsschutzbedürfnis

cc) Das Rechtsschutzbedürfnis liegt vor, wenn die Klausel erteilt ist. Es fällt weg, wenn die Zwangsvollstreckung als Ganzes beendet ist.

86

b) Begründetheit

Begründetheit: Klausel hätte nicht erteilt werden dürfen

Begründet wäre die Erinnerung, wenn aus formellen oder materiellen Gründen die Klausel nicht hätte erteilt werden dürfen.

87

materielle Gründe

aa) Als materielle Gründe kommen alle Einwände in Betracht, wonach der im Titel festgeschriebene Anspruch nicht gegen den Schuldner geltend gemacht werden kann:

88

⇨ Die Rechtsnachfolge i.S.v. § 727 ZPO sei nicht eingetreten.

> *Bsp.:* Wird A im Beispiel aus Rn. 76 entgegen § 727 I Alt. 2 ZPO die Klausel erteilt, kann sich C dagegen nach § 732 ZPO mit dem Vorbringen wehren, dass das Urteil aufgrund seiner Gutgläubigkeit gemäß § 325 II ZPO nicht zu seinen Lasten wirkt.

⇨ Die Vermögensübernahme i.S.d. § 729 ZPO sei wirksam angefochten worden.

⇨ Die Bedingung nach § 726 I ZPO sei noch nicht eingetreten.

> *Bsp.:* Ein Dritter hat seinerseits noch nicht an den Schuldner geleistet. Gläubiger und Schuldner haben jedoch in der vollstreckbaren Urkunde als Bedingung vereinbart, dass der Gläubiger nur nach Drittleistung gegen den Schuldner vorgehen darf.

hemmer-Methode: Beachten Sie, dass der Schuldner mit der Erinnerung nur die Entscheidung vor Gericht anfechten kann, dem Gläubiger mittels Klausel ein Vorgehen aus dem Titel ermöglichen zu wollen. Keinesfalls darf ihm inzident gestattet werden, gegen den zu vollstreckenden Anspruch vorzugehen. Hierfür ist die Vollstreckungsabwehrklage gemäß § 767 ZPO vorgegeben.[90]

formelle Gründe

bb) Als formelle Gründe kann der Schuldner anführen:

89

⇨ der Titel sei nicht mehr wirksam nach der Aufhebung in der Berufungsinstanz;

⇨ der für §§ 726 I und 727 I ZPO notwendige Beweis mittels Urkunde sei nicht geführt worden.

2. Die Klauselgegenklage, § 768 ZPO

Klauselgegenklage, § 768 ZPO

Die Klauselgegenklage nach § 768 ZPO ist der Vollstreckungsabwehrklage nach § 767 ZPO nachgebildet (zur Vollstreckungsabwehrklage siehe unten Rn. 234 ff.). Als prozessuale Gestaltungsklage soll sie die Zwangsvollstreckung aus einer Klausel für unzulässig erklären.

90

als Alternative zu § 732 ZPO möglich, aber nur hinsichtlich (bestimmter) materieller Einwendungen

Die Klage nach § 768 ZPO steht dem Schuldner neben der Erinnerung nach § 732 ZPO frei zur Wahl. Doch kann der Schuldner hier nur[91] die in § 768 ZPO genannten materiellen Einwendungen geltend machen.

> *Bsp.:* Obwohl die Voraussetzungen der §§ 726, 727 ff. ZPO nicht vorlagen, wurde eine Titel übertragende oder Titel ergänzende Klausel erteilt.

---

90   Th/P, § 732 ZPO, Rn. 7 a.E. sowie Rn. 11.
91   Th/P, § 768ZPO, Rn. 2, 7.

hemmer-Methode: Da mit § 768 ZPO nur materielle Einwendungen, mit § 732 ZPO daneben auch formelle Einwendungen erhoben werden können, ist die Klauselerinnerung der weiter gehende Rechtsbehelf. Allerdings schließt ein nach § 768 ZPO erwirktes rechtskräftiges Urteil die Geltendmachung von Einwendungen nach § 732 ZPO aus, d.h. § 768 ZPO entfaltet gegenüber § 732 ZPO Bindungswirkung.[92]

3. Mögliche Rechtsbehelfe des Gläubigers

Möglichkeiten des Gläubigers, die Klausel zu erzwingen

Wenn der Gläubiger die Ausstellung der Vollstreckungsklausel für seinen Titel beantragt, so kann ihm dies verweigert werden.

91

Dann kann er nicht vollstrecken. Deshalb muss der Gläubiger die Erteilung erzwingen können. Hierfür stehen ihm gleich vier Rechtsbehelfe zur Wahl.

Erinnerung, § 573 I ZPO

a) Die einfache Klausel i.S.d. § 724 ZPO erteilt der Urkundsbeamte der Geschäftsstelle am Gericht, vgl. § 724 II ZPO. Dieser könnte sie beispielsweise mit dem Hinweis verweigern, ein vollstreckbarer Titel läge überhaupt nicht vor. Gegen diese Weigerung kann der Gläubiger mit der Erinnerung nach § 573 I ZPO vorgehen. Danach findet die sofortige Beschwerde statt, § 567 I Nr. 2 ZPO.[93]

Klage nach § 731 ZPO

b) Einen Rechtsbehelf besonderer Art stellt die Klage nach § 731 ZPO dar. Wenn der Gläubiger nicht durch Urkunden den notwendigen Beweis für den Bedingungseintritt (§ 726 ZPO) oder die Rechtskraftstreckung (§§ 727 ff. ZPO) führen kann, darf ihm eine Klausel nicht erteilt werden.

Dann kann der Gläubiger Feststellungsklage nach § 731 ZPO erheben, dass ihm die Klausel zu erteilen ist. In dem Verfahren kann er anderweitig den Beweis für die Voraussetzungen von §§ 726 oder 727 ff. ZPO erbringen.[94]

Klage, § 11 I RPflG i.V.m. § 731 ZPO

c) Titel ergänzende oder übertragende Klauseln stellt gemäß § 20 Nr. 12 RPflG der Rechtspfleger aus. Bei einer Weigerung muss der Gläubiger Klage nach § 11 I RPflG i.V.m. § 731 ZPO erheben.

Beschwerde, § 54 I, II BeurkG i.V.m. FamFG

d) Die Klausel für vollstreckbare Urkunden erteilt gemäß § 797 II ZPO der Notar (weiterer kaum klausurrelevanter Sonderfall für Vergleiche vor Gütestellen: § 797a IV S. 1 ZPO). Verweigert der Notar die Ausfertigung der Klausel, ist die Beschwerde nach § 54 I, II BeurkG i.V.m. den Vorschriften des FamFG statthaft.

C) Zustellung

„Zustellung ist die Bekanntgabe eines Schriftstücks an eine Person in der in diesem Titel bestimmten Form", § 166 I ZPO.

I. Funktionen

Zustellung als letzte Mahnung und Warnung

Die Zustellung ist letzte Mahnung und Warnung vor der Zwangsvollstreckung. Sie soll dem Schuldner, der nicht zwingend von der Existenz des Titels wissen muss, Gelegenheit geben, den Titel zur Kenntnis zu nehmen und sein Verhalten danach auszurichten.[95]

92

---

92   ZÖLLER-HERGET, § 768 ZPO, Rn. 1.

93   Th/P § 724, Rn. 14a.

94   Umstritten ist, ob der Gläubiger zunächst zumindest die Klausel beim Rechtspfleger beantragt haben muss bzw. gegen die ablehnende Entscheidung sofortige Beschwerde gem. § 567 I Nr. 2 ZPO erhoben haben muss, bevor er ein Rechtsschutzbedürfnis für die Klage aus § 731 ZPO hat, vgl. Th/P, § 731, Rn. 6.

95   JAUERNIG, Zwangsvollstreckungsrecht, § 7 I S. 2.

Aus dieser Funktion ergibt sich auch, dass die Zustellung spätestens bei Beginn der Zwangsvollstreckung erfolgen muss, § 750 I S. 1 ZPO a.E.

Wartefristen

Anderes gilt lediglich in den Fällen, in denen das Gesetz eine Wartefrist zwischen Zustellung und Vollstreckungsbeginn vorschreibt:

⇨ Gemäß §§ 750 III, 720a ZPO darf im Fall der Sicherungsvollstreckung frühestens zwei Wochen nach der Zustellung mit der Vollstreckung begonnen werden.

⇨ Die gleiche Wartefrist ordnet das Gesetz in § 798 ZPO für Kostenfestsetzungsbeschlüsse sowie für bestimmte sonstige Beschlüsse, Vergleiche und vollstreckbare Urkunden an.

II. Entbehrlichkeit der Zustellung

Ausnahme

Von der Zustellung kann nur abgesehen werden bei einer einstweiligen Verfügung oder dem Arrest, §§ 936, 929 III S. 1 ZPO wegen der Eilbedürftigkeit der Maßnahme.

93

III. Inhalt der Zustellung

Inhalt der Zustellung

Zugestellt werden muss nach § 750 I S. 1 ZPO grundsätzlich nur der Titel. Eine Zustellung auch der Klausel ist nur bei einer den Titel übertragenden oder ergänzenden Klausel (§ 750 II ZPO) und im Fall der Sicherungsvollstreckung (§§ 750 III, 720a ZPO) erforderlich.[96]

94

Zudem müssen in den Fällen der §§ 750 II, 751 II, 756, 765 ZPO auch die dort genannten besonderen Urkunden zugestellt werden.[97]

IV. Ablauf der Zustellung[98]

Zustellung durch Betreiben der Parteien oder von Amts wegen

Die Zustellung erfolgt auf Betreiben der Parteien nach §§ 191 ff. ZPO durch den Gerichtsvollzieher (§ 192 ZPO) oder von Amts wegen nach §§ 166 ff. ZPO durch den Urkundsbeamten der Geschäftsstelle (§ 168 I S. 1 ZPO).

95

In ersterem Fall sind die §§ 166 ff. ZPO über § 191 ZPO subsidiär anwendbar.

Die Zustellung von Amts wegen ist hierbei in der Praxis die Regel; so wird beispielsweise ein Urteil nach §§ 317 I S. 1, 166 II ZPO generell von Amts wegen zugestellt.

Dennoch kann die Zustellung eines Urteils auch auf Betreiben des Gläubigers geschehen, um die Vollstreckung voranzutreiben. Dann wird eine verkürzte Version ohne Tatbestand und Entscheidungsgründe übergeben gemäß § 317 II S. 2 ZPO.

hemmer-Methode: Der Gläubiger spart bei eigenem Betreiben Zeit und erfüllt die Voraussetzungen von §§ 751 II, 756 und 765 ZPO, die eine spezielle Zustellung für bestimmte Urkunden verlangt. Dem Gläubiger ist es jedoch nicht möglich, damit Einfluss auf die Rechtsmittel- und Einspruchsfristen zu nehmen. Ihr Lauf richtet sich nach der amtlichen Zustellung.

---

96 Im Fall der Sicherungsvollstreckung ist streitig, ob jede Klausel oder nur eine i.S.d. § 750 II ZPO zugestellt werden muss, vgl. Sie dazu m.w.N. ZÖLLER-STÖBER, § 720a ZPO, Rn. 4.

97 Th/P, v. § 704 ZPO, Rn. 26.

98 Die Zustellungsvorschriften wurden durch das Zustellungsreformgesetz vom 25.06.2001 mit Wirkung zum 01.07.2002 völlig neu geordnet. Dabei ging es dem Gesetzgeber insbesondere um eine praxisgerechtere Systematik der Vorschriften und um die Verknappung durch Zusammenfügung einzelner Vorschriften; vgl. Sie zusammenfassend auch WUNSCH, JuS 2003, 276 ff.

Zustellung an Schuldner oder Prozessbevollmächtigten

Zustellungsadressat - für ihn ist das Schriftstück bestimmt - ist der Schuldner, bei Prozessunfähigen der gesetzliche Vertreter (§ 170 I S. 1 ZPO). Hat der Schuldner einen Prozessbevollmächtigten, muss gemäß § 172 I S. 1 ZPO an diesen zugestellt werden.[99]

Zustellung bei Gesellschaft bürgerlichen Rechts

Bei einer GbR als Vollstreckungsschuldnerin muss der Titel an ihren Geschäftsführer oder, wenn ein solcher nicht bestellt ist, an einen ihrer Gesellschafter zugestellt werden.[100] Eine Zustellung an alle Gesellschafter ist also nicht erforderlich. Es wäre mit der Teilrechtsfähigkeit der Gesellschaft nicht vereinbar, eine Zustellung an alle Gesellschafter zu verlangen. Ist Schuldnerin die GbR, muss an ihren gesetzlichen Vertreter zugestellt werden. Wird einem Gesellschafter die alleinige Vertretungsbefugnis erteilt, muss an diesen zugestellt werden, § 170 I S. 1 ZPO. Im anderen Fall sind alle Gesellschafter gesetzliche Vertreter gem. §§ 709, 714 BGB. Dass eine Zustellung an einen Gesellschafter gem. § 170 III ZPO dann ausreichend ist, ergibt sich daraus, dass mangels Registerpflicht nicht überprüfbar wäre, wie die Vertretungsverhältnisse im Einzelfall geregelt sind.

Vom Zustellungsadressaten ist der Zustellungsempfänger zu unterscheiden, an den das Schriftstück tatsächlich ausgehändigt wird.[101] Zustellungsadressat und Zustellungsempfänger können personenverschieden sein, da eine persönliche Zustellung an den Adressaten nicht zwingend vorgeschrieben ist.

Es besteht vielmehr die Möglichkeit einer Ersatzzustellung nach § 178 ZPO, da ansonsten eine Zustellung leicht durch den Adressaten verhindert werden könnte.

hemmer-Methode: Ein klausurrelevantes Problem i.R.d. Ersatzzustellung nach § 178 ZPO stellte bisher die Frage dar, inwieweit eine solche an den Partner einer nichtehelichen Lebensgemeinschaft erfolgen konnte. Die Rechtsprechung erkannte den nichtehelichen Partner hierbei jedenfalls dann nicht als einen zur „Familie gehörenden erwachsenen Hausgenossen" i.S.d. § 181 I ZPO a.F. an, wenn es sich um eine kinderlose Lebensgemeinschaft handelt.[102]
Durch die Neufassung des § 178 ZPO hat sich diese Rechtsprechung erledigt. Danach fällt der nichteheliche Partner unter § 178 I Nr. 1 ZPO („erwachsener ständiger Mitbewohner").[103] Die Vorschrift gilt gleichermaßen für unverheiratete Paare gleichen Geschlechts.

Die Zustellung kann auf verschiedene Art und Weise nach den §§ 173 ff. ZPO erfolgen.[104] Der Nachweis der Zustellung erfolgt im Parteibetrieb mittels Beurkundung auf der Urschrift (§ 193 ZPO), im Amtsbetrieb durch Zustellungsurkunde (§ 182 ZPO).

96

V. Verstöße gegen Zustellungsvorschriften

Rechtsfolge bei Zustellungsmängeln

Erfolgt die Zustellung unter Verstoß gegen wesentliche Verfahrensvorschriften, ist die Zustellung unwirksam. Das ist der Fall, wenn auch nur eine ihrer Voraussetzungen fehlt.[105]

97

Bsp.: Zustellung im Parteibetrieb statt von Amts wegen; Zustellungsempfänger gehört nicht zu den in § 178 ZPO genannten Personen.[106]

---

99   Bei der Zustellung ist noch § 174 ZPO zu beachten!

100   BGH, NJW 2006, 2191 = **juris**byhemmer.

101   Jauernig, Zwangsvollstreckungsrecht, § 7 II.

102   BGH, NJW 1990, 1666 = JuS 1990, 669 = **juris**byhemmer.

103   Th/P, § 178 ZPO, Rn. 13.

104   Vgl. Sie zu Einzelheiten Wunsch, JuS 2003, 276 ff.

105   Th/P, v. § 166 ZPO, Rn. 18.

106   Th/P, v. § 166 ZPO, Rn. 18.

Heilung

In den Fällen einer unwirksamen Zustellung besteht jedoch die Möglichkeit einer Heilung nach § 189 ZPO.

Das zur Entscheidung über die Wirksamkeit der Zustellung berufene Gericht kann im Rahmen seines pflichtgemäßen Ermessens eine Zustellung trotz eines Zustellungsmangels als erfolgt ansehen, wenn das Schriftstück tatsächlich zuging und ein Wille zur Zustellung gegeben war.[107]

Zustellungsverzicht

Neben der Heilung nach § 189 ZPO besteht noch die Möglichkeit, einen Zustellungsmangel durch nachträglichen Verzicht auf die Zustellung zu heilen (= sog. Rügeverzicht).

Ein solcher nachträglicher Verzicht ist im Gegensatz zum Verzicht im Voraus nach h.M. möglich.[108] Dies ergibt sich aus § 295 I ZPO. Dieser Rügeverzicht ist aber nicht möglich, soweit es um die Einhaltung von Notfristen geht, da diese unverzichtbar sind, vgl. § 295 II ZPO.[109]

hemmer-Methode: Dies wird bedeutsam, wenn ein zweiter Gläubiger pfändet und die Unwirksamkeit der ersten Pfändung mangels Zustellung geltend macht. Dann kann der Schuldner anführen, er habe auf die Notwendigkeit der Zustellung entsprechend § 295 ZPO während oder nach der Pfändung verzichtet. Damit wäre die erste Pfändung wirksam.

Ist eine Heilung der Zustellung weder nach § 189 ZPO noch über einen (nachträglichen) Verzicht möglich, gilt die Zustellung als unwirksam.

Eine dennoch begonnene Zwangsvollstreckung ist jedoch nicht nichtig, sondern lediglich mittels der Erinnerung nach § 766 ZPO (dazu Rn. 296 ff.) anfechtbar.[110]

D) Fehlen von Vollstreckungshindernissen

Vollstreckungshindernisse

Neben dem Vorliegen der allgemeinen Zwangsvollstreckungsvoraussetzungen (Titel, Klausel, Zustellung, Antrag) ist die Zwangsvollstreckung des Weiteren nur dann möglich, wenn keine Vollstreckungshindernisse bestehen.

98

Hierzu gehören vor allem folgende Fälle:

I. Vollstreckungsverbot während der Dauer des Insolvenzverfahrens, §§ 89, 90 InsO.

II. Einstellung der Zwangsvollstreckung gemäß § 775 ZPO.

III. Einstweilige Einstellung der Zwangsvollstreckung gemäß

⇨ § 769 ZPO (bzw. i.V.m. § 771 III ZPO) bei Beantragung einer einstweiligen Anordnung;

⇨ § 765a ZPO bei Beantragung von Vollstreckungsschutz;

⇨ § 707 ZPO, wenn Wiedereinsetzung in den vorherigen Stand oder Wiederaufnahme des Verfahrens beantragt wurde;

⇨ §§ 719, 707 ZPO bei Einlegung von Einspruch und Berufung gegen ein für vorläufig vollstreckbar erklärtes Urteil.

---

107   Th/P, v. § 166 ZPO, Rn. 21.
108   Th/P, v. § 166 ZPO, Rn. 22.
109   Th/P, § 295 ZPO, Rn. 3.
110   Zöller-Stöber, v. § 704 ZPO, Rn. 34.

E) Vollstreckungsbeschränkende Vereinbarungen[111]

vollstreckungsbeschränkende Vereinbarung

Solche Vereinbarungen beinhalten beispielsweise die Verpflichtung, eine Zwangsvollstreckung gar nicht, erst zu einem späteren Zeitpunkt oder erst nach Eintritt einer bestimmten Bedingung zu betreiben. Damit diese beachtlich sind, müssen sie als Prozessvertrag geschlossen worden sein.

> *Bsp.: Der Vermieter erstreitet gegen den Mieter ein stattgebendes Urteil über die geschuldete Miete in Höhe von 2.000,- €. Jedoch vereinbaren die Parteien gleichzeitig vor Gericht, dass dieser Betrag erst ab der Monatsmitte vollstreckbar sein soll, weil der Mieter zu diesem Zeitpunkt die Auszahlung einer Erbschaft erwartet. Dies sollte nicht als Befristung der Zwangsvollstreckung gelten sondern als vollstreckungsrechtliche Vereinbarung.*

Rspr.: bei Verstoß gegen Vereinbarung Klage nach § 767 ZPO

Geht der Vermieter dennoch vorher gegen den Mieter vor, so kann sich dieser gegen die Zwangsvollstreckung wehren. Umstritten ist dabei die Wahl des einschlägigen Rechtsbehelfs.

In Betracht kommen sowohl die Erinnerung nach § 766 ZPO (dazu Rn. 296 ff.) als auch die Vollstreckungsgegenklage nach § 767 ZPO (dazu Rn. 234 ff.). Die Rechtsprechung nimmt zumeist eine Vollstreckungsgegenklage mit oder ohne Einschränkung von § 767 II ZPO an.[112]

---

[111] Hinweis für Referendare: Kommentiert ist dies wenig geläufige Problem bei Th/P, § 766 ZPO, Rn. 24 ff.

[112] BGH, NJW 1991, 2295 = **juris**byhemmer; Th/P, § 766 ZPO, Rn. 26.

§ 4 ZWANGSVOLLSTRECKUNG WEGEN GELDFORDERUNGEN

Wegen Geldforderungen kann der Gläubiger wahlweise in das

1. bewegliche Vermögen, **§§ 803 ff. ZPO**, also in

⇨   körperliche Sachen, §§ 808 ff. ZPO,

⇨   Forderungen, §§ 828 ff. ZPO,

⇨   Herausgabeansprüche, §§ 846 ff. ZPO,

⇨   sonstige Vermögensrechte, §§ 857 ff. ZPO,

2. oder in das **unbewegliche** Vermögen, **§§ 864 ff. ZPO**, vollstrecken.

99

A) Zwangsvollstreckung in körperliche Sachen

	Pfändung		Verwertung	
Durchführung	Inbesitznahme oder Siegelanbringung		Versteigerung durch GV oder andere Verwertung	
	§ 808 I ZPO	**§ 808 II ZPO**	**§§ 814 ff. ZPO**	**§ 825 ZPO**

⇩   ⇩

	Pfändung		Verwertung	
Rechtsfolge	Verstrickung und Pfändungspfandrecht		gesetzlicher Eigentumserwerb und Erlösherausgabe	
	§§ 136, 135 BGB	**§ 804 ZPO**	**§ 817 I ZPO**	**§§ 815 I, 819 ZPO**

I. Überblick

ZVS in körperliche Gegenstände: für Schuldner oft besonders belastend

Mit der Zwangsvollstreckung des Gerichtsvollziehers in bewegliche körperliche Gegenstände wird in besonderem Maße in den Rechtskreis des Schuldners eingegriffen. Der Gerichtsvollzieher darf die Wohnung durchsuchen und Gewalt anwenden (§ 758 ZPO).

100

Möglicherweise berührt die Pfändung das Rechtsverhältnis des Schuldners gegenüber Dritten, wenn z.B. schuldnerfremde Sachen weggenommen werden, weil der Gerichtsvollzieher nur auf den Gewahrsam abzustellen hat (formalisiertes Verfahren, vgl. Sie Rn. 34 und 74).

Schließlich bringt die Verwertung dem Schuldner oft zusätzlichen Wertverlust, weil der Versteigerungserlös nicht dem wahren Wert der Sache entspricht. Für den Schuldner stellt sich damit die Zwangsvollstreckung in körperliche Sachen oft als besonders belastend dar.

Aber auch für den Gläubiger ist die Sachpfändung aufgrund der zahlreichen Pfändungsverbote der §§ 811 ff. ZPO oft wenig Erfolg versprechend. Nicht zuletzt deswegen hat die Forderungspfändung in der Praxis weit mehr Bedeutung, zumal sie „geräuschlos" erfolgen kann.

II. Gegenstand

1. Körperliche Sache

Begriff der körperlichen Sache: vgl. §§ 90 ff. BGB

Der Begriff der körperlichen Sache i.S.v. § 808 ZPO knüpft an den Begriff der beweglichen Sache nach §§ 90 ff. BGB an.[113]

101

Solche Sachen sind beispielsweise Autos, Schmuck, Antiquitäten, aber auch Bargeld (vgl. § 808 II ZPO).

Pfändung von Wertpapieren

Nach den Vorschriften über die Pfändung körperlicher Sachen erfolgt auch die Pfändung von Wertpapieren im engeren Sinne, also Papieren, die das Recht verkörpern, sodass das Recht aus dem Papier dem Recht am Papier folgt. Dazu gehören vor allem Inhaber- und Orderpapiere wie Inhaberaktien, Pfandbriefe, Investmentanteile, vgl. Sie auch § 831 ZPO.[114]

Dagegen werden bloße Legitimationspapiere, bei denen der Bestand des Rechts nicht von dem Papier abhängig ist (z.B. Sparbücher) zwar auch durch den Gerichtsvollzieher weggenommen, aber dies ist nur eine Hilfsvollstreckung, neben der die Pfändung der Forderung nach den dafür gegebenen Vorschriften (§§ 828 ff. ZPO) bewirkt werden muss.[115]

102

2. Immobiliarhaftungsverband

Konkurrenz Mobiliarvollstreckung - Immobiliarhaftungsverband

a) Wegen Fragen der funktionellen Zuständigkeit stets problematisch ist die Konkurrenz zwischen Mobiliarvollstreckung und Immobiliarhaftungsverband.

103

Der Grund hierfür liegt darin, dass für die Immobiliarvollstreckung gemäß §§ 864 ff. ZPO entweder nach § 1 I ZVG das Amtsgericht als Vollstreckungsgericht oder nach § 867 I ZPO das Grundbuchamt[116] zuständig ist, während die Pfändung körperlicher Sachen durch den Gerichtsvollzieher erfolgt, § 808 ZPO.

Schnittpunkt zwischen Mobiliar- und Immobiliarvollstreckung ist § 865 ZPO. Dieser unterwirft - eigentlich systemwidrig - bestimmte körperliche Sachen der Vollstreckung in das unbewegliche Vermögen und entzieht sie damit der Zuständigkeit des Gerichtsvollziehers.

§ 865 ZPO, § 1120 BGB zum Umfang

Sinn und Zweck des § 865 ZPO, der in systematischem Zusammenhang mit § 1120 BGB steht, ist es, die wirtschaftliche Einheit des Grundstücks zu wahren.

hemmer-Methode: Die gleichen Abgrenzungen und Probleme des § 1120 BGB können über §§ 90 II, 55, 20 II ZVG auch für die Frage nach dem Eigentumserwerb ausschlaggebend sein, wenn es in der Zwangsversteigerung eines Grundstücks zum Zuschlag gekommen ist (dazu Rn. 213).

Hypothekenhaftungsverband

b) Gemäß § 1120 BGB, § 865 ZPO erstreckt sich der Hypothekenhaftungsverband auf:

104

---

113   Hemmer/Wüst, Sachenrecht I, Rn. 77 ff.

114   Vgl. Th/P, § 808 ZPO, Rn. 1.

115   Th/P, § 808, Rn. 2.

116   Hinweis für Referendare: Für Grundbuchsachen ist der Rechtspfleger gemäß § 3 Nr. 1h RPflG zuständig.

⇨ wesentliche Bestandteile gemäß §§ 93, 94 BGB,

⇨ sonstige Bestandteile, soweit sie nach der Trennung nicht in das Eigentum eines anderen übergegangen sind gemäß §§ 954 ff. BGB,

⇨ Zubehör gemäß § 97 BGB[117], soweit diese Gegenstände im Eigentum des Schuldners stehen.

Anwartschaftsrecht am Zubehör

⇨ Strittig ist die Behandlung des Anwartschaftsrechts. Nach h.M.[118] fällt es wegen der Nähe zum Eigentum ebenfalls in den Haftungsverband.

Welche Auswirkungen sich daraus im Hinblick auf das Anwartschaftsrecht für die Anwendung des § 865 ZPO ergeben, ist strittig:[119]

105

aa) Eine Ansicht nimmt an, die Sache selbst sei wegen der fehlenden Zugehörigkeit zum Hypothekenverband pfändbar und § 865 II ZPO verbiete nur den Vollstreckungszugriff auf das zum Hypothekenverband gehörende Anwartschaftsrecht.

bb) Nach anderer Ansicht ist § 865 II ZPO auf die Sache schon dann anwendbar, wenn der Grundstückseigentümer am Zubehör ein Anwartschaftsrecht erworben hat, da nach dem Schutzzweck des § 865 II ZPO die wirtschaftliche Einheit von Grundstück und Zubehör nicht zerschlagen werden soll. Auch das Anwartschaftsrecht gehört bei wirtschaftlicher Betrachtungsweise zum Vermögen des Grundstückseigentümers.

Ausnahmen: Scheinbestandteile, § 95 BGB; Früchte am Halm, § 810 ZPO

Ausgenommen von der Haftung sind Scheinbestandteile nach § 95 BGB sowie gemäß § 810 ZPO Früchte auf dem Halm. Diese können gepfändet werden, obwohl sie wesentliche Bestandteile sind.

Enthaftung

Möglich ist zudem eine Enthaftung der Bestandteile und Zubehörstücke durch Veräußerung und - zumeist - Wegschaffen vom Grundstück, vgl. §§ 1121, 1122 BGB.

vor Beschlagnahme: „sonstige Bestandteile" pfändbar, § 865 II S. 2 ZPO

c) § 865 II ZPO differenziert bei der Unterwerfung körperlicher Sachen in den Immobiliarhaftungsverband zwischen Zubehör und sonstigen Bestandteilen.

106

Zubehör unterfällt nie der ZVS, § 865 II S. 1 ZPO

Zubehörstücke (und wesentliche Bestandteile schon über § 93 BGB), die zum Haftungsverband der Hypothek gehören, unterfallen nach § 865 II S. 1 ZPO nie der Zwangsvollstreckung in das bewegliche Vermögen.

Dies gilt auch in den Fällen, in denen mangels Bestehens einer Hypothek überhaupt kein Haftungsverband nach § 1120 BGB existiert, sog. „fiktiver Haftungsverband".

hemmer-Methode: Das Bestehen einer Hypothek ist also nicht Voraussetzung. § 865 ZPO soll nicht nur den Hypothekenhaftungsverband, sondern jede Zwangsvollstreckung in das unbewegliche Vermögen sichern und rentabel gestalten. Für das Zubehör ist in solchen Fällen zu fragen, ob es in einen sog. hypothetischen Haftungsverband (bzw. genauer: in den Haftungsverband einer hypothetischen Hypothek) fallen würde.

---

117   Zum Zubehör vgl. Sie Hemmer/Wüst, SachenR I, Rn. 102 ff.

118   BGHZ 35,85 (88); BGH, NJW 1970, 2212 (2215) = **juris**byhemmer.

119   Brox/Walker, Zwangsvollstreckungsrecht, Rn. 216.

sonstige Bestandteile

In sonstige Bestandteile wird vor der Beschlagnahme des Grundstücks im Wege der Mobiliarpfändung vollstreckt. Erst nach Beschlagnahme des Grundstücks unterliegen sie gemäß § 865 II S. 2 ZPO ausschließlich dem Immobiliarvollstreckungsrecht.

107

Rechtsfolge bei Pfändungen durch den GV

d) Betreibt ein Gläubiger die Mobiliarzwangsvollstreckung trotz Widerspruchs zu § 865 ZPO, so ist diese Pfändung dennoch wirksam und lediglich anfechtbar,[120] da die Eigenschaft einer Sache als Zubehör für den Gerichtsvollzieher nur in seltenen Fällen evident sein wird.

108

Dann kann sich der Schuldner, der zugleich Grundstückseigentümer ist, mittels Erinnerung nach § 766 ZPO gegen die Art und Weise der Zwangsvollstreckung wehren.

Besteht tatsächlich eine Hypothek an dem Grundstück, kann sich deren Gläubiger (= Hypothekar) mit der Drittwiderspruchsklage nach § 771 ZPO auf die Hypothek als ein die Veräußerung hinderndes Recht berufen und wegen Verstoßes gegen die drittschützende Verfahrensvorschrift des § 865 II ZPO auch die Erinnerung des § 766 ZPO erheben.[121]

hemmer-Methode: Der Gläubiger, der in das bewegliche Vermögen vollstrecken will, muss sich also vor Augen führen, dass er vor der Beschlagnahme keinen Zugriff auf Zubehör und wesentliche Bestandteile hat, es sei denn, dass eine Enthaftung nach §§ 1121, 1122 BGB eingetreten ist. Nach der Beschlagnahme fallen auch alle weiteren Bestandteile als Vollstreckungsgegenstände weg, § 865 II S. 2 ZPO. Dies gilt freilich nur, wenn der Schuldner zugleich Eigentümer des Grundstücks ist, vgl. § 1120 BGB a.E. Für den Gläubiger bedeutet dies, dass er – wenn er auf diese beweglichen Sachen zugreifen möchte – die Zwangsvollstreckung in das unbewegliche Vermögen betreiben muss.

3. Pfändungsbeschränkungen, § 811 ZPO

Pfändungsbeschränkungen, § 811 ZPO

Auch wenn der Schuldner grundsätzlich mit seinem ganzen Vermögen haftet, gibt es Pfändungsbeschränkungen gemäß § 811 ZPO. Danach sollen zum Schutz des Schuldners aus sozialen Gründen im öffentlichen Interesse gewisse Gegenstände nicht der Pfändung unterworfen sein. Eine „Kahlpfändung" soll damit verhindert werden.[122]

109

hemmer-Methode: Aus diesem Grund kann der Vollstreckungsschuldner auf § 811 ZPO auch nicht verzichten.

Pfändungsbeschränkungen hat der Gerichtsvollzieher von Amts wegen zu beachten.

Ein Verstoß gegen diese Pfändungsbeschränkungen führt nicht zur Nichtigkeit der Zwangsvollstreckung. Die Pfändung ist vielmehr zunächst wirksam, bis sie aufgrund einer Vollstreckungserinnerung nach § 766 ZPO für unzulässig erklärt (§ 775 Nr. 1 ZPO) und nach § 776 ZPO aufgehoben wird.[123]

Bsp.: Der Gerichtsvollzieher möchte einen Fernseher pfänden mit dem Argument, die Familie könne sich auch über das Rundfunkgerät informieren.

---

120   Vgl. Th/P, § 865 ZPO, Rn. 2 a.E., 5; Zöller-Stöber, § 865 ZPO, Rn. 11. Sehr strittig, nach a.A. ist die Pfändung sogar mangels funktioneller Zuständigkeit des Gerichtsvollziehers nichtig.

121   Th/P, § 865 ZPO, Rn. 6.

122   Th/P, § 811 ZPO, Rn. 1.

123   Zöller-Stöber, § 811 ZPO, Rn. 38 ff.; Th/P, § 811 ZPO, Rn. 6 und 38.

Früher wurde ein Rundfunkgerät als ausreichend angesehen, heute geht die h.M.[124] auch von der Unpfändbarkeit des Fernsehers nach § 811 I Nr. 1 ZPO aus, wenn es sich um das einzige Gerät handelt.[125]

Pkw eines „außergewöhnlich gehbehinderten" Schuldners, § 811 I Nr. 12 ZPO

hemmer-Methode: Nach § 811 I Nr. 12 ZPO sind künstliche Gliedmaßen, Brillen und andere wegen körperlicher Gebrechen notwendige Hilfsmittel, soweit diese Gegenstände zum Gebrauch des Schuldners und seiner Familie bestimmt sind, der Pfändung entzogen.

Hierzu gehört nach Ansicht des BGH auch der Pkw eines „außergewöhnlich gehbehinderten" Schuldners und zwar selbst dann, wenn der Schuldner nicht erwerbstätig ist.[126]

Dies ergebe sich aus deren Sinn und Zweck unter Berücksichtigung des verfassungsrechtlichen Sozialstaatsprinzips und den Grundrechten der Artikel 1 und 2 des Grundgesetzes sowie einem Vergleich mit den einschlägigen Bestimmungen des Bundessozialhilfegesetzes. Das Fahrzeug gebe dem Schuldner erst die Möglichkeit, seine stark eingeschränkte Mobilität einigermaßen auszugleichen und trotz seiner Gehbehinderung am Leben in der sozialen Gemeinschaft teilzunehmen.

Für die Auslegung der Pfändungsverbote nach § 811 I ZPO ist weiterhin das gewandelte Verständnis in der Gesellschaft über die soziale Stellung behinderter Menschen von Bedeutung. Deren Rechte wurden, wie die jüngere Gesetzgebung zeigt, in den letzten Jahren bewusst gestärkt. Für die Auslegung des § 811 I ZPO kommt es auch nicht entscheidend darauf an, ob ein Fahrzeug für ihn unentbehrlich ist. Vielmehr ist ein Pfändungsverbot schon dann anzunehmen, wenn die Benutzung des Pkw dazu geeignet ist, die schwere Gehbehinderung teilweise zu kompensieren und die Eingliederung in das öffentliche Leben wesentlich zu erleichtern.[127]

Austauschpfändung, § 811a ZPO

Umgehen kann der Gläubiger ein Pfändungsverbot mittels der Austauschpfändung nach § 811a ZPO. Der Schuldner erhält dabei einen Ersatzgegenstand, der aber weniger wert ist.

hemmer-Methode: Der Schwerpunkt einer Klausur wird kaum einmal in diesem Bereich liegen, weil die Rechtsprechung hierzu breit und unübersichtlich ist. Sie sollten aber zumindest die Vorschriften kennen und beachten, dass in einem Unterpunkt in der Klausur einmal ein Eingehen auf dieses Problem erwartet wird. Ebenfalls dem Schuldnerschutz dient das Verbot der Überpfändung gemäß § 803 I S. 2 ZPO (lesen!), dessen Übertretung ebenso wie ein Verstoß gegen § 811 ZPO mit der Erinnerung nach § 766 ZPO gerügt werden kann.[128]

4. Schuldnerfremde Sachen

schuldnerfremde Sachen

Zu betonen ist hier noch einmal, dass bei der Zwangsvollstreckung in das bewegliche Vermögen auch zur Pfändung solcher Gegenstände kommen kann, die dem Schuldner nicht gehören, denn die Eigentumsverhältnisse werden vom Gerichtsvollzieher nicht geprüft, sondern nur der Gewahrsam. Ein Verfahrensfehler liegt dann also nicht vor.

110

---

124   Th/P, § 811 ZPO, Rn. 8.

125   Vgl. Sie dazu auch Lüke/Beck, JuS 1994, 22 ff.: Hier wird auch auf verfassungsrechtliche Aspekte der Farbfernsehgerätpfändung eingegangen.

126   Vgl. BGH in JuS 2004, 778 ff.; der BGH hat diesen Gedanken in der Variante ergänzt, dass der Ehepartner des erwerbsunfähigen Schuldners den PKW für seine Erwerbstätigkeit benötigt, Life&Law 2010, 448 ff. Hier sei § 811 Nr.5 ZPO betroffen. Es gehe bei dem Pfändungsverbot auch um den Schutz der Aufrechterhaltung von Unterhaltsleistungen für die Familie, welche von dem Ehepartner erarbeitet werden. Insoweit entfaltet die Vorschrift des § 811 Nr.5 Drittschutz. Sollte also gleichwohl gepfändet werden, stünde dem Ehegatten des Schuldners die Dritterinnerung zur Verfügung, vgl. dazu Rn. 300.

127   Vgl. LG Hannover, DGVZ 1985, 121 ff. = **juris**byhemmer.

128   Vgl. K. Schmidt, JuS 1993, 514 f.; bei dieser OLG-Entscheidung ging es um die Pfändung eines Grabsteins.

Dritteigentum

a) Gegenstände Dritter, die sich im Gewahrsam des Schuldners befinden, darf der Gerichtsvollzieher (außer in den Fällen evidenten Dritteigentums, dazu Rn. 120) pfänden. Der Dritte hat dann aber die Möglichkeit, sich mit einer Drittwiderspruchsklage nach § 771 ZPO zu wehren.

111

gläubigereigene Sachen

b) Der Gläubiger kann eigene Gegenstände pfänden lassen, die sich im Gewahrsam des Schuldners befinden.[129]

112

> **Bsp.:** *Der Vorbehaltsverkäufer V klagt auf Zahlung der ausstehenden Kaufpreisraten gegen den Käufer K und obsiegt im Prozess. Da bei K sonst „nichts zu holen ist", lässt V den dem K unter Eigentumsvorbehalt verkauften Farbfernseher pfänden. Dabei legt er dem Gerichtsvollzieher den schriftlichen Kaufvertrag vor, aus dem sich der Eigentumsvorbehalt ergibt (dies ist wegen § 811 II S. 2 ZPO erforderlich!).*

In dieser Konstellation tauchen mehrere Fragen auf:[130]

⇨ Dass die Pfändung eigener Sachen überhaupt möglich ist, entspricht der ganz h.M. und ergibt sich aus § 811 II S. 1 ZPO.[131]

⇨ Fraglich ist dagegen, ob auch in diesen Fällen Pfändungsschutz nach § 811 ZPO eintritt (vgl. Sie dazu Rn. 109). Dies ist im vorliegenden Fall zu verneinen, da das Pfändungsverbot des § 811 I Nr. 1 ZPO nicht gilt, wenn der Verkäufer wegen seiner durch den Eigentumsvorbehalt gesicherten Geldforderung aus ihrem Verkauf vollstreckt, vgl. § 811 II S. 1 ZPO.

Im Bsp. kann also K bei der Pfändung eines Fernsehers nicht die Unpfändbarkeit nach § 811 I Nr. 1 ZPO entgegenhalten, die für Fernseher grds. bejaht wird.

⇨ In einem vom BGH entschiedenen Fall war Gegenstand der Eigentumsvorbehaltslieferung ein Grabstein.[132] In dem Fall war umstritten, ob es sich dabei um einen Gegenstand zur unmittelbaren Verwendung für die Bestattung handelt, § 811 I Nr. 13 ZPO. Bejahendenfalls ist problematisch, ob insoweit § 811 II S. 1 ZPO analog anwendbar ist, da die Nr. 13 dort nicht benannt wird. Der BGH ist der letzten Frage ausgewichen. Der Grabstein diene schon nicht unmittelbar dem Bestattungsvorgang. Auch ein „übergesetzliches Pfändungsverbot" aus Pietätsgründen verbiete sich zumindest dann, wenn der Vorbehaltsverkäufer gerade wegen der Kaufpreisforderung vollstrecke.

⇨ Gerade in Fällen mit Eigentumsvorbehalt (die zusammen mit der Sicherungsübereignung die praktisch wichtigsten der Pfändung eigener Gegenstände sind), ist darüber hinaus daran zu denken, dass in der Pfändung eine die Rücktrittsfiktion des § 508 S. 5 BGB auslösende „Ansichnahme" durch den Vorbehaltsverkäufer und Kreditgeber liegen könnte:

Während dies für die Herausgabevollstreckung nach § 883 ZPO der h.M. entspricht, ist es für die Pfändung (sogar wegen des Kaufpreisanspruches) umstritten und wohl wegen der strukturellen Unterschiede zwischen Herausgabevollstreckung und Zwangsvollstreckung wegen Geldforderungen (vgl. soeben oben) eher abzulehnen.

---

129 Th/P, § 808 ZPO, Rn. 10. Für die Pfändung eigener Sachen besteht auch ein Rechtsschutzbedürfnis, da die mit der Pfändung eingetretene Verstrickung die Rechtsgrundlage für die Verwertung darstellt (vgl. Sie dazu Rn. 133, 140 und 143).

130 Vgl. Sie zu einigen der folgenden Aspekte Arens/Lüke, Rn. 616.

131 Th/P, § 803 ZPO, Rn. 10; dies ist eine Frage des Rechtsschutzbedürfnisses, vgl. Sie dazu Rn. 140. Durch § 811 II ZPO soll ein weiterer Prozess wegen Herausgabe (§ 985 BGB) mit anderer Vollstreckung (§ 883 ZPO) vermieden werden, vgl. Th/P, § 811, Rn. 38.

132 BGH, Life&Law 04/2006, 251 ff.

⇨ Nach der h.M. ist also noch nicht die Pfändung nach § 808 ZPO als Wiederansichnahme i.S.d. § 508 S. 5 BGB zu behandeln, jedoch jedenfalls die Verwertung der gepfändeten Sache.[133]

Zwar erlischt damit der noch offene Kaufpreisanspruch des V gegen K wegen § 508 S. 5 BGB i.V.m. §§ 346 ff. BGB, was K dem V mit der Vollstreckungsabwehrklage nach § 767 ZPO entgegenhalten könnte. Jedoch fehlt es für eine solche am nötigen Rechtsschutzbedürfnis, da mit der Verwertung die Zwangsvollstreckung ihr Ende gefunden hat und Rechtsbehelfe gegen jene nur vom Beginn bis zu deren Ende statthaft sind.[134]

III. Ablauf

1. Antrag des Gläubigers

Antrag, § 753 I ZPO

Der Gerichtsvollzieher wird nur aufgrund eines Antrages des Gläubigers tätig gemäß § 753 I ZPO. Dieser muss als Prozesshandlung wirksam schriftlich, elektronisch oder mündlich (§ 754 ZPO) erteilt werden.

Besonderheit: § 754a ZPO

Bei elektronisch eingereichten Anträgen zum Zwecke der Zwangsvollstreckung aus einem Vollstreckungsbescheid gelten die in § 754a ZPO genannten Erleichterungen.

Wenn in diesen Vorschriften von „Auftrag" die Rede ist, geht dies zurück auf die veraltete Auffassung, der Gläubiger sei Träger der Vollstreckungsgewalt.

hemmer-Methode: Dieser „Auftrag" begründet aber zwischen Gerichtsvollzieher und Gläubiger keinen privatrechtlichen Auftrag i.S.d. §§ 662 ff. BGB, sondern vielmehr ein öffentlich-rechtliches Verhältnis, da der Gerichtsvollzieher als Amtsperson hoheitlich tätig wird.[135]

Weisungen des Gläubigers

Grundsätzlich muss dabei der Gläubiger dem Gerichtsvollzieher einen Generalauftrag erteilen. Jedoch sind Weisungen des Gläubigers, bestimmte Gegenstände zu pfänden, vom Gerichtsvollzieher ebenfalls zu beachten, soweit sie nicht dem Gesetz (beispielsweise § 811 ZPO bzw. der GVGA[136]) oder den Interessen des Schuldners widersprechen.

Diese hat der Gerichtsvollzieher in seiner Eigenschaft als staatliches Organ ebenfalls zu beachten.

Bsp.: Der Gläubiger hat die Weisung erteilt, eine Münzsammlung des Schuldners pfänden zu lassen, nur um den Schuldner besonders hart zu treffen. Eine solche Weisung darf der Gerichtsvollzieher nicht befolgen.[137]

hemmer-Methode: Allerdings ist der Vollstreckungsantrag auslegungsfähig, und der Gerichtsvollzieher hat in solchen Fällen den Antrag des Gläubigers als allgemeinen Antrag zum Tätigwerden in der Zwangsvollstreckung zu verstehen.
Weiterhin ist zu beachten, dass das Weisungsrecht des Gläubigers zumindest so weit geht, dass der Gerichtsvollzieher auf den Antrag hin tätig werden muss, auch wenn er selbst einen Pfändungsversuch für zwecklos hält. Etwas anderes gilt allenfalls in Fällen evidenter Aussichtslosigkeit.
Wird der Gerichtsvollzieher nicht tätig, so steht dem Gläubiger die Erinnerung gemäß § 766 II Var. 2 ZPO zu.[138]

113

---

133   Palandt, § 503 BGB, Rn. 14.

134   Th/P, § 767 ZPO, Rn. 16.

135   Th/P, § 753 ZPO, Rn. 14.

136   Geschäftsanweisung für Gerichtsvollzieher, abgedruckt im Schönfelder-Ergänzungsband, Nr. 109.

137   Th/P, § 753 ZPO, Rn. 15.

138   BGH, Life&Law 2006, 251 ff.

2. Zeitpunkt und Ort

Zeitpunkt

a) Für den rechten Zeitpunkt hat der Gerichtsvollzieher § 758a IV ZPO (lesen!) zu beachten. Danach darf der Gerichtsvollzieher die Vollstreckung zur Nachtzeit und an Sonn- und Feiertagen grundsätzlich nicht vornehmen. **114**

Ort der Vollstreckung

b) Hinsichtlich des Ortes kann der Gerichtsvollzieher - solange er örtlich zuständig ist - überall vollstrecken, wo der Schuldner Vermögensmasse hat. **115**

Bei Vollstreckungen in Wohnungen hat das BVerfG wegen Art. 13 GG eine wichtige Einschränkung vorgenommen.[139]

in Wohnungen: einschränkende Auslegung des § 758 ZPO wegen Art. 13 II GG

Zwar stehen dem Gerichtsvollzieher - nachdem er den Schuldner zuerst zur freiwilligen Leistung aufgefordert hat, § 105 Nr. 2 GVGA, Zwangsbefugnisse gemäß § 758 ZPO zu: Er darf Wohnungen durchsuchen, Behältnisse und Türen öffnen lassen und als Hilfe polizeiliche Vollzugsorgane hinzuziehen (beachte, dass gemäß § 759 ZPO bei Widerstand oder Abwesenheit Zeugen zugezogen werden müssen).

Doch braucht der Gerichtsvollzieher über den Wortlaut des § 758 ZPO hinaus die Erlaubnis durch den Richter gemäß Art. 13 II GG, wenn er Zutritt zur Wohnung will, und der Schuldner dies nicht freiwillig gewährt. Diese Entscheidung des BVerfG hat der Gesetzgeber mittlerweile in § 758a I S. 1 ZPO umgesetzt.

hemmer-Methode: Der Zutritt zu einer Wohnung, um die Gasversorgung zu sperren, stellt keine Durchsuchung i.S.d. Art. 13 II GG, §§ 758, 758a ZPO dar. Dem Richtervorbehalt ist in einem solchen Fall dadurch genügt, dass dem Schuldner in einer von einem Richter erlassenen Entscheidung aufgegeben wurde, dem Gläubiger den Zutritt zu seiner Wohnung zu gestatten und die Einstellung der Gasversorgung zu dulden.[140]

Unter Wohnung werden zumindest nach der h.M. unter besonderer Berücksichtigung von Art. 13 GG nicht nur der Wohnbereich, sondern auch Betriebs- und Geschäftsräume verstanden.[141]

Eine richterliche Anordnung ist gemäß § 758a I S. 2 ZPO nur dann nicht notwendig, wenn Gefahr im Verzug ist und die Zeitverzögerung durch den Antrag bei Gericht den Vollstreckungserfolg gefährden würde.

> *Bsp.: Der Gläubiger will eine Forderung von 2.000,- € mittels Pfändung von Schmuck in der Wohnung tilgen. Es bestehen jedoch konkrete Hinweise darauf, dass der Schuldner den Schmuck beiseiteschaffen wird.*

> Der Antrag auf Durchsuchungsanordnung hat der Gläubiger beim Amtsgericht zu stellen. Sein Rechtsschutzinteresse wird bejaht, wenn eine richterliche Anordnung erforderlich ist.[142] Dies ist der Fall, wenn der Vollstreckungstitel bereits zugestellt worden ist und ein Vollstreckungsversuch bereits wegen Widerspruchs des Schuldners gegen die Wohnungsdurchsuchung gescheitert ist oder wenn der Gerichtsvollzieher den Schuldner zweimal weder zu Hause noch am Arbeitsplatz angetroffen hat.[143]

---

139 BVerfGE 51, 97 = **juris**byhemmer; vgl. Sie dazu auch Hemmer/Wüst, Staatsrecht I, Rn. 279 ff., 284.

140 BGH, Beschluss vom 18.08.2006, AZ: I ZB 126/05; LNRB 2006, 23028.

141 Sehr strittig! Vgl. Th/P, § 758a ZPO, Rn. 7.

142 Th/P, § 758a ZPO, Rn. 17.

143 Th/P, § 758a ZPO, Rn. 5 a.E.

Der Richter gibt dem Antrag durch Beschluss statt, wobei er nur prüft, ob die gesetzlichen Voraussetzungen der Zwangsvollstreckung gegeben sind und die Vollstreckung mit dem Grundsatz der Verhältnismäßigkeit vereinbar ist.

hemmer-Methode: Beachten Sie, dass eine Anordnung nur gegenüber dem Schuldner genügt, auch wenn er nicht alleiniger Inhaber der Wohnung ist; gegen die Mitbewohner ist keine Anordnung nötig, auch wenn sich diese der Durchsuchung widersetzen. Dies war schon früher h.M. und ergibt sich jetzt aus § 758a III S. 1 ZPO, wobei allerdings unbillige Härten gegenüber Mitgewahrsamsinhabern zu vermeiden sind, § 758a III S. 2 ZPO.

3. Gewahrsam

Pfändungen von allem, was sich im Gewahrsam des Schuldners befindet

a) Schreitet der Gerichtsvollzieher zur Vollstreckung, so kann er grundsätzlich alles pfänden, was sich im Gewahrsam des Schuldners befindet.   *116*

Gewahrsam entspricht tatsächlicher Sachherrschaft

Gewahrsam bedeutet die tatsächliche Sachherrschaft über einen Gegenstand.

hemmer-Methode: Der Begriff ist damit (nur) identisch mit dem des unmittelbaren Besitzes im BGB. Nach ganz h.M. hat daher auch der Besitzdiener i.S.d. § 855 BGB keinen Gewahrsam i.S.d. § 808 ZPO!

Der Gewahrsam erlischt im Gegensatz zum Besitz, wenn kein tatsächliches, sondern nur ein rechtliches Band wie beim mittelbaren Besitz i.S.v. § 868 BGB oder beim Erbenbesitz i.S.v. § 857 BGB besteht.[144]

grundsätzlich nur Prüfung des Gewahrsams, nicht des Eigentums

Der Gewahrsam stellt in der Zwangsvollstreckung einen formalisierten Zugriffstatbestand dar. So wie der Gerichtsvollzieher nur prüft, ob ein Titel vorliegt und nicht, ob der Anspruch besteht, so prüft er auch nur, ob der Schuldner den Gewahrsam an der Sache hat und nicht, ob er auch der Eigentümer ist (zu Ausnahmen siehe Rn. 120).

Diese Formalisierung dient der Effektivität und Durchführbarkeit der Zwangsvollstreckung.

b) Im Einzelnen gilt:

Mitgewahrsam

Üben zwei Personen gemeinsam die tatsächliche Sachherrschaft aus, so besteht Mitgewahrsam.   *117*

§ 809 ZPO anwendbar

Dann ist derjenige, der nicht Schuldner ist, jedoch den Mitgewahrsam innehat, nach h.M. wie ein Dritter i.S.v. § 809 ZPO zu behandeln.[145]

Bei diesem Dritten gilt, dass der Gerichtsvollzieher die Sache nur dann pfänden kann, wenn sie der Dritte freiwillig herausgibt. Widerspricht der Dritte der Pfändung, so bleibt dem Gläubiger nur die Möglichkeit, den Herausgabeanspruch des einen Gewahrsamsinhabers gegen den anderen nach §§ 846, 847 ZPO pfänden zu lassen.

Bsp.: Zwei Schlosser teilen sich eine Werkstatt. Damit haben sie Mitgewahrsam an Werkzeugen und Material.

---

144   Th/P, § 808 ZPO, Rn. 3.
145   Th/P, § 808 ZPO, Rn. 4.

Hier müssen Sie Gewahrsams- und Eigentumsverhältnisse streng trennen. Hat der eine Schlosser Mitgewahrsam, ist jedoch nur der Schuldner Eigentümer der Maschinen, so muss der Gläubiger bei Widerspruch den schuldrechtlichen oder dinglichen Herausgabeanspruch seines Schuldners pfänden, um nicht notwendige (beachten Sie § 811 I Nr. 5 ZPO) Werkmaschinen verwerten zu können.

Ist jedoch der andere Schlosser auch Miteigentümer, so droht in solchen Fällen die Klage nach § 771 ZPO. Möglicherweise liegt zwischen den Schlossern sogar eine Gesellschaft vor. Dann muss der Gläubiger folglich den Gesellschaftsanteil pfänden (§ 859 I ZPO) oder die Zwangsvollstreckung in den Miteigentumsanteil betreiben.

Nimmt der Gerichtsvollzieher Werkzeuge des Gläubigers gegen den Willen des mitbesitzenden Schlossers weg, so steht diesem die Erinnerung nach § 766 I ZPO zu, da § 809 ZPO das Paradebeispiel der sog. „drittschützenden" Verfahrensnormen ist und somit eine Erinnerungsbefugnis auch des Dritten vorliegt.[146]

juristische Personen: Gewahrsam der Organe

118

Bei juristischen Personen üben die Organe den Gewahrsam aus. Alle weiteren Angestellten und Arbeiter hingegen sind lediglich Besitzdiener i.S.v. § 855 BGB ohne Gewahrsam über die Gegenstände.

> **Bsp.:** *Ein Dienst-Kfz, das gerade ein Angestellter nutzt, kann ohne weiteres gepfändet werden. Dieser hat keinen Gewahrsam. Deshalb muss er auch nicht zur Herausgabe bereit sein i.S.v. § 809 ZPO.*

Überträgt ein Schuldner sein Vermögen kurz vor der Pfändung auf einen Dritten, so mag das zivilrechtliche Verfügungsgeschäft wegen Verstoßes gegen §§ 134, 138 I BGB i.V.m. § 288 StGB unwirksam sein.

Für den Gewahrsam kommt es aber allein auf die tatsächliche Sachherrschaft an. Deshalb muss der Dritte zur Herausgabe i.S.d. § 809 ZPO bereit sein oder der Gläubiger einen Duldungstitel nach § 25 HGB oder dem AnfG[147] erwirken.

Eine Ausnahme von der Notwendigkeit der Herausgabebereitschaft auch bei arglistiger Vermögensverschiebung gibt es nicht.

Ehegatten: § 1362 BGB, § 739 ZPO

119

Bei Ehegatten hilft dem Gerichtsvollzieher die Gewahrsamsfiktion des § 739 ZPO.[148] Dieser führt die widerlegbare Eigentumsvermutung des § 1362 BGB im Zwangsvollstreckungsrecht fort.[149] Aufgrund § 1362 BGB kann ein Gläubiger davon ausgehen, dass jeder Gegenstand der Ehegatten gerade dem Schuldner gehört (Ausnahmen nach § 1362 I S. 2 und II BGB).

Der andere Ehegatte kann sein Alleineigentum nur im Wege der Drittwiderspruchsklage geltend machen.

Problem: analoge Anwendung auf nichteheliche Lebensgemeinschaft?

Verfassungsrechtlich bedenklich ist § 739 ZPO wegen der unangemessenen Benachteiligung von Ehegatten gegenüber einer nichtehelichen Lebensgemeinschaft. Hier kommt es auf die tatsächlichen Gewahrsamsverhältnisse an. Ein Lebenspartner kann mit Hinweis auf seinen Mitgewahrsam die Zwangsvollstreckung leicht vereiteln.

---

146   Vgl. K. Schmidt, JuS 1992, 90 ff. (95).

147   Hinweis für Referendare: Eine Entscheidung zum AnfG und einer entsprechenden Duldungsklage des Vollstreckungsgläubigers finden Sie in JuS 1999, 708! Der Vollstreckungsgläubiger (= Anfechtender) klagt gegen den Anfechtungsgegner darauf, dass dieser die Vollstreckung wegen des gegen den Schuldner gerichteten Titels dulden muss.

148   Th/P, § 739 ZPO, Rn. 9; § 739 ZPO enthält keine Vermutung sondern eine Fiktion, deren Besonderheit darin liegt, dass sie an das Eingreifen der Vermutung des § 1362 BGB anknüpft. Wird die Eigentumsvermutung widerlegt, vgl. § 292 S.1 ZPO, so entfällt damit auch die Gewahrsamsfiktion, bei der es sich also zumindest mittelbar um eine Vermutung handelt.

149   Vgl. Hemmer/Wüst, Familienrecht, Rn. 126 f.

Lit.: überwiegend (+)

Daher wurde in der Literatur eine analoge Anwendung auf die nichteheliche Lebensgemeinschaft bejaht,[150] da diese ansonsten privilegiert und dies mit dem Gläubigerschutz nicht vereinbar wäre.

BGH: (-), u.a., weil keine Planwidrigkeit der Regelungslücke

Der BGH[151] hat die analoge Anwendung des § 1362 BGB (und damit mittelbar auch des § 739 ZPO) auf die nichteheliche Lebensgemeinschaft abgelehnt. Der BGH argumentiert dabei u.a. sehr formaljuristisch, indem er die Planwidrigkeit einer Regelungslücke verneint. Begründet wurde dies mit mehreren Anläufen, eine entsprechende Regelung in das Gesetz aufzunehmen. Zuletzt hatte der Gesetzgeber die Möglichkeit bei der Erweiterung der Regelungen auf die gleichgeschlechtlichen Lebenspartnerschaften, vgl. § 8 I LPartG, § 739 II ZPO. Auch in diesem Rahmen ist es nicht zur Anpassung der Vorschrift gekommen. Daher muss von einer bewussten Regelungslücke ausgegangen werden,

> **hemmer-Methode: Gegen die Analogie spricht bei rein praktischer Betrachtung, dass der Gerichtsvollzieher feststellen müsste, ob eine nichteheliche Lebensgemeinschaft vorliegt. Wie sollte er das machen? Generell gilt der Grundsatz, dass im streng formalisierten Zwangsvollstreckungsverfahren keine materiell-rechtlichen Fragen geprüft werden. Diskutieren könnte man noch die Möglichkeit einer „gesetzesübersteigenden" Rechtsfortbildung, wenn verfassungsrechtliche Aspekte dies erfordern. Die besondere Stellung von Ehe und Familie in Art. 6 GG verlangt aber nicht nach dieser Gleichstellung. Anders: die Eheleute haben nichts davon, wenn andere Lebensformen gleich schlecht behandelt werden. Sollten daher Zweifel an der Verfassungsgemäßheit der Regelung bestehen, wäre es Aufgabe des Gesetzgebers, einzuschreiten. Dem BGH kann man in diesem Zusammenhang nur vorwerfen, die Sache nicht gem. Art. 100 GG dem Bundesverfassungsgericht vorgelegt zu haben!**

evidentes Dritteigentum

c) Lediglich in Ausnahmefällen kann sich der Gerichtsvollzieher nicht auf den Gewahrsam als formalisierten Zugriffstatbestand verlassen, sondern muss auf die zugrunde liegenden Eigentumsverhältnisse achten.   **120**

Dies gilt einmal, wenn das Eigentum eines Dritten evident ist.

> *Bsp.: Gegenstände, die eindeutig der alleinigen Nutzung durch den Ehegatten zugewiesen sind.*

besondere Vermögensmassen

Auch bei der Vollstreckung in besondere Vermögensmassen hat der Gerichtsvollzieher vorsichtig zu sein. Denn nur bei Ehegatten hilft ihm die Vermutung des § 739 ZPO, ansonsten muss er die Vermögenszugehörigkeit prüfen, beispielsweise bei Pfändungen bei einer Gesellschaft.

Kommt der Gerichtsvollzieher zu dem Schluss, dass evident schuldnerfremde Gegenstände gepfändet werden sollen, hat er den Vollstreckungsauftrag des Gläubigers abzulehnen.

> **hemmer-Methode: Doch hat der Gerichtsvollzieher den Antrag des Gläubigers wieder auszulegen. Will dieser die Pfändung eines bestimmten Gegenstandes, ist das Eigentum eines Dritten daran jedoch evident, so ist dies zumindest als genereller Antrag zum Tätigwerden des Gerichtsvollziehers zu verstehen.**

4. Durchführung der Pfändung

Pfändung kleiner (Wert-) Gegenstände durch Wegnahme, § 808 I ZPO

a) Die Pfändung kleinerer beweglicher Sachen führt der Gerichtsvollzieher durch, indem er sie gemäß § 808 I ZPO an sich bringt und mitnimmt.   **121**

---

150   Th/P, § 739 ZPO, Rn. 7; zur Vertiefung vgl. Sie Zöller/Stöber, § 739 ZPO, Rn. 13.

151   BGH, Life&Law 2007, 237 ff.

Bsp.: Die kostbare Briefmarkensammlung.

Besitzverhältnisse nach Pfändung

Der Gerichtsvollzieher erwirbt unmittelbaren Fremdbesitz, der Gläubiger erststufigen mittelbaren Fremdbesitz und der Schuldner zweitstufigen mittelbaren Eigenbesitz.[152]

hemmer-Methode: Diese Besitzpyramide wird relevant bei den Besitzschutzansprüchen der §§ 859 ff. BGB. Ansonsten ist sie dogmatisch interessant, spielt aber in Klausuren kaum eine Rolle.

b) Nach § 808 II ZPO werden die meisten Sachen im Gewahrsam des Schuldners belassen.

122

oder Pfändung durch Pfandsiegel, § 808 II ZPO

Dabei sind diese Sachen mit einem Pfandsiegel, das umgangssprachlich als „Kuckuck" bezeichnet wird, kenntlich zu machen, § 808 II S. 2 ZPO.

Damit ist der Schuldner dann unmittelbarer Fremdbesitzer, der Gerichtsvollzieher erststufiger mittelbarer Fremdbesitzer, der Gläubiger zweitstufiger mittelbarer Fremdbesitzer und der Schuldner (oder auch der Eigentümer einer gepfändeten Sache) zudem drittstufiger mittelbarer Eigenbesitzer.[153]

Das Pfandsiegel muss auf deutlich nach außen erkennbare, haltbare Art und Weise mit dem gepfändeten Gegenstand verbunden sein (vgl. Sie den Wortlaut des § 808 II S. 2 ZPO: „ersichtlich gemacht"). Sonst ist sie nichtig (also nicht nur aufhebbar), etwa wenn von Anfang an ein Pfandsiegel unhaltbar angebracht, wenn es an die Innenseite einer Schranktür angeklebt wird oder wenn nicht klar ist, welche Sache gepfändet worden ist.

Bsp.: Der Gerichtsvollzieher will ein Warenlager pfänden und bringt ein Pfandsiegel an der Tür an. Jedoch erlaubt er dem Schuldner, weiter Sachen aus dem Lager zu veräußern und andere Sachen hinzuzukaufen.

Hier ist nicht klar, welche Sachen gepfändet worden sind. Deshalb ist die Pfändung nichtig.

Wird die Pfändung hingegen erst nachträglich und ohne Wissen und Wollen des Gerichtsvollziehers unkenntlich - z.B. fällt das Pfandsiegel ab oder wird es entfernt - so besteht die Pfändung fort; das Pfandzeichen muss aber „erneuert" werden.[154]

Protokoll über Pfändung

c) Über die Pfändung hat der Gerichtsvollzieher ein Protokoll zu fertigen nach §§ 762, 763 ZPO und den Schuldner zu benachrichtigen, wenn er nicht anwesend war, § 808 III ZPO.

123

IV. Wirkung

Verstrickung und Pfändungspfandrecht

Führt der Gerichtsvollzieher die Pfändung durch, so hat dies zwei Wirkungen: das Eintreten der Verstrickung und das Entstehen eines Pfändungspfandrechts.

124

1. Die Verstrickung

Verstrickung

Die Verstrickung ist öffentlich-rechtliche Folge der Stellung des Gerichtsvollziehers als hoheitliches Organ. Sie bedeutet die Beschlagnahme der Sache und den Entzug aus dem Verfügungsbereich des Schuldners.

125

---

152   Vgl. Palandt, § 868 BGB, Rn. 11.

153   Vgl. Palandt a.a.O.

154   Th/P, § 808 ZPO, Rn. 14 a.E.

Dies führt zu einem relativen Verfügungsverbot i.S.d. §§ 136, 135 BGB.[155]

a) Die Voraussetzungen für eine wirksame Verstrickung

keine Nichtigkeit des Vollstreckungsaktes

aa) Die Verstrickung entsteht nur, wenn der Vollstreckungsakt des Vollstreckungsorgans nicht nichtig ist. Eine Nichtigkeit ist aber nur bei besonders schweren und evidenten Verstößen zu bejahen.[156]

126

Dies ist etwa der Fall, wenn ohne vollstreckbaren Titel, durch das funktionell unzuständige Vollstreckungsorgan[157] oder unter Verstoß gegen § 808 I, II S. 2 ZPO gepfändet wurde.[158]

i.Ü. nur anfechtbar

bb) Im Übrigen bleiben fehlerhafte Vollstreckungsakte aber wirksam und sind nur mit den Rechtsbehelfen der Zwangsvollstreckung anfechtbar (siehe dazu § 6, Rn. 234 ff.).

127

Verstrickung auch von schuldner- fremden Sachen

cc) Da es für die Pfändung wegen § 808 ZPO nur auf den Gewahrsam ankommt, entsteht eine wirksame Verstrickung auch bei der Pfändung schuldnerfremder Sachen (vgl. Sie sogleich Rn. 133).

128

b) Erlöschen der Verstrickung[159]

Erlöschen der Verstrickung

Die Verstrickung erlischt vor allem in folgenden drei Fällen:

129

aa) Aufhebung der Verstrickung durch das Vollstreckungsorgan (sog. „Entstrickung"),

bb) Beendigung der Zwangsvollstreckung durch Verwertung der Pfandsache oder

cc) gutgläubiger Erwerb der Pfandsache gemäß §§ 136, 135 II, 932 ff. BGB.[160]

2. Das Pfändungspfandrecht

Pfändungspfandrecht (PPR)

Als Folge der Pfändung erwirbt der Gläubiger gemäß § 804 I ZPO ein Pfändungspfandrecht an der Sache, das wie ein vertragliches Faustpfandrecht wirkt, § 804 II ZPO.

130

§ 804 II ZPO i.V.m. §§ 1227, 985 BGB

Über die Verweisungsnorm des § 804 II ZPO steht das Pfändungspfandrecht dem Faustpfandrecht gemäß §§ 1204 ff. BGB gleich. Dem Inhaber eines Pfändungspfandrechtes stehen die gleichen dinglichen Rechte zu wie dem Vertragspfandgläubiger, sodass er z.B. Herausgabe von Dritten gemäß § 804 II ZPO, §§ 1227, 985 BGB verlangen kann.

hemmer-Methode: Nach a.A. gewährt das Pfändungspfandrecht gemäß § 804 II HS 1 ZPO nur „im Verhältnis zu anderen Gläubigern" dieselben Rechte wie ein vertraglich vereinbartes Faustpfandrecht. Bei der Anwendung der §§ 1227, 985 BGB geht es jedoch nicht um das Verhältnis zu anderen Gläubigern, sondern um den Herausgabeanspruch gegen den Besitzer.

---

155   Th/P, § 803 ZPO, Rn. 7.

156   Vgl. Sie die ähnliche Problematik bei der Nichtigkeit von Verwaltungsakten gemäß § 44 VwVfG.

157   Vgl. Sie hierzu noch einmal das Problem zu § 865 II ZPO, bei dem auch eine durch das funktionell unzuständige Organ erfolgte Pfändung nach h.M. wirksam sein soll (Rn. 108).

158   Th/P, § 803 ZPO, Rn. 10.

159   Dazu Th/P, § 803 ZPO, Rn. 11.

160   Vgl. Sie dazu den Beispielsfall bei Rn. 141.

Die Anwendbarkeit der §§ 1227, 985 BGB auf das Pfändungspfandrecht soll danach schon allein aus der Tatsache folgen, dass nach der herrschenden gemischt privatrechtlich / öffentlich-rechtlichen Theorie das Pfändungspfandrecht als privatrechtliches (gesetzliches) Pfandrecht anzusehen und dieses gem. § 1257 BGB den Regeln der §§ 1204 ff. BGB zu unterstellen sei.

§ 804 III ZPO

Wichtig ist vor allem die den Rang wahrende Wirkung, § 804 III ZPO. § 804 III ZPO betrifft dabei aber nur das Verhältnis mehrerer Pfändungspfandrechte untereinander.

Für das Verhältnis des Pfändungspfandrechts zu sonstigen Pfandrechten (vertragliche, §§ 1204 ff. BGB, oder gesetzliche, § 1257 BGB) gilt über § 804 II ZPO der allgemeine Prioritätsgrundsatz des § 1209 BGB.[161]

a) Die Entstehung des Pfändungspfandrechts[162]

Zur Frage der Entstehung eines Pfändungspfandrechts werden heute noch zwei Ansichten vertreten.

131

aa) Rein öffentlich-rechtliche Theorie[163]

öffentlich-rechtliche Theorie: PPR automatisch mit Verstrickung

Die rein öffentlich-rechtliche Theorie sieht Verstrickung und Pfändungspfandrecht als untrennbar miteinander verbunden an. Die Vollstreckung ist ein hoheitlicher öffentlicher Akt.

132

Deshalb lässt die Pfändung automatisch auch ein Pfändungspfandrecht entstehen, ohne dass weitere Voraussetzungen erfüllt sein müssten. Das Pfändungspfandrecht entsteht also schicksalsverbunden mit der wirksamen Verstrickung.

bb) Gemischt privatrechtlich / öffentlich-rechtliche Theorie (h.M.)

gemischt privatrechtlich / öffentlich-rechtliche Theorie der h.M.

Schließlich trennt die gemischt privatrechtlich / öffentlich-rechtliche Theorie der h.M. Verstrickung und Pfändungspfandrecht bei ihrer Entstehung.

133

Verstrickung entsteht stets aufgrund des Hoheitsakts, wenn keine schwerwiegenden Fehler

(1) Die Verstrickung entsteht aufgrund des hoheitlichen Aktes der Vollstreckung grundsätzlich immer. Nur wenn besonders schwerwiegende Verfahrensfehler gemacht worden sind, die zur Nichtigkeit des Vollstreckungsakts führen,[164] wird die Sache nicht öffentlich-rechtlich verstrickt.

> *Bsp.: Nichtigkeit liegt beispielsweise vor, wenn überhaupt kein vollstreckbarer Titel vorlag oder wenn das funktionell unzuständige Vollstreckungsorgan gehandelt hat. Jedenfalls liegt dies beispielsweise nicht vor bei der Pfändung von schuldnerfremden Gegenständen. Der Gerichtsvollzieher kann einzig auf den Gewahrsam als formalisierten Zugriffstatbestand abstellen.*

Auch in der Verwertung zeigt sich die Hoheitlichkeit der Vollstreckung insofern, als nur die Verstrickung wirksam sein muss. Demnach kann der Ersteigerer ohne weiteres durch den Zuschlag Eigentum an der Sache erwerben.

---

161 Vgl. Jauernig, Zwangsvollstreckungsrecht, § 16 IV.

162 Gut verständlich zu diesem Problem, aber nicht der h.M. folgend: Arens/Lüke, Rn. 610 f.

163 Vertreten bis zur 31. Auflage von Th/P; danach hat sich der Kommentar der h.M. angeschlossen, vgl. § 804 Rn. 2. Da Th/P der wohl namhafteste Vertreter dieses Ansatzes war, wird sich der Streit in den nächsten Jahren wohl vollständig erledigen.

164 Vgl. Sie Rn. 126 ff.

hemmer-Methode: Merken Sie sich: Für eine wirksame und rechtmäßige Verwertung ist nur die Verstrickung notwendig. Die Existenz des Pfändungspfandrechts entscheidet darüber, ob dem Gläubiger auch der Verwertungserlös zustehen soll (materielles Befriedigungsrecht).

PPR entsteht dagegen nur an schuldnereigenen Sachen

(2) Das Pfändungspfandrecht dagegen entsteht als privatrechtliche Folge nur dann, wenn die gepfändete Sache dem Schuldner gehörte. Denn da das Pfändungspfandrecht ein gesetzliches Pfandrecht ist (und keines, welches rechtsgeschäftlich bestellt wird), ist ein gutgläubiger Erwerb nicht möglich. Unbeachtlich sind dabei Verstöße gegen reine Ordnungsvorschriften (wie bspw. die Protokollpflicht nach § 762 ZPO) bzw. die Benachrichtigung des Schuldners gemäß § 808 III ZPO.

134

kein PPR, wenn:

Das Pfändungspfandrecht entsteht nicht, wenn:

134a

⇨ wenn Vollstreckungsvoraussetzungen nicht gegeben waren (wie bei einer nicht erfolgten Umschreibung des Titels auf den Rechtsnachfolger oder einer fehlerhaften Zustellung),

⇨ wenn eine zugrunde liegende Forderung nicht besteht,

hemmer-Methode: Beachten Sie jedoch, dass kein Widerspruch zu den Wirkungen der Rechtskraft entstehen darf. Besteht also ein rechtskräftiger Titel, ist zumindest dieser Einwand ausgeschlossen.

⇨ wenn die Sache nicht zum Schuldnervermögen gehört. Ein gutgläubiger Erwerb eines Pfändungspfandrechts an schuldnerfremden Sachen scheitert daran, dass ein solcher nur mittels Rechtsgeschäft möglich ist, die Pfändung nach §§ 803 ff. ZPO aber gerade kein Rechtsgeschäft darstellt.[165]

hemmer-Methode: Hier gilt als Schlagwort, dass ein Pfändungspfandrecht dem vertraglichen und gesetzlichen Pfandrecht gleichsteht und deshalb auch nur dann entstehen kann, wenn alle privatrechtlichen Voraussetzungen gegeben sind. Der Verstoß gegen eine Verfahrensvorschrift (etwa gegen § 811 ZPO), lässt die Entstehung des Pfändungspfandrechts jedoch unberührt. Es steht dem Schuldner die Erinnerung gem. § 766 ZPO offen.
Was Verstrickung und Pfändungspfandrecht angeht, so gibt es also bei der herrschenden gemischt privatrechtlich / öffentlich-rechtlichen Theorie drei Konstellationen, die Sie kennen sollten (wobei hier im Detail Vieles umstritten ist):
1. Stufe: Besonders schwerwiegender Verstoß gegen Verfahrensvorschriften
⇨ Rechtsfolge: Verstrickung unwirksam (Beispiele: Das funktionell unzuständige Vollstreckungsorgan hat gehandelt, z.B. Prozessgericht statt Grundbuchamt, oder es lag überhaupt kein Titel vor).
2. Stufe: Nichtvorliegen materiell-rechtlicher Voraussetzungen und wesentlicher Verfahrensvoraussetzungen (z.B. ordnungsgemäße Zustellung des Titels fehlt)[166]
⇨ Rechtsfolge: Verstrickung wirksam, Pfändungspfandrecht nicht entstanden.
3. Stufe: Verstöße gegen nicht wesentliche Verfahrens- bzw. Ordnungsvorschriften (z.B. Fehleinschätzung des Gewahrsams, Pfändung entgegen § 811 ZPO)
⇨ Rechtsfolge: Verstrickung wirksam, Pfändungspfandrecht entstanden, bei Verfahrensfehlern aber u.U. angreifbar gem. § 766 ZPO.

---

165   Jauernig, Zwangsvollstreckungsrecht, § 16 III A 1. Jedoch kann ein Pfändungspfandrecht unter den Voraussetzungen des § 185 II BGB entstehen, der auf Verfügungen im Wege der Zwangsvollstreckung entsprechende Anwendung findet, vgl. Sie Rn. 138.

166   Th/P, § 803, Rn. 9. Zur Relevanz dieses Aspekts vergleiche das Fallbeispiel unter Rn. 137 in diesem Skript.

b) Praktische Auswirkungen des Theorienstreits

kein Unterschied zwischen Theorien bei Frage nach späteren Bereicherungsansprüchen

Der Streit um die Theorien ist genauso alt wie abgenutzt. In einer Klausur sollten Sie die Theorien daher nur dann ausführlicher darstellen, wenn diese zu unterschiedlichen Ergebnissen führen. Ansonsten genügen eine ganz kurze Darstellung der vertretenen Ansichten und der Hinweis, dass es auf diese Meinungsstreitigkeit im Ergebnis nicht ankommt.

135

aa) Zu keinem unterschiedlichen Ergebnis kommen die Theorien bei Bereicherungsansprüchen nach der Verwertung.

136

> *Bsp.: Der Gläubiger lässt bei seinem Schuldner wegen einer Mietzinsforderung i.H.v. 1.000,- € einen Schrank pfänden und verwerten. Später stellt sich heraus, dass der Schrank einer Tante gehört. Diese macht nun Bereicherungsansprüche gegen den Gläubiger geltend.*
>
> *Zu Recht?*[167]

I. Kein Anspruch aus § 816 I S. 1 BGB

Ein Anspruch aus § 816 I S. 1 BGB scheitert daran, dass einerseits die Verwertung durch den Gerichtsvollzieher keine rechtsgeschäftliche Verfügung darstellt und es an einer Gleichstellung mit einer solchen wie in §§ 135 I S. 2, 161 I S. 2, 184 II BGB fehlt. Andererseits ist der Gerichtsvollzieher auch nicht als Nichtberechtigter anzusehen.[168]

II. Anspruch aus § 812 I S. 1 Alt. 2 BGB

1. Erlangtes Etwas ist Eigentum und Besitz am abgelieferten Erlös.

2. Diesen erlangte der Gläubiger in sonstiger Weise, da der Gerichtsvollzieher nicht Leistender ist.[169]

3. Die Bereicherung erfolgte des Weiteren auf Kosten der Tante, da ihr der Erlös im Wege der dinglichen Surrogation nach § 1247 S. 2 BGB analog zustand.

4. Als Rechtsgrund hierfür kommt allerdings ein Pfändungspfandrecht am Schrank in Betracht. Nach der herrschenden gemischt privatrechtlich / öffentlich-rechtlichen Theorie scheitert die Entstehung eines solchen Pfändungspfandrechts daran, dass es sich bei dem Schrank um eine schuldnerfremde Sache handelt und ein gutgläubiger Erwerb an solchen nicht möglich ist (Rn. 134).

Die rein öffentlich-rechtliche Theorie bejaht dagegen die Entstehung eines Pfändungspfandrechts, da dafür neben einer wirksamen Verstrickung, die auch an schuldnerfremden Sachen eintritt, keine weiteren Voraussetzungen vorliegen müssen. Dennoch gelangen auch die Vertreter der öffentlich-rechtlichen Theorie zu einem rechtsgrundlosen Erwerb am Erlös, da das Pfändungspfandrecht dem Gläubiger nur ein formelles Verwertungsrecht, aber kein materielles Befriedigungsrecht gewährt.[170]

Damit kann die Tante nach allen vertretenen Ansichten den Erlös vom Gläubiger gemäß § 812 I S. 1 Alt. 2 BGB herausverlangen.

hemmer-Methode: Beachten Sie die inneren Widersprüche der öffentlich-rechtlichen Theorie, die dem Gläubiger zwar ein Pfändungspfandrecht an schuldnerfremden Sachen zugesteht, ihn aber dennoch materiell-rechtlichen Ausgleichsansprüchen nach Bereicherungsrecht aussetzt.

---

167   Vgl. Sie hierzu ausführlich Rn. 282.

168   BGHZ 55, 25 = **juris**byhemmer.

169   Hemmer/Wüst, Bereicherungsrecht, Rn. 369.

170   Jauernig, Zwangsvollstreckungsrecht, § 16 III C 3.

Daher erscheint es klausurtaktisch günstiger, diese Inkonsequenz darzulegen und dann der h.M. („gemischte Theorie") zu folgen. Diese Inkonsequenz wurde zuletzt auch von Th/P zum Anlass genommen, sich der h.M. anzuschließen, § 804, Rn.2.

Unterschiede aber bei Beurteilung der Rangwirkung möglich

bb) Zu unterschiedlichen Ergebnissen führen die Theorien dagegen bezüglich der Rangwirkung des Pfandrechts.   137

> *Bsp.: Der Gläubiger stellt den Titel ohne die erforderliche Klausel (vgl. § 750 I S. 1 ZPO) zu. Über das Vermögen des Schuldners wird das Insolvenzverfahren eröffnet. Der Gläubiger möchte die abgesonderte Befriedigung gemäß §§ 166 ff., 50 I Alt. 2 InsO betreiben.*

Nach der öffentlich-rechtlichen Theorie ist ein Pfändungspfandrecht entstanden, da die fehlende Klauselzustellung keinen derart schwerwiegenden Mangel darstellt, der die Pfändung nichtig macht. Damit ist eine wirksame Verstrickung eingetreten. Diese führt nach dieser Theorie zum automatischen Entstehen eines Pfändungspfandrechts. Der Gläubiger kann damit abgesonderte Befriedigung verlangen.

Diese Möglichkeit entfällt bei der gemischten Theorie, weil die fehlende Klauselzustellung keinen bloßen Verstoß gegen Ordnungsvorschriften sondern eine Verletzung wesentlicher Verfahrensvorschriften (wenn auch keine schwerwiegende) darstellt. Somit konnte kein Pfändungspfandrecht entstehen. Die bloße Verstrickung reicht nicht aus, um den Gläubiger im anschließenden Insolvenzverfahren bevorzugt zu behandeln.

bei zwei Pfandrechten:

cc) Zu keinem unterschiedlichen Ergebnis führen die Meinungen wiederum, wenn zwei Pfandrechte nacheinander entstehen sollen, die Sache aber zur Zeit der Pfändung nicht dem Schuldner gehörte, dieser die Sache aber später erwirbt.   138

> *Bsp.: Gläubiger G 1 pfändet die Sache am 4. April, Gläubiger G 2 am 5. April. Die Sache gehört jedoch nicht dem Schuldner. Am 6. April wird dann dem Schuldner die Sache geschenkt und übereignet.*

Nach der öffentlich-rechtlichen Theorie hat Gläubiger G 1 ein Pfändungspfandrecht erworben und damit auch nach § 804 III ZPO den ersten Rang gegenüber Gläubiger G 2. Er kann die Sache verwerten und den Erlös allein behalten.

Nach der gemischten Theorie konnte ein Pfändungspfandrecht an der schuldnerfremden Sache nicht entstehen. Doch greift nach überwiegender Auffassung § 185 II S. 1 Alt. 2 BGB auch im Zwangsvollstreckungsrecht ein. Das heißt, dass mit dem Eigentumserwerb die Pfändungspfandrechte entstehen. Es gilt auch § 185 II S. 2 BGB. Danach hat die frühere Pfändung einen besseren Rang gegenüber der späteren Pfändung, sodass auch nach der gemischten Theorie dem Gläubiger G 1 ein vorrangiges Pfändungspfandrecht zusteht.

unterschiedliche Ergebnisse bei Schutzansprüchen des Gläubigers gegen Dritte (§ 1227 BGB) möglich

dd) Unterschiedlich sind die Ergebnisse bei den Schutzansprüchen des Gläubigers gegen Dritte.   139

Folgt man der gemischten Theorie, so kann der Gläubiger mangels Pfändungspfandrecht bei anfechtbaren Vollstreckungen keine Schutzansprüche gemäß § 804 II ZPO i.V.m. § 1227 BGB geltend machen. Solche Ansprüche sind vor allem § 985 BGB und §§ 823 ff. BGB.

> *Bsp.: Ein Dritter nimmt die Sache nach der Pfändung, die ohne ordnungsgemäße Zustellung erfolgte, weg. Nach der herrschenden „gemischten" Theorie hat der Gläubiger kein Pfändungspfandrecht erworben. Somit kann der Gläubiger nicht nach § 804 II ZPO i.V.m. §§ 1227, 985 BGB vorgehen, sondern muss erst den Anspruch des Schuldners gegen den Dritten auf Herausgabe gemäß §§ 846 ff. ZPO pfänden.[171]*

---

171   Vgl. Sie dazu Rn. 195.

Nach der rein öffentlich-rechtlichen Theorie entsteht das Pfandrecht als unmittelbare Folge der Verstrickung unabhängig von einer wirksamen Zustellung, so dass hier die Ansprüche gem. § 804 II ZPO bestehen.

> **hemmer-Methode:** Dieses Zusammenspiel zwischen Pfändungspfandrecht und Verstrickung gehört besonders bei der Sachpfändung zu den „Basics" des Vollstreckungsrechts. Sie müssen unbedingt unterscheiden können, was die fehlende Verstrickung bzw. das fehlende Pfändungspfandrecht für Wirkungen hat.

Rechtsschutzbedürfnis bei Pfändung gläubigereigener Sachen

ee) Zu keinen unterschiedlichen Ergebnissen führen die Theorien bzgl. der Frage des Rechtsschutzbedürfnisses bei der Pfändung gläubigereigener Sachen. Dieses ist sowohl nach der rein öffentlich-rechtlichen als auch nach der gemischten Theorie zu bejahen, da die Grundlage der Verwertung nach allen Ansichten lediglich eine wirksame Verstrickung ist und diese auch bei schuldnerfremden Sachen eintritt (Rn. 128). 140

c) Abschließender Beispielsfall

Auswirkungen auf materielles Recht

In einem abschließenden Beispielsfall sollen Ihnen die Wirkungen von Verstrickung und Pfändungspfandrecht auf das materielle Recht noch einmal vor Augen geführt werden. 141

> *Bsp.: Gläubiger G lässt auf Grundlage eines rechtskräftigen Titels den Computer seines Schuldners S vom Gerichtsvollzieher gemäß § 808 II ZPO pfänden. Vor der Verwertung entfernt S das Pfandsiegel und veräußert den Computer an D, der von der Pfändung nichts wusste. G verlangt von D den Computer zur Verwertung heraus.*
>
> *Zu Recht?*

Anspruch aus § 804 II ZPO, §§ 1227, 985 BGB auf Herausgabe an den Gerichtsvollzieher?

Voraussetzung für diesen Anspruch wäre, dass G ein Pfändungspfandrecht an dem Computer zustünde. Ein solches ist zunächst aufgrund der rechtswirksamen Pfändung entstanden. Fraglich ist aber, ob das Pfändungspfandrecht nicht wieder nachträglich erloschen ist.

1. Nicht erloschen ist das Pfändungspfandrecht durch das unbefugte Beseitigen des Pfandsiegels, da ein einmal entstandenes Pfändungspfandrecht nicht von seiner weiteren Erkennbarkeit abhängt.[172]

2. Das Pfändungspfandrecht könnte aber aufgrund der Veräußerung an D durch gutgläubig lastenfreien Erwerb gemäß § 936 BGB erloschen sein.[173]

a) Dazu müsste D zunächst Eigentum an der Sache erworben haben. Die für einen Erwerb nach § 929 S. 1 BGB erforderliche dingliche Einigung und Übergabe liegt hier vor. Jedoch fehlt es S an der Verfügungsbefugnis; zwar war er Eigentümer des Computers, seine Verfügungsbefugnis wurde aber durch die Verstrickung und dem daraus resultierenden relativen Verfügungsverbot nach §§ 136, 135 BGB aufgehoben.

In Betracht kommt aber ein gutgläubiger Erwerb gemäß §§ 136, 135 II BGB i.V.m. § 932 I S. 1 BGB. Da D von der Pfändung und damit von dem Veräußerungsverbot nichts wusste, war er gutgläubig i.S.d. § 932 II BGB. Ein wirksamer Eigentumserwerb liegt damit vor.

---

172 Th/P, § 808 ZPO, Rn. 14 a.E.

173 Palandt, § 936 BGB, Rn. 1.

b) Weitere Voraussetzung des § 936 BGB ist gemäß Abs. 2 Gutgläubigkeit des D hinsichtlich der Lastenfreiheit. Da auch diese gegeben ist, hat D gutgläubig lastenfrei das Eigentum am Computer erworben.

Somit steht G kein Pfändungspfandrecht mehr zu. Er hat also keinen Anspruch aus § 804 II ZPO, §§ 1227, 985 BGB auf Herausgabe des Computers an den Gerichtsvollzieher.

hemmer-Methode: Beachten Sie, dass mit dem gutgläubigen Erwerb nach §§ 136, 135 II, 932 I S. 1, 929 S. 1 BGB nur die Verstrickung, nicht aber das Pfändungspfandrecht überwunden wird. Das Pfändungspfandrecht selbst kann nur durch gutgläubig lastenfreien Erwerb nach § 936 BGB erlöschen!   142

V. Die Verwertung

Verwertung

Mit der Pfändung hat sich der Gläubiger nur einen schuldnereigenen Gegenwert für seine Forderung verschafft. Mit der Verwertung setzt er den Gegenwert um und befriedigt seinen Anspruch.   143

Grundlage der Verwertung ist nur die wirksame Verstrickung. Von ihr hängt ab, ob der Staat legitimiert ist, die Verwertung rechtswirksam durchführen zu können, d.h. ob die Rechtswirkungen, die die Verwertung nach sich zieht, auch eintreten können, Rn. 147 ff.

1. Verwertung von Geld

Verwertung von Geld: § 815 I ZPO, Ablieferung beim Gläubiger

Durch Wegnahme nach § 808 I ZPO gepfändetes Geld hat der Gerichtsvollzieher gemäß § 815 I ZPO dem Gläubiger in der Höhe seiner Forderung abzuliefern.   144

Durch diesen staatlichen Hoheitsakt erwirbt der Gläubiger in jedem Fall das Eigentum an dem Geld, auch wenn es dem Schuldner nicht gehört hat. Grundlage der Verwertung ist eben nur die wirksame Verstrickung.

§ 815 II ZPO: Hinterlegung, wenn Dritter Ansprüche geltend macht

Nach § 815 II ZPO hat der Gerichtsvollzieher das Geld zu hinterlegen, wenn ein Dritter Rechte an dem Geld geltend macht. Diese Vorschrift ist notwendig, weil der Dritte wegen der zeitlich zügigen Verwertung kaum eine Chance hätte, rechtzeitig eine Drittwiderspruchsklage zu erheben.[174]

§ 815 III ZPO: Gefahrtragungsregel

Von seinem Wortlaut her schwer verständlich ist lediglich die Vorschrift des § 815 III ZPO. Jedenfalls enthält der Absatz eine Gefahrtragungsregel: Danach wird der Schuldner befreit, auch wenn später das Geld beim Gerichtsvollzieher verloren geht.

erst mit Ablieferung beim Gläubiger

Insofern ließe sich diesem Absatz auch eine Erfüllungswirkung gemäß § 362 I BGB entnehmen.[175] Die Erfüllungswirkung i.S.v. § 362 BGB tritt nach h.M. aber erst ein, wenn dem Gläubiger Geld in Höhe seiner Forderung aus dem Vermögen des Schuldners abgeliefert worden ist.[176]

Der Gläubiger trägt aber schon vorher die Gefahr, dass der Gerichtsvollzieher das Geld verliert oder unterschlägt, d.h. der Schuldner muss dann nicht noch einmal zahlen.[177] Lange umstritten war die Frage, ob die Vorschrift auch bei freiwilliger Zahlung an den Gerichtsvollzieher gelten soll.

---

174   Hinweis für Referendare: Beachten Sie auch die Hinterlegungsanordnung in den Fällen des § 720 ZPO.

175   So Th/P, § 815 ZPO, Rn. 10.

176   A.A. Th/P, § 815 ZPO, Rn. 10.

177   Vgl. Arens/Lüke, Rn. 625.

Das bedeutet für den Schuldner einen Vorteil gegenüber der freiwilligen Zahlung an den Gläubiger, bei der der Schuldner das Verlustrisiko trägt (sog. qualifizierte Schickschuld). Der BGH hat die analoge Anwendung des § 815 III ZPO bejaht, weil auch eine äußerlich freiwillige Zahlung unter dem Eindruck der Zwangsvollstreckung stehen wird und eine Abgrenzung im Einzelfall wohl kaum lösbare Probleme bereiten würde.[178]

merke: § 815 III ZPO gilt nicht bei schuldnerfremdem Geld

Hat der Gerichtsvollzieher schuldnerfremdes Geld weggenommen, soll § 815 III ZPO nicht gelten.[179]

hemmer-Methode: Beachten Sie, dass § 815 III ZPO jedenfalls nicht den Eigentumsübergang regelt. Eigentum erlangt der Gläubiger erst mit Ablieferung des Geldes, und zwar auch dann, wenn dem Schuldner das Geld nicht gehörte. Dies spricht für die h.M., die eine Erfüllungsfiktion des § 815 III ZPO ablehnt.

2. Verwertung anderer Sachen

Verwertung anderer Sachen

Bei der Verwertung anderer Sachen sind fünf Punkte zu unterscheiden:

145

> ⇨ die Versteigerung selbst,
>
> ⇨ der Zuschlag an den Erwerber,
>
> ⇨ die Aushändigung an den Erwerber,
>
> ⇨ die Zahlung durch den Erwerber und
>
> ⇨ die Auszahlung des Erlöses an den Gläubiger.

auch andere Verfahren als Versteigerung möglich

Das Verfahren und die durchführenden Personen sind nicht zwingend vorgeschrieben. Nach § 825 ZPO kann der Gerichtsvollzieher auf Antrag einer der Parteien eine andere Verwertungsart anordnen.

> *Bsp.: Der Schuldner schlägt einen Käufer vor, der besonders viel Geld für das zu versteigernde Gemälde bezahlt.*

Auch kann der Gerichtsvollzieher nach § 813a ZPO die Verwertung auf Antrag des Schuldners aufschieben.

Verwertung durch Versteigerung

Die Verwertung erfolgt durch Versteigerung, § 814 I ZPO. Diese erfolgt nach Wahl des GV vor Ort oder über das Internet, § 814 II ZPO. Gem. § 814 III ZPO sind die Landesregierungen aufgerufen, durch entsprechende Verordnungen die in § 814 III ZPO genannten Aspekte zu regeln.[180]

keine Mängelhaftung, § 806 ZPO

Im Unterschied zu „normalen" Internetplattformen hat der Ersteiger kein Widerrufsrecht nach den Fernabsatzvorschriften, und zwar allein aufgrund der Tatsache, dass der GV nicht unternehmerisch tätig ist. Im Übrigen ist gem. § 806 ZPO die Gewährleistung wegen Mängeln kraft Gesetzes ausgeschlossen.

---

178   BGH, NJW 2009, 1085 = **juris**byhemmer.

179   Vgl. Th/P, § 815 ZPO, Rn. 10.

180   In Bayern hat dies z.B. stattgefunden durch die Verordnung zur Regelung von Versteigerungen im Internet vom 25. November 2009, inkraftgetreten am 07. Januar 2010 (www.justiz-auktion.de).

§§ 814, 816 ZPO, § 816 IV ZPO, § 1239 BGB: Gläubiger und Schuldner dürfen mitbieten

a) Das Verfahren der Versteigerung ergibt sich aus §§ 814, 816 ZPO. Zu beachten ist, dass gemäß § 816 IV HS 1 ZPO, § 1239 I S. 1 BGB Gläubiger und Eigentümer (= Schuldner) mitbieten dürfen. § 1239 I S.2 BGB gilt indes nur für die Versteigerung vor Ort, § 816 IV HS 2 ZPO, weil sie bei der Versteigerung im Internet nicht praktikabel ist.

Dass § 816 II, III ZPO für Versteigerungen im Internet nicht gelten, § 816 V ZPO, versteht sich letztlich von selbst.

146

Zuschlag, § 817 I ZPO kaufähnlicher, öffentlich-rechtlicher Vertrag

b) Der Zuschlag i.S.v. § 817 I ZPO bringt einen kaufähnlichen Vertrag zustande.[181] Dies ergibt sich aus der Verweisung in § 817 I HS 2 ZPO auf § 156 BGB.

Da die Verwertung ausschließlich aufgrund hoheitlicher Befugnisse stattfindet, handelt es sich dabei um einen öffentlich-rechtlichen Vertrag, der zwischen dem Staat (vertreten durch den Gerichtsvollzieher) und dem Meistbietenden zustande kommt.[182] Noch einmal: Sachmängelansprüche sind aber gemäß § 806 ZPO ausgeschlossen.

Der Ersteigerer hat daraus einen Anspruch gegen den Staat auf Verschaffung des Eigentums, der durch Ablieferung (§ 817 II ZPO) zu erfüllen ist.

Sollte der Ersteigerer seinen Zahlungs- und Abholungspflichten nicht nachkommen, haftet er nach § 817 III S.2 HS 2 ZPO für die Differenz, wenn die weitere Versteigerung nicht denselben Erlös erzielt.

> **Bsp.:** *A erhält den Zuschlag für ein Gemälde in Höhe von 3000,- €. Dann weigert er sich plötzlich zu zahlen. Die weitere Versteigerung bringt nur 2.000,- €.*
>
> In diesem Fall kann der Gläubiger, der die Zwangsvollstreckung in das Gemälde betrieben hat, den Differenzbetrag in Höhe von 1000,- € gegen A gemäß § 817 III S.2 HS 2 ZPO einklagen.

147

Ablieferung der Sache: Übereignung kraft hoheitlicher Gewalt (auch Erwerb schuldnerfremder Sachen mögl.)

c) Die Ablieferung der Sache an den Ersteigerer führt zu einem hoheitlichen Eigentumserwerb Zug um Zug gegen Zahlung, § 817 II ZPO. Bei der Versteigerung im Internet wird in der Regel Vorkasse verlangt; dies jedenfalls bei Versand. Bei Selbstabholung kann die Zahlung wiederum Zug um Zug erfolgen.

Die Auffassung von der hoheitlichen Übertragung hat Bedeutung bei der Versteigerung schuldnerfremder Sachen. Nach h.M. erwirbt der Ersteigerer unabhängig davon Eigentum. Selbst Bösgläubigkeit schadet dem Ersteigerer nicht.[183] Die §§ 932 ff. BGB finden keine Anwendung.

Grundlage der Verwertung ist nämlich nur die wirksame Verstrickung. Ist die Verstrickung noch wirksam und hat der Gerichtsvollzieher die Verfahrensvorschriften der Versteigerung, insbesondere seine Verpflichtung zur Leistung nur gegen Barzahlung (vgl. § 817 II ZPO) beachtet, soll der Eigentumsübergang wirksam sein.

148

---

181 Sein Angebot kann der Ersteigerer entsprechend den zivilrechtlichen Regeln anfechten.

182 Strittig; vgl. Th/P, § 817 ZPO, Rn. 2.

183 Th/P, § 817 ZPO, Rn. 9; etwas anderes gilt nach BGH, JuS 1993, 76 bei der Verwertung durch Privatauktion gemäß § 825 ZPO.

§ 817 II ZPO: Grds. Aushändigung nur Zug um Zug gegen Barzahlung, außer wenn Gläubiger Sache ersteigert

d) Den Empfang des Erlöses nimmt der Gerichtsvollzieher nach § 817 II ZPO Zug um Zug gegen die Aushändigung der versteigerten Sache vor. Von der Barzahlungspflicht befreit ist nur der Gläubiger, wenn er die Sache selbst ersteigert, § 817 IV ZPO i.V.m. § 816 IV ZPO i.V.m. § 1239 I S. 1 BGB.

> **Bsp.:** *Der Gerichtsvollzieher schlägt dem Gläubiger eine Briefmarkensammlung für 10.000,- € zu. Die Versteigerung kostete 200,- €. Die Forderung des Gläubigers belief sich auf 9.000,- €.*
>
> *Dann muss der Gläubiger nur 1.000,- € bar und sofort bezahlen, denn zu bezahlen hat der Gläubiger die Kosten der Versteigerung und den die vollstreckbare Forderung überschießenden Betrag, zu dem aber seinerseits die Vollstreckungskosten nach § 788 ZPO hinzuzurechnen sind.[184]*

§ 819 ZPO: Empfang des Geldes durch Gerichtsvollzieher gilt als Zahlung (Gefahrtragungsregel), aber beachte § 1247 S.2 BGB analog

Nach § 819 ZPO gilt der Empfang des Geldes durch den Gerichtsvollzieher als Zahlung durch den Schuldner. Wie § 815 III ZPO ist dies vor allem eine Gefahrtragungsregel.[185] Kraft dinglicher Surrogation analog § 1247 S.2 BGB tritt der Erlös anstelle des Pfandes.[186]

Damit ist Eigentümer des Erlöses derjenige, der Eigentümer der Sache bis zu deren Ablieferung war. D.h., dass ein Dritter die Drittwiderspruchsklage fortführen kann, denn statt des Eigentums an der Sache steht ihm nun das Eigentum am Erlös als ein die Veräußerung hinderndes Recht zu.[187] Diese Möglichkeit ist ab dem Zeitpunkt ausgeschlossen, ab dem der Erlös dem Gläubiger ausgekehrt wurde. Ab diesem Zeitpunkt steht dem Dritten nur noch die Möglichkeit zu, die Klage auf Erlösansprüche umzustellen (sog. verlängerte Drittwiderspruchsklage, vgl. Rn. 276 ff.).

Auszahlung an Gläubiger Eigentumserwerb durch Hoheitsakt

e) Schließlich zahlt der Gerichtsvollzieher den Erlös in der Höhe der bestehenden Forderung an den Gläubiger aus,[188] wodurch die am Erlös fortgesetzte Verstrickung und das daran bestehende Pfändungspfandrecht erlöschen.

Dies erfolgt wie bei der Ablieferung nach § 815 I ZPO mittels eines staatlichen Hoheitsaktes. Der Gläubiger erwirbt lastenfreies Eigentum ohne Rücksicht darauf, ob die Sache - und damit analog § 1247 S.2 BGB der Erlös - dem Schuldner gehört hat. Auch hier spielt der gute Glaube keine Rolle.[189]

Übererlös geht an Schuldner; ggf. Verteilungsverfahren, §§ 872 ff. ZPO

Einen eventuellen Übererlös erhält analog § 1247 S. 2 BGB der Schuldner. Reicht der Erlös nicht aus und gibt es mehrere Gläubiger, so hat auf Antrag eines Gläubigers nach § 827 II, III ZPO der Gerichtsvollzieher die Sachlage dem Vollstreckungsgericht anzuzeigen, damit ein Verteilungsverfahren nach §§ 872 ff. ZPO stattfinden kann.[190]

hemmer-Methode: Das Verteilungsverfahren ist notwendig, wenn die Gläubiger ranggleiche Forderungen haben (§ 827 III ZPO) oder wenn ein Gläubiger eine andere Verteilung verlangt (§ 827 II ZPO) und das Vermögen des Schuldners zur Befriedigung nicht ausreicht. In dem Verteilungsverfahren kann sich ein vorrangig zu befriedigender Gläubiger dann mit § 878 ZPO gegen eine vom Rangprinzip abweichende Verteilung des Erlöses wehren. Außerhalb des Verteilungsverfahrens kann ein Gläubiger Pfand- oder Vorzugsrechte, die einen besseren Rang haben, mit der Klage nach § 805 ZPO geltend machen.

---

184 Th/P, § 817 ZPO, Rn. 12.
185 Vgl. Sie Rn. 144.
186 Th/P, § 819 ZPO, Rn. 1.
187 Vgl. Sie dazu Rn. 265 ff.
188 Th/P, § 819 ZPO, Rn. 2.
189 Arens/Lüke, Rn. 630.
190 Arens/Lüke, Rn. 632.

3. Besondere Verwertungsformen

Verwertung von Wertpapieren: Verkauf zum Tageskurs

a) Wertpapiere hat der Gerichtsvollzieher gemäß § 821 ZPO zum Tageskurs freihändig zu verkaufen. Nach § 822 ZPO beantragt der Gerichtsvollzieher bei Namenspapieren vorher die Umschreibung auf den Käufer. **151**

hemmer-Methode: Gemeint sind Wertpapiere, bei denen das Recht aus dem Papier dem Recht am Papier folgt, also beispielsweise Aktien.[191]

bei indossablen Forderungspapieren Überweisungsbeschluss erforderlich

b) Indossable Forderungspapiere hat ebenfalls der Gerichtsvollzieher nach §§ 831, 808 ZPO (und nicht nach § 829 ZPO) zu pfänden. Allerdings erfolgt die Verwertung der Forderung aufgrund eines Überweisungsbeschlusses des Vollstreckungsgerichts nach § 835 ZPO.[192] **152**

hemmer-Methode: Gemeint sind Wertpapiere, bei denen das Recht am Papier dem Recht aus dem Papier folgt, beispielsweise Wechsel.

Barschecks hingegen zieht der Gerichtsvollzieher bei der Bank ein und händigt den Geldbetrag an den Gläubiger aus. Verrechnungsschecks lässt sich der Gerichtsvollzieher vor der Aushändigung zu seinen Gunsten auf sein Konto überweisen.

Gold- und Silbersachen

c) Gold- und Silbersachen werden nach § 817 ZPO versteigert. Wird der Marktwert nicht erreicht, kann der Gerichtsvollzieher den freihändigen Verkauf gemäß § 817a III S.2 ZPO durchführen, ohne dass Gläubiger oder Schuldner einen Antrag nach § 825 ZPO stellen müssen. **153**

andere Verwertungsarten nach § 825 ZPO auf Antrag

d) Abschließend sei noch einmal auf § 825 ZPO hingewiesen, wonach auf Antrag einer der Parteien vom Gerichtsvollzieher eine andere Verwertungsart angeordnet werden kann.[193] **154**

B) Zwangsvollstreckung in Forderungen und andere Vermögensrechte, §§ 828 ff. ZPO

Vorteile der ZVS in Forderungen für Gläubiger und Schuldner

Der Gläubiger genießt bei der Forderungsvollstreckung den Vorzug der zügigen Befriedigung ohne Umweg über eine Versteigerung, zumindest wenn er an einen solventen Drittschuldner gerät. **155**

Für den Schuldner hat diese Vollstreckung den Vorteil, dass er nicht im Privatbereich von einem staatlichen Organ aufgesucht wird. Zudem entfällt der Wertverlust, der regelmäßig mit einer Zwangsversteigerung einhergeht.

Zuständigkeit des Vollstreckungsgerichts, §§ 828 I, 764 I ZPO (Entscheidung durch Rechtspfleger, § 20 Nr. 17 RPflG)

Ausschließlich sachlich zuständig für die Pfändung ist gemäß §§ 828 I, 802 ZPO das Vollstreckungsgericht; dies ist wiederum gemäß § 764 I ZPO das Amtsgericht, das nach § 20 Nr. 17 S. 1 RPflG durch den Rechtspfleger entscheidet.

---

191   Th/P, § 821 ZPO, Rn. 1.

192   Vgl. Sie zu diesem weniger examensrelevanten Problem Th/P, § 808 ZPO, Rn. 1 a.E. und § 831 ZPO, Rn. 1.

193   Vgl. Sie die Bspe. bei Th/P, § 825 ZPO, Rn. 6 ff.

Die örtliche (ebenfalls ausschließliche) Zuständigkeit richtet sich gem. §§ 828, 802 ZPO nach dem allgemeinen Gerichtsstand des Schuldners.

I. Geldforderungen

1. Gegenstand

Forderungspfändung

Bei der Forderungspfändung befriedigt sich der Gläubiger über die Pfändung einer Forderung, die seinem Schuldner gegen einen Dritten (Drittschuldner genannt) zusteht. Der Vollstreckungsschuldner ist damit also seinerseits Gläubiger des Drittschuldners.

156

> ***Bsp.:*** *Der Verkäufer (= Vollstreckungsschuldner) hat aus Kaufvertrag noch einen Anspruch in Höhe von 20.000,- € für die Bezahlung eines Pkw. Diesen Anspruch kann der Gläubiger des Verkäufers pfänden lassen und nun selbst gegen den Käufer (= Drittschuldner) geltend machen. Handelt es sich um eine Kaufpreisforderung aus einem Grundstückskaufvertrag, und wird die Zahlung über ein Notaranderkonto abgewickelt, erstreckt sich die Pfändung automatisch auf den Auszahlungsanspruch des Verkäufers gegen den Notar.[194]*

	Pfändung		Verwertung	
Durchführung	**Pfändungsbeschluss**		**Überweisungsbeschluss**	
	Arrestatorium § 829 I S. 1 ZPO	Inhibitorium § 829 I S.2 ZPO	zur Einziehung § 835 I Alt. 1 ZPO	an Zahlungs statt § 835 I Alt. 2 ZPO

Rechtsfolge	Verstrickung und Pfändungspfandrecht		Sachbefugnis	Abtretungswirkung
	§§ 135, 136 BGB	§ 804 ZPO	§ 836 I ZPO	§ 835 II ZPO

a) Bestimmbarkeit

genaue Bezeichnung der Forderung im Vollstreckungsantrag erforderlich

Weil Forderungen einen abstrakteren Gegenstand darstellen als körperliche Sachen und sich das Vollstreckungsorgan in zumutbarer Weise kaum einen Überblick über den Bestand beim Schuldner verschaffen kann, hat der Gläubiger den Anspruch in seinem Vollstreckungsantrag - einem beim Amtsgericht erhältlichen Formular - zu bezeichnen.

157

Es reicht also nicht der allgemeine Vollstreckungsantrag wie bei der Sachpfändung.

Anforderung an Bestimmtheit

Bezeichnung heißt nicht Darstellung der Forderung in allen Einzelheiten; das könnte kaum ein Gläubiger bewerkstelligen. Es reichen daher Angaben aus, nach denen ein Dritter oder das Vollstreckungsorgan die Forderung ermitteln können.[195]

> ***Bsp.:*** *„Es wird die Forderung des Schuldners gegen die Besteller A und B auf Zahlung des gesamten Werklohnes aus den Verträgen vom …. über die Herstellung von …..so lange gepfändet, bis der Gläubigeranspruch gedeckt ist.“*

---

194   BGH, Life&Law 2016, 852.

195   Th/P, § 829 ZPO, Rn. 7.

Daraus können sowohl die Drittschuldner nach der Zustellung als auch das Vollstreckungsorgan ermitteln, welche Forderung der Pfändung unterfällt.

Nicht hinreichend bestimmt sind beispielsweise „alle Steuererstattungsansprüche des Schuldners"[196] oder „alle Ansprüche auf Rückgewähr aller gegebenen Sicherheiten",[197]oder „Forderungen aus Lieferungen und sonstigen Leistungen".[198]

b) Zukünftige Forderungen

zukünftige Forderung

Wie im Allgemeinen Schuldrecht bei der Abtretung können auch im Zwangsvollstreckungsrecht zukünftige Forderungen gepfändet werden. Jedoch sind die Anforderungen an die Bestimmbarkeit strenger. So reicht es nicht, wenn die Forderung ab dem Zeitpunkt der Entstehung bestimmbar ist.

158

Vielmehr muss bereits eine Rechtsbeziehung zwischen Schuldner und Drittschuldner bestehen,[199] d.h. die Forderung muss nach Rechtsgrund und Drittschuldner bestimmt sein.

> *Bsp.: Nicht ausreichend sind mögliche zukünftige Ansprüche des Werkherstellers gegen Besteller, wohl aber, wenn ein Besteller bereits ein Werk mittels Vorvertrages konkret geordert hat.*

c) Unpfändbare Forderungen

§ 851 I ZPO - § 400 BGB: Unpfändbarkeit und Unabtretbarkeit

Die Vorschrift des § 851 I ZPO steht in Wechselbeziehung zu § 400 BGB. Forderungen, die gesetzlich für unübertragbar erklärt worden sind, dürfen nicht gepfändet werden. Solche, die unpfändbar sind, dürfen nicht übertragen werden.

159

unübertragbare Forderungen

Unübertragbare Forderungen sind z.B. solche nach § 717 S. 1 BGB.

zweckgebundene Forderungen

Zweckgebundene Forderungen, die ebenfalls unter Abs. 1 fallen, sind solche wie der Anspruch auf Unterhalt nach § 1629 III BGB, treuhänderisch zweckgebundene Ansprüche oder Freistellungsansprüche, insbesondere arbeitsrechtliche.[200]

Solche Ansprüche können nur von demjenigen gepfändet werden, für den die Mittel aus der Forderung bestimmt sind. Auch hier muss sich die Zweckgebundenheit ausdrücklich aus dem Gesetz ergeben und kann nicht auf einer Abrede zwischen Gläubiger und Schuldner beruhen.

hemmer-Methode: Ein Anhaltspunkt für Sie: Zweckgebundene Ansprüche bestehen zumeist zugunsten Dritter.

> *Bsp.: Die Mutter hat Unterhaltsansprüche nach § 1629 III BGB zugunsten ihres Kindes erstritten. Dann kann nur das Kind wiederum diesen Anspruch bei der Mutter pfänden lassen.*

§ 851 II ZPO: Einschränkung der Verbote des § 399 BGB

§ 851 II ZPO lockert schließlich aus praktischen Gründen die Vorschrift des § 399 BGB im Zwangsvollstreckungsrecht.

160

---

196   OLG Stuttgart, MDR 1979, 324.

197   OLG Koblenz, Rpfleger 1988, 72.

198   OLG Karlsruhe, NJW 1998, 549 = JuS 1998, 373 = **juris**byhemmer. Lesenswert hierzu auch die kritische Entscheidungsrezension von Brehm in JuS 1998, 781 ff.

199   Th/P, § 829 ZPO, Rn. 10.

200   So jedenfalls Th/P, § 851 ZPO, Rn. 3; vertretbar erscheint auch der Weg über § 399 Alt. 1 BGB i.V.m. § 851 II ZPO, da die Abtretung eines Schuldbefreiungsanspruchs zu einer Wesensänderung des Anspruchsinhalts führt, vgl. Palandt, § 399 BGB, Rn. 4.

Nach § 399 Alt. 1 BGB könnte beispielsweise ein Anspruch aus einem Vorvertrag auf Abschluss eines schuldrechtlichen Vertrages nicht abgetreten werden, weil sich sonst der Anspruchsinhalt ändern würde (weiteres Beispiel: Anspruch des Leasingnehmers auf Gebrauchsüberlassung des Fahrzeuges).[201]

Nach § 399 Alt. 2 BGB könnten Drittschuldner und Schuldner schon bei der Begründung der Schuld - also nicht einmal in Kenntnis möglicher Zwangsvollstreckungen und damit in nicht zu beanstandender Art und Weise - vereinbart haben, dass die Forderung nicht abtretbar ist. Dann wäre die Forderung wegen § 399 Alt. 2 BGB, § 851 I ZPO nicht pfändbar. Dies hätte erhebliche praktische Konsequenzen, weil bei jeder Forderung die Unabtretbarkeit und damit die Unpfändbarkeit herbeigeführt werden würde. Die Unübertragbarkeit muss sich ausdrücklich aus dem Gesetz ergeben. Eine Parteivereinbarung nach § 399 Alt. 2 BGB genügt nicht.[202]

Aus praktischen Überlegungen muss in diesen Fällen die Zwangsvollstreckung gestattet werden, weil rechtliche Belange Dritter nicht beeinträchtigt werden.

Nach § 851 II ZPO können im Zwangsvollstreckungsrecht deshalb nicht abtretbare Ansprüche nach § 399 Alt. 1 oder 2 BGB gepfändet werden, wenn der zugrundeliegende Gegenstand nicht gesetzlichen Pfändungsbeschränkungen unterfällt, z.B. nach §§ 811 ff. oder 850 ff. ZPO.[203]

d) Pfändungsbeschränkungen

hemmer-Methode: Zur Vertiefung lesen Sie Becker, „Zum Pfändungsschutz bei Arbeitseinkommen und anderen Forderungen - Wegweisende Beschlüsse des BGH" in JuS 2004, 780 ff. Der Gesetzgeber hat mittlerweile mit den Vorschriften der §§ 851c und d ZPO auch einen Pfändungsschutz für Selbstständige geschaffen.[204] Selbstständige mussten zuvor fürchten, dass Gläubiger unbeschränkt auf ihre privaten Vorsorgeverträge zugriffen. Gesetzessystematisch wird durch die neuen Vorschriften überwiegend und unter bestimmten Voraussetzungen auf den Pfändungsschutz von Arbeitseinkommen verwiesen, sodass man sich insoweit an der Darstellung unten orientieren kann.

v.a. praktisch bedeutsam:
Pfändungsbeschränkungen der
§§ 850 ff. ZPO

Praktisch sehr wichtig sind die Pfändungsbeschränkungen der §§ 850 ff. ZPO, die das Arbeitseinkommen des Schuldners schützen sollen. Dabei geht es um alle Ansprüche, mit denen der Schuldner seine Existenz und die seiner Familie sichert. Könnte hier der Gläubiger den Schuldner „kahl pfänden", fiele der Schuldner der Sozialhilfe anheim. Das wäre nicht nur unverhältnismäßig, sondern auch ein Verstoß gegen das Sozialstaatsprinzip.

Die Pfändungsbeschränkungen sind zum Schutz des Schuldners, aber auch im allgemeinen Interesse angeordnet. Sie sind daher von Amts wegen zu beachten und ein Verzicht des Schuldners ist (wie bei §§ 811 ff. ZPO) nicht möglich.[205]

Arbeitseinkommen, § 850 II ZPO

aa) Arbeitseinkommen i.S.v. § 850 II ZPO wird aus einem Dienst- oder Arbeitsverhältnis fortlaufend gewährt, das die Erwerbstätigkeit des Schuldners zumindest im wesentlichen Teil in Anspruch nimmt (die Benennung ist unerheblich, § 850 IV ZPO).

161

162

---

201 Vgl. Palandt, § 399 BGB, Rn. 4.

202 Th/P, § 851 ZPO, Rn. 1.

203 Zöller-Stöber, § 851 ZPO, Rn. 6.

204 Gesetz zum Pfändungsschutz der Altersvorsorge, in Kraft getreten am 31.03.2007. Vgl. Sie dazu Stöber, NJW 2007, 1242 ff.

205 Jauernig, Zwangsvollstreckungsrecht, § 33 I J.

Schutz auch bzgl. Konto. Durch Pfändungsschutzkonto Übergangsregelung in § 850l ZPO bis Ende 2011

Bis 2011 war unerheblich ist, ob der Anspruch des Arbeitnehmers (= Vollstreckungsschuldner) gegen den Arbeitgeber besteht oder ob nach Überweisung des Lohns auf ein Konto ein Auszahlungsanspruch gegen die Bank besteht, vgl. § 850l ZPO i.d.F. bis 31.12.2011! Pfändungsschutz bestand insoweit auch auf einem „normalen Konto".

seit 2012 kein „doppelter" Kontenschutz mehr; nur noch P-Konto

§ 850k ZPO bietet seit 2009 mit dem sog. Pfändungsschutzkonto einen besonderen Schutzmechanismus, so dass § 850l ZPO a.F. nur für einen Übergangszeitraum bis 2011 galt. Der Gesetzgeber geht davon aus, dass sich bis 2012 alle Beteiligten mit dem Pfändungsschutzkonto vertraut machen konnten, so dass es einen über § 850k ZPO hinausgehenden Kontopfändungsschutz ab 2012 nicht mehr gibt. Dementsprechend wurde 850l geändert und regelt seit 2012 das, was bislang in § 833a II ZPO geregelt war. Das Ausklammern aus der Regelung des § 833a ZPO soll deutlich machen, dass der Inhalt der Regelung eine Sonderbestimmung für das Pfändungsschutzkonto darstellt.

hemmer-Methode: Der „normale" Pfändungsschutz fiel also 2012 weg. Hat der Schuldner bis zur Pfändung kein P-Konto eingerichtet, steht er vollständig schutzlos! Dies wird allerdings etwas relativiert durch § 805k VII S. 3 ZPO.

§ 850i ZPO: einmalige Zahlungen für persönlich gewährte Dienste

§ 850i ZPO erweitert den Pfändungsschutz auf einmalig gewährte Zahlungen für persönlich gewährte Dienste oder Arbeiten. Dies meint vor allem Ansprüche der Handwerker aus Werkvertrag oder von Ärzten nach der Behandlung aus Dienstvertrag.

Sozialleistungsansprüche unterfallen Pfändungsbeschränkungen, die sich aus §§ 54, 55 SGB I ergeben (beachten Sie aber das Verhältnis zu § 850k, vgl. § 55 V SGB I).

Vermietern, Verpächtern und Landwirten lassen §§ 851a und 851b ZPO Pfändungsschutz zukommen.

§ 850a ZPO: Fälle der gänzlichen Unpfändbarkeit

bb) Bei den Bezügen gibt es gänzlich unpfändbare Geldleistungen gemäß § 850a ZPO. Dazu gehören nach Nr. 1 die Hälfte des Überstundenlohnes oder nach Nr. 2 Urlaubsgeld und Gratifikationen.

163

§ 850b ZPO: bedingte Pfändbarkeit

Daneben gibt es bedingt pfändbare Bezüge. Bedingt pfändbar nach § 850b ZPO heißt, dass Rentenansprüche wegen Verletzung des Körpers oder der Gesundheit (Nr. 1), z.B. §§ 843, 844 BGB, oder Unterhaltsrenten (Nr. 2) nach Abs. 2 nur dann gepfändet werden, wenn die Vollstreckung in das sonstige Vermögen des Schuldners nicht zu einer vollständigen Befriedigung geführt hat.[206] Allerdings sind dabei die für das Arbeitseinkommen geltenden Grundsätze zu beachten, insbesondere auch der Pfändungskontoschutz gem. § 805k ZPO.

§§ 850c ff. ZPO: Pfändungsgrenzen

Ansonsten unterfällt das Arbeitseinkommen Pfändungsgrenzen nach § 850c ZPO. So hat beispielsweise ein Arbeitnehmer einen Anspruch darauf, dass sein Gläubiger ihm bei einer Lohnforderungspfändung mindestens 1.178,59 € pro Monat belässt, § 850c I S. 1 ZPO i.V.m. Fußnote zum jeweils geltenden Betrag.

Berechnet wird das Arbeitseinkommen gemäß § 850e ZPO. So sind nach Nr. 1 die der Pfändung gemäß § 850a ZPO entzogenen Beträge nicht mitzurechnen; nach Nr. 2 sind mehrere Arbeitseinkommen zusammen zu rechnen (dies gilt nach Nr. 3 auch, wenn ein Anspruch auf Naturalleistungen besteht).

---

206 Hinweis für Referendare: Zu den bedingt pfändbaren Ansprüchen i.S.d. § 850b ZPO gehört auch der Taschengeldanspruch des haushaltsführenden Ehegatten, vgl. BGH Beschluss vom 19.03.2004, IXa ZB 57/03.

Sollte der Schuldner versuchen seinen Lohn der Pfändung unredlich zu entziehen, hilft dem Gläubiger § 850h ZPO. Nach § 850h I ZPO kann der Gläubiger die Leistung bei einem Dritten pfänden, wenn die Leistung nicht an den Schuldner, sondern an den Dritten ausgezahlt wird. Nach § 850h II ZPO wird ein Lohnzahlungsanspruch fingiert, wenn der Schuldner die Leistung unentgeltlich erbringt, obwohl sie üblicherweise vergütet werden müsste.

§ 850d ZPO: flexible Grenzen

cc) Jedoch können sich die Pfändungsgrenzen nach § 850c ZPO verschieben. So dürfen nach § 850d ZPO die Gläubiger von Unterhaltsansprüchen über die Pfändungsgrenze hinaus auf das Vermögen des Schuldners zugreifen, beispielsweise bei Unterhaltsansprüchen der geschiedenen Ehefrau.

164

§ 850f I ZPO: Härteantrag des Schuldners

Im Gegenzug kann der Schuldner aber mit einem Härteantrag nach § 850f I ZPO auch erreichen, dass ihm mehr belassen wird als über die Pfändungsgrenze festgelegt ist.

§ 850f II, III ZPO: Vollstreckung bis zum Existenzminimum

Der Gläubiger kann bei Ansprüchen aus vorsätzlich begangener unerlaubter Handlung (Abs. 2) oder bei Schuldnern mit hohem Einkommen (Abs. 3) beantragen, dass er ohne Rücksicht auf die Pfändungsgrenze bis zum Existenzminimum vollstrecken kann.

e) Besonderheiten bei Kontopfändung, insbesondere § 850k ZPO[207]

Vorrang des Pfändungsschutzkontos

Wie bereits oben erwähnt, gilt insbesondere für Arbeitseinkommen ein Pfändungsschutz unabhängig davon, ob das Gehalt bar ausgezahlt oder auf ein Bankkonto überwiesen wird. Bzgl. der Kontenpfändung hat der Gesetzgeber mit dem Pfändungsschutzkonto Besonderheiten geschaffen. Diese gelten aber nicht nur für Arbeitseinkommen. So wird gewährleistet, dass auch Selbständige nicht „kahlgepfändet" werden können. Nur soweit dieser spezielle Pfändungsschutz nicht greift, kann nach den unter Rn. 166 beschriebenen Grundsätzen gepfändet werden.

165

aa) Wäre eine Kontenpfändung ohne weiteres möglich, gefährdete dies die Teilhabe des Schuldners am gesellschaftlichen Leben. Kontolosigkeit bedeutet z.B., dass die Anmietung einer Wohnung nicht möglich wäre, weil sich Vermieter i.d.R. nur auf Basis einer Abwicklung der Mietzahlungen über ein Konto zum Abschluss eines Mietvertrages bereit erklären werden.

Mit der Einführung des § 850k ZPO in der heutigen Fassung wird ein Mindestpfändungsschutz gewährt, der grundsätzlich dem Umfang des Pfändungsschutzes des § 850c I, IIa ZPO entspricht, vgl. § 850k I S. 1 ZPO. Dass ein Konto als Pfändungsschutzkonto in diesem Sinne geführt wird, kann der Kontoinhaber gem. § 850k VII S.2 ZPO verlangen.

automatischer Pfändungsschutz für Grundfreibetrag

Der Basisbetrag wird für den jeweiligen Kalendermonat gewährt. Etwaige nicht ausgeschöpfte Beträge werden auf den Folgemonat übertragen, § 850k I S. 3 ZPO. Dies deshalb, weil manche Leistungen nicht monatlich, sondern in größeren Zeitabständen abgerufen werden. So ist gewährleistet, dass die Beträge dann später auch noch zur Verfügung stehen.

---

207 Zur vorläufigen Kontenpfändung im grenzüberschreitenden Verkehr vgl. die §§ 946 ff. ZPO, inkraftgetreten am 18.01.2017. Im Gesetzgebungsverfahren befindet sich momentan das Gesetz zur Fortentwicklung des Rechts des Pfändungsschutzkontos und zur Änderung von Vorschriften des Pfändungsschutzes. Dadurch soll der Schutz weiter ausgebaut werden. Bei Drucklegung dieses Skripts stand die endgültige Fassung des Gesetzes noch nicht fest.

Auf die Art der Einkünfte kommt es nicht an, so dass auch kein entsprechender Nachweis hinsichtlich der Herkunft der Guthabensbeträge geführt werden muss.

Damit der Schuldner nicht missbräuchlich bei mehreren Instituten P-Konten führt, hat der Gesetzgeber zum Schutz des Gläubigers mit Wirkung zum 28.12.2010 die Absätze 8 und 9 des § 850k ZPO geändert.

Wenn mehrere Banken als Drittschuldner erklären, dass ein Konto als P-Konto geführt wird, kann auf Antrag des Gläubigers das Gericht festlegen, dass nur noch ein bestimmtes Konto als P-Konto geführt werden darf, so dass die sonstigen Konten der Pfändung nach den in Rn. 166 beschriebenen Grundsätzen unterliegen, vgl. § 850k IX S. 5 ZPO.

Erhöhung gem. § 850k II, IV ZPO

Bei Vorliegen der Voraussetzungen des § 850k II ZPO kann der Schuldner eine Erhöhung des Pfändungsschutzes erreichen. Diese Erhöhung ist aber niemals von der Bank „von Amts wegen" zu berücksichtigen, sondern nur wenn der Schuldner entsprechende Nachweise gem. § 850k V ZPO vorlegen kann.

Werden Sozialleistungen zur Sicherung des Lebensunterhalts für zurückliegende Zeiträume nachgezahlt, so sind die nachgezahlten Beträge den Leistungszeiträumen zuzurechnen, für die sie gezahlt werden, wirken sich also „pro rata" zugunsten des Schuldners aus.[208]

Für den Gläubiger ist diese Erhöhung deshalb problematisch, weil er im Rahmen der Drittschuldnererklärung keine entsprechenden Auskünfte von der Bank verlangen kann, insbesondere nicht die Vorlage etwaiger Bescheinigungen.[209] Er kann allenfalls verlangen, dass ihm mitgeteilt wird, ob das Konto überhaupt als P-Konto geführt wird, § 840 I Nr.5 ZPO.

Er ist daher darauf angewiesen, diese Informationen gem. § 836 III ZPO vom Schuldner selbst zu erlangen. In diesem Rahmen kann ohne weiteren Titel Auskunft verlangt werden.[210]

Die Verpflichtung sollte gleich bei Stellung des Antrags mitaufgenommen werden, damit sie Einzug in den Pfändungs- und Überweisungsbeschluss erlangt.

sog. „Monatsanfangsproblem"

Bisweilen war es bislang so, dass z.B. der Lohn für den Folgemonat bereits am Letzten des Vormonats auf dem Konto gebucht wurde. Hatte der Schuldner für diesen Monat bereits seinen Freibetrag ausgeschöpft, war dieser am Letzten eingegangene Betrag dem Zugriff des Gläubigers ausgesetzt, obwohl der Schuldner ihn ja eigentlich für den Folgemonat, wo der Freibetrag neu entsteht, benötigt.

Mit Wirkung zum 16.04.2011 hat sich dieses Problem durch ein sog. Ausschüttungsmoratorium erledigt. Gem. § 835 IV ZPO darf dieser Betrag vor Ablauf einer bestimmten Zeitspanne nicht an den Gläubiger ausgezahlt werden, so dass er für den Folgemonat auf dem Konto verbleibt und zur Verfügung steht.

---

208   BGH, WM 18, 432 ff. = **juris**byhemmer.

209   Der Gläubiger kann allenfalls versuchen, die Bank zu verunsichern, indem er ihr androht, sie in Regress zu nehmen, falls sich herausstellt, dass zu Unrecht mehr an den Schuldner ausgeschüttet wird, als ihm tatsächlich zusteht. Lässt sich die Bank beeinflussen, bleibt dem Schuldner nichts anderes übrig, als gerichtlich eine Erhöhung geltend zu machen. Hier kann der Gläubiger im Rahmen der Gewährung rechtlichen Gehörs nun Einblick in die entsprechenden Bescheinigungen nehmen.

210   Th/P, § 836, Rn. 16., § 850k, Rn. 25.

Verfügungen, die der Schuldner über sein nicht pfändbares Guthaben trifft, werden erst auf das auf den Folgemonat übertragene eventuelle Restguthaben aus dem Vormonat angerechnet. Erst nach „Aufbrauchen" dieses Restguthabens erfolgt eine Anrechnung auf den aktuellen Monat.[211]

sofern kein Pfändungsschutz greift, kann auf Konten wie folgt zugegriffen werden

bb) Sofern die gerade beschriebenen Grenzen nicht greifen, d.h. die Beträge auf dem Pfändungsschutzkonto, diejenigen, die der Pfändung nicht unterliegen, übersteigen oder ein Konto gar nicht als Pfändungsschutzkonto geführt wird (beachte § 850k VIII S. 1 ZPO), kann eine Kontenpfändung stattfinden.

166

> **hemmer-Methode:** Nach der Ansicht des BGH ist der Formularantrag eines Gläubigers, näher bezeichnete Ansprüche des Schuldners gegen nicht mehr als drei bestimmte Geldinstitute am Wohnort des Schuldners zu pfänden, grundsätzlich nicht rechtsmissbräuchlich.[212]
> Dies ist eine für den Gläubiger sehr wichtige Entscheidung zur Kontopfändung. Möglich ist also eine „Verdachtspfändung", was dann erforderlich ist, wenn der Gläubiger die Bankverbindungsdaten des Schuldners nicht kennt.[213]

Dabei sind folgende Besonderheiten zu berücksichtigen:

Die Konten werden i.d.R. im Rahmen eines entgeltlichen Geschäftsbesorgungsvertrages im Sinne des § 675f II BGB geführt, bei dem ein Kontokorrent vereinbart wird.

Kontokorrent heißt automatische Verrechnung von Gutschriften und Abhebungen, bei der der Kunde nur auf das bestehende Guthaben nach Rechnungslegung zugreifen kann. Die einzelnen Forderungen sind weder abtretbar noch pfändbar.[214]

Notwendig wird das Kontokorrent vor allem wegen der Vereinbarung eines Überziehungskredites, der durch Kontokorrent automatisch mit später eingehenden Forderungen ausgeglichen werden kann.

Pfändung des Zustellungssaldos

Der Gläubiger kann einmal den Zustellungssaldo pfänden, § 357 S. 1 HGB. Zustellungssaldo heißt, dass eine sofortige Saldoziehung - zumeist zwischen den eigentlichen automatischen Rechnungslegungen der Bank - zum Zeitpunkt der Zustellung an den Drittschuldner (Bank), § 829 III ZPO, bewirkt wird.

Diesen Saldo muss die Bank ermitteln und nach zwei Wochen gemäß § 835 III S.2 ZPO an den Gläubiger auszahlen.

> *Bsp.: A und die B-Bank haben vereinbart, dass jeweils am Quartalsende das aktuelle Guthaben per Rechnungslegung ermittelt wird. Pfändet der Gläubiger nun zur Quartalsmitte, ist die Bank mit Zustellung zu einer gesonderten Rechnungslegung verpflichtet, um den pfändbaren Betrag zu ermitteln.*

Dies wird möglich, weil der BGH die Pfändung von Tagesguthaben zulässt. Ansonsten könnte der Schuldner mit Überweisungen zum Quartalsende hin seiner positiven Saldo verbrauchen.

---

211 Sog. „First in first out"-Prinzip, BGH, WM 2017, 2303 = **juris**byhemmer. Faktisch führt dies dazu, dass der Schuldner stets ein doppeltes Sockelguthaben unterhalten kann.

212 Vgl. BGH, NJW 2004, 2096 ff. = **juris**byhemmer.

213 Lesenswert ist auch der Aufsatz von Hess, Effektuierung der Forderungspfändung: Der BGH erleichtert „Verdachtspfändungen" in NJW 2004, 2350 ff.

214 Vgl. Hemmer/Wüst, Handelsrecht, Rn. 277 ff.

hemmer-Methode: Bei der Rechnungslegung der Bank am Quartalsende werden beispielsweise Überziehungszinsen und Kontoführungsgebühren ermittelt. Diese können dann gleich abgezogen werden. Der Kontoauszug des Kunden aus dem Automaten dient hingegen lediglich seiner Information.

Pfändung erfasst auch die Tagesguthaben der folgenden Tage

Gem. § 833a ZPO erfasst die Pfändung automatisch auch die Tagesguthaben der auf die Pfändung folgenden Tage.

Sonst könnte sich der Schuldner dieses Geld auszahlen lassen oder es umleiten, ehe der Gläubiger darauf mit einer neuen Pfändung zugreifen kann. Zudem müsste, selbst wenn der Schuldner nicht so verfährt, stets erneut gepfändet werden, bis die Summe zur vollständigen Befriedigung des Gläubigers führt.

Nebenrechte gehen mit über, § 804 II ZPO, §§ 1275, 412, 401 BGB

Mit der Pfändung des Anspruches aus dem Girovertrag gehen gemäß § 804 II ZPO, §§ 1275, 412, 401 BGB auch alle Nebenrechte, die im Fall einer Abtretung gemäß § 401 BGB auf den Gläubiger übergehen würden, auf den Vollstreckungsgläubiger über.

Hierzu bedarf es keiner besonderen Neben- oder Hilfspfändung, jedoch kann das Gericht die Mitpfändung der Nebenrechte im Pfändungsbeschluss aussprechen.

hemmer-Methode: Bei der Kontopfändung geht damit auch der Anspruch auf Auskunft aus dem Bankverhältnis (§§ 666, 675 BGB) mit über, aber nur, soweit es für den Gläubiger darum geht, Gegenstand und Betrag des Hauptanspruchs zu ermitteln.[215] Nicht vom (automatischen) Übergang erfasst, ist der Auskunftsanspruch – selbst wenn auch dieser auf § 666 BGB gestützt wird – soweit es um den (selbständigen) Anspruch auf die Erteilung von Kontoauszügen und Rechnungsabschlüssen geht.[216]

Nicht gepfändet werden kann bei Girokonten die Kreditlinie des Bankkunden, also seine Möglichkeit, einen Überziehungskredit in Anspruch zu nehmen.

in Anspruch genommener Dispo-Kredit

Sofern jedoch ein eingeräumter Überziehungskredit vom Bankkunden abgerufen wird, entsteht ein pfändbarer Auszahlungsanspruch.

Bsp.[217] (vereinfacht): K trifft mit seiner Bank eine Vereinbarung, nach der K Verfügungen über sein Konto auch dann vornehmen darf, wenn sie nicht durch Guthaben abgedeckt waren. G pfändet alle dem K gegen die Bank zustehenden Ansprüche. Kurz darauf fordert K bei seiner Bank einen Geldbetrag ein, der sich i.R.d. getroffenen Vereinbarung hält, also von der gewährten Kreditlinie gedeckt ist. Ist der Auszahlungsanspruch von der Pfändung erfasst?

Unstreitig hat der K einen Anspruch auf Abrufung eines bestimmten Geldbetrages innerhalb der getroffenen Vereinbarung. Ob dies realisiert wird durch ein Auszahlungsbegehren oder Überweisungsbegehren, ist nicht von Bedeutung.

Der BGH befasst sich nicht mit der Frage, ob allein die Möglichkeit der Inanspruchnahme einen pfändbaren Anspruch darstellt.[218] Jedenfalls dann, wenn von der Möglichkeit Gebrauch gemacht wird, entstehe ein pfändbarer Anspruch.

---

215   Lesen Sie hierzu BGH, NJW-RR 2003, 1555 f. = JuS 2004, 253 f. = **juris**byhemmer.

216   BGH, NJW 2006, 217 = **juris**byhemmer. Dieser Anspruch besteht unabhängig von einer gepfändeten Forderung. Ginge auch er auf den Gläubiger über, stünden diesem Informationen zur Verfügung, die keinen Bezug zu dem gepfändeten Hauptanspruch auf Auszahlung des positiven Saldos haben. Das liefe faktisch auf eine Ausforschungspfändung hinaus.

217   Nach BGH, NJW 2001, 1937.

218   Diese Frage bleibt damit zumindest in der Rechtsprechung ungeklärt; dagegen ist Wagner, WM 1998, 1659 f.

Die Pfändbarkeit scheidet auch nicht deshalb aus, weil die Inanspruchnahme mit der Auszahlung zusammenfalle und daher bei Entstehung bereits wieder erloschen sei. Denn der Auszahlung durch die Bank geht zeitlich zwingend das Verlangen nach Auszahlung voraus. In diesem – wenn auch kurzen – Augenblick wird der Auszahlungsanspruch von der Pfändung erfasst.

Auch die § 851 ZPO, § 399 Alt. 1 BGB stehen dem nicht entgegen. Nach § 851 ZPO ist ein nicht abtretbarer Anspruch nicht pfändbar. In der Vereinbarung zwischen K und B könnte ein Ausschluss der Abtretbarkeit nach § 399 Alt. 1 BGB dergestalt vorliegen, dass eine Bindung mit treuhänderischem Charakter vorliegt, sodass eine Zahlung ohne inhaltliche Änderung nur an den Gläubiger selbst erfolgen könne.

Indes verneint der BGH eine solche Zweckbindung. Von einer solchen könne bei einem Dispositionskredit nicht ohne weiteres ausgegangen werden, noch dazu, wenn das Geld dem Kunden zur freien Verfügung gestellt werde.

Des Weiteren wird dem Vollstreckungsschuldner auch nicht ein nichtgewollter Kredit aufgezwungen. Die Pfändbarkeit setzt jedoch den Abruf durch den Kunden voraus. Dass der Kunde das Geld für einen anderen Gläubiger verwendet wissen will, steht einer Pfändung nicht entgegen. Andernfalls könnte der Vollstreckungsschuldner einen Teil seines Vermögens der Vollstreckung allein dadurch entziehen, dass er ihn für eine bestimmte Person reserviert.

Schließlich können auch die denkbaren Folgen einer solchen Pfändung nicht gegen die Pfändbarkeit angeführt werden. Teilweise wird vorgebracht, die Bank sei gezwungen, den angeforderten Betrag zweimal auszuzahlen: Einmal entsprechend des Auszahlungsbegehrens und einmal an den Vollstreckungsgläubiger. Der Vollstreckungsschuldner müsse ihn zweimal zurückzahlen. Dies sei eine Umschuldung zu Lasten der Bank und führe faktisch zu einer Kontensperrung.

Auch dieser Einwand greift nicht, da die Bank nicht doppelt zahlen muss, wenn sie sich an die Pfändung hält. Dass sie dadurch dem Risiko ausgesetzt wird, nur vom (u.U. illiquiden) Vollstreckungsschuldner Rückzahlung verlangen zu können, resultiert nicht aus der Pfändung, sondern ist der Vereinbarung des Dispositionskredits immanent.

Auch wenn diese rechtliche Wertung die Bank dazu veranlassen könnte, die Kreditlinie zu kündigen (und damit dem Schuldner endgültig „den Hahn zuzudrehen") bedeutet das nicht, dass eine zuvor erfolgte Pfändung allein wegen dieser Gefahr nicht wirksam sein kann.

Darlehen

Der Anspruch auf Auszahlung eines zugesagten Darlehens ist grundsätzlich pfändbar. Die Pfändung erfasst dabei den Darlehensbetrag als solchen und nicht nur die Möglichkeit der zeitweiligen Nutzung des Kapitals. Zwar muss das Darlehen zurückgezahlt werden.

Darauf kommt es aber nicht an, denn es geht bei der Pfändung nur um die Frage, ob dem Schuldner Vermögenswerte zustehen. Das ist bei dem Auszahlungsanspruch allemal der Fall. Auf das Bestehen wirtschaftlicher Vorteile kommt es nicht an.[219]

f) Besonderheiten bei Mitgläubigerschaft

Mitgläubigerschaft, § 432 BGB

bb) Besonderheiten gelten auch bei der Mitgläubigerschaft i.S.v. § 432 BGB, wonach einer allein die Leistung nur an alle gemeinsam verlangen kann.[220]

Während auf der Schuldnerseite die Gesamtschuld praktisch dominiert, entsteht auf Gläubigerseite fast immer eine Mitgläubigerschaft.

167

---

219 Vgl. BGH, NJW 2001, 1937 (1938).

220 Zur Mitgläubigerschaft: Hemmer/Wüst, BGB AT I, Rn. 360.

Diese gibt es bei

⇨ Forderungen der ehelichen Gütergemeinschaft nach §§ 1416 ff. BGB und der Erbengemeinschaft nach §§ 2032 ff. BGB.

⇨ Forderungen von Bruchteilsgemeinschaften nach §§ 741 ff. BGB. Eine solche liegt beispielsweise vor, wenn zwei Miteigentümern an einem Bürogrundstück eine Mietzinszahlung gegen eine Firma im Gebäude zusteht.

⇨ § 432 BGB, der auch bei einfacher gemeinschaftlicher Berechtigung (selten) eingreift, wie zwischen Eigentümer und Besitzer einer Sache gegen einen schädigenden Dritten.[221]

Dann mag die zu erlangende Leistung als Geldforderung zwar teilbar sein (vgl. § 420 BGB). Da jedoch jeder nur Leistung an alle gemeinsam verlangen kann und sich nur aus dem Innenverhältnis ergibt, was wem zusteht, kann der Gläubiger nicht den Teil der Forderung selbst pfänden.

Bsp.: A, B und C haben Miteigentum an einem Mietshaus zu je einem Drittel. Hinsichtlich der Mietzinsforderung gegen den Mieter D sind sie somit Mitgläubiger gemäß § 432 BGB.

Diesen Mietzinsanspruch der Bruchteilsgemeinschaft kann der Gläubiger nicht zu einem Drittel pfänden, wenn er beispielsweise einen Titel nur gegen A hat. Dies gilt trotz der grds. Teilbarkeit von Geldansprüchen. Denn von den Mietzinsen müssen noch öffentliche Lasten beglichen werden; außerdem kann im Innenverhältnis eine andere Aufteilung vereinbart sein.

Deshalb kann der Gläubiger nur in den Anspruch des A gegen B und C aus § 743 I BGB vollstrecken.

hemmer-Methode: Ansonsten könnte sich der Schuldner mit der Erinnerung nach § 766 ZPO gegen diese Pfändung wehren.

2. Ablauf

Ablauf der Pfändung

Auf Antrag des Gläubigers entscheidet das Vollstreckungsgericht durch den Rechtspfleger, § 20 Nr. 17 S. 1 RPflG. Den Vollstreckungsgegenstand hat der Gläubiger bereits in dem Formular hinreichend zu bestimmen.

168

§ 829a ZPO

Im Hinblick auf die Vollstreckung aus einem Vollstreckungsbescheid geltend die Vereinfachungen des § 829a ZPO.

Jetzt prüft der Rechtspfleger, ob die Zwangsvollstreckung zulässig ist (d.h. ob Titel, Klausel und Zustellung vorliegen), ob er für die Vollstreckung zuständig ist und ob eine pfändbare Geldforderung des Schuldners gegen einen Drittschuldner vom Gläubiger schlüssig als bestehend behauptet wurde.

hemmer-Methode: Schlüssigkeitsprüfung heißt, dass das Vorbringen des Gläubigers als wahr unterstellt und davon ausgehend geprüft wird, ob dann die Zwangsvollstreckung in diese Forderung möglich ist. Es wird also immer nur die angebliche Forderung des Schuldners gegen den Drittschuldner gepfändet.[222]

Pfändungs- und Überweisungsbeschluss

Dann erlässt der Rechtspfleger den Pfändungs- und Überweisungsbeschluss. Dies sind zwei Entscheidungen, die zumeist zeitgleich erlassen werden.

169

---

221 Strittig! Vgl. Sie dazu m.w.N. Palandt, § 432 BGB, Rn. 7.
222 Arens/Lüke, Rn. 635.

Der Pfändungsbeschluss nach § 829 I ZPO soll die Forderung öffentlich-rechtlich verstricken und die Pfändung bewirken.

Der Überweisungsbeschuss nach § 835 I ZPO dient der Befriedigung des Gläubigers aus der Forderung gegen den Drittschuldner (= Verwertung).

Zustellung an Drittschuldner (Wirksamkeitsvoraussetzung)

Den Pfändungsbeschluss hat der Gläubiger gemäß § 829 II S. 1 ZPO dem Drittschuldner zustellen zu lassen. Dies geschieht gemäß §§ 191 ff. ZPO durch den Gerichtsvollzieher.[223]

Die Zustellung ist unabdingbare Wirksamkeitsvoraussetzung für die Pfändung, weil diese dadurch gemäß § 829 III ZPO als bewirkt anzusehen ist.[224]

und an Schuldner (keine Wirksamkeitsvoraussetzung)

Sofort danach hat der Gläubiger dem Schuldner durch den Gerichtsvollzieher nach § 829 II S.2 ZPO den Pfändungsbeschluss zustellen zu lassen. Jedoch ist diese Zustellung keine Wirksamkeitsvoraussetzung für die Pfändung. Dies ergibt sich auch aus einem Umkehrschluss zu § 829 III ZPO.[225]

i.d.R. keine vorherige Anhörung des Schuldners

Eine Anhörung des Schuldners durch das Vollstreckungsgericht vor der Pfändung unterbleibt gemäß § 834 ZPO. Damit soll vermieden werden, dass der Schuldner vor der Pfändung noch schnell über die Forderung verfügt und damit die Zwangsvollstreckung vereitelt. Art. 103 I GG steht der h.M. nicht entgegen.[226]

3. Wirkungen der Pfändung

Wirkung: Verstrickung und PPR

Die Pfändung der Forderung bewirkt deren Verstrickung und die Entstehung eines Pfändungspfandrechtes.

a) Umfang

Umfang der Pfändung: Forderung samt Zinsen und Nebenrechten

Die Pfändung umfasst die Forderung mitsamt der Zinsen und der Nebenrechte i.S.v. § 401 BGB.[227] Zwar ist die Überpfändung nach § 803 I S.2 ZPO, der für das ganze bewegliche Vermögen Anwendung findet, verboten und führt zu einer begründeten Erinnerung nach § 766 ZPO. Dennoch gilt die gesamte Forderung als beschlagnahmt, wenn nicht der Gläubiger in seinem Antrag an das Vollstreckungsgericht die Beschränkung bis zur Höhe seiner Forderung hinzugefügt hat.

Es wird also grundsätzlich die gesamte Forderung gepfändet, wenn nicht eine Teilpfändung vorgegeben ist.[228]

> **Bsp.:** A schuldet B 500,- €. B lässt eine Werklohnforderung des A gegen C in Höhe von 1.500,- € pfänden.

Eine solche unbeschränkte Pfändung wird als zulässig erachtet,[229] denn weder das Vollstreckungsorgan noch der Gläubiger können den Wert einer Forderung vorher zuverlässig ermitteln. Der Gläubiger ist bei der Einziehung entsprechend § 1282 I S.2 BGB verpflichtet, sich nur bis zur Höhe seiner Forderung zu befriedigen.

170

---

223   Es handelt sich dabei um eine Zustellung auf Parteibetreiben, Th/P, § 829 ZPO, Rn. 24.

224   Zur Zustellung bei der BGB-Gesellschaft vgl. Sie Life&Law 1998, 703 (= BGH, ZIP 1998, 1291).

225   Th/P, § 829 ZPO, Rn. 25.

226   Th/P, § 834 ZPO, Rn. 1.

227   Th/P, § 829 ZPO, Rn. 32.

228   BGH, NJW 1986, 977 (978) = jurisbyhemmer.

229   BGH, NJW 1975, 378.

Der Schuldner kann seine Interessen dadurch wahren, dass er Erinnerung nach § 766 ZPO erhebt und über die Verweisung auf § 803 I S.2 ZPO den Restbetrag zu seiner freien Verfügung bekommt.[230]

Sind fortlaufende Bezüge gepfändet worden, so erstreckt sich die Pfändung gemäß §§ 832, 833 ZPO auch auf die später einlaufenden Gelder (falls wiederum im Antrag keine Beschränkung vorgenommen worden ist).

Wird in einem Pfändungsbeschluss der „Anspruch des Schuldners gegen den Drittschuldner auf Schadensersatz statt der Leistung" eines Kaufvertrages (z.B. §§ 280 I, III, 281 I S. 1 BGB) gepfändet, besteht aber tatsächlich noch der Erfüllungsanspruch aus § 433 II BGB, so wird dieser Anspruch auf Zahlung des Kaufpreises nicht vom Pfändungsbeschluss erfasst.

Eine Auslegung ist zwar grundsätzlich möglich, aber nur dann, wenn sich Zweifel bei der bezeichneten Forderung ergeben. Dies ist aber nicht der Fall, wenn die Forderung eindeutig als „Anspruch auf Schadensersatz wegen Nichterfüllung" bezeichnet wurde. Ein Auslegungsspielraum besteht in diesem Fall nicht mehr![231]

b) Der Rang des Pfändungspfandrechtes

Vorrang der früheren PPR, § 804 III ZPO

Wie bei der Sachpfändung geht bei der Forderungspfändung eine frühere Pfändung nach § 804 III ZPO der späteren vor. | **171**

Vorpfändung, § 845 ZPO, zur Rangwahrung möglich

Um den Rang zu wahren, kann der Gläubiger, bevor ihm eine vollstreckbare Ausfertigung des Titels zur Verfügung steht bzw. diese zugestellt wurde, den Drittschuldner und den Schuldner über die drohende Pfändung informieren. Diese Vorpfändung[232] nach § 845 ZPO hat die Wirkung eines Arrestes (Abs. 2). Wird innerhalb eines Monats tatsächlich gepfändet, wächst diese Vollstreckung in den Rang der Vorpfändung hinein, da die Verstrickung und das Pfändungspfandrecht bereits mit wirksam durchgeführter Vorpfändung eintreten.[233]

c) Anordnungen des Pfändungsbeschlusses

Arrestatorium und Inhibitorium

Das Vollstreckungsgericht gibt mit der Zustellung des Pfändungsbeschlusses zwei Anordnungen bekannt: Gemäß § 829 I S. 1 ZPO darf der Drittschuldner nicht mehr an den Schuldner zahlen (sogenanntes Arrestatorium). | **172**

Nach § 829 I S.2 ZPO hat sich der Schuldner jeder Verfügung über die Forderung zu enthalten (sogenanntes Inhibitorium).[234]

Verstrickung: relative Verfügungsbeschränkungen

Die Verstrickung bewirkt wie bei der Sachpfändung eine relative Verfügungsbeschränkung nach §§ 136, 135 I BGB. Eine Verfügung des Schuldners über seine Forderung gegen den Drittschuldner, beispielsweise eine Abtretung oder Einziehung, wäre gegenüber dem Gläubiger relativ unwirksam.[235] Diese relative Wirkung kann bei Forderungen auch nicht gem. § 135 II BGB überwunden werden, da es grundsätzlich keinen gutgläubigen Forderungserwerb gibt.

---

230 Th/P, § 803 ZPO, Rn. 18; zu Rechtsbehelfen des Drittschuldners vgl. Jauernig, Zwangsvollstreckungsrecht, § 33 I J.

231 Vgl. Sie dazu BGH in NJW 2000, 1269 ff. = **juris**byhemmer.

232 Bei der Vorpfändung handelt es sich um eine sog. private Zwangsvollstreckungsmaßnahme, vgl. Th/P, § 845 ZPO, Rn. 1.

233 Th/P, § 845 ZPO, Rn. 10.

234 Th/P, § 829 ZPO, Rn. 21 a.E.

235 Th/P, § 829 ZPO, Rn. 33.

Die Verfügungsbeschränkung gilt auch für den Drittschuldner: Zahlt er an den Schuldner, so ist diese Erfüllung i.S.v. § 362 I BGB wegen §§ 136, 135 BGB gegenüber dem Gläubiger relativ unwirksam. Zu beachten ist dabei aber die analoge Anwendung der Schuldnerschutzvorschriften der §§ 1275, 407 BGB.[236]

d) Fehlerbehaftete Pfändungen

Verfahrensmängel: Behandlung wie bei Sachpfändung

aa) Bei Verfahrensmängeln gilt das Gleiche wie bei der Sachpfändung. Sie machen die Pfändung aufhebbar. Bis zum Zeitpunkt ihrer Anfechtung nach § 766 ZPO sind die Vollstreckungsmaßnahmen wirksam.

173

Nur bei besonders schwerwiegenden und offenkundigen Mängeln ist die Pfändung unwirksam und entfaltet keinerlei Wirkung. Nach Ansicht des BGH stellt der Verstoß gegen die Pfändungsschutzvorschriften keinen derartig schwerwiegenden Mangel dar. Daher liegt trotz Verstoßes eine wirksame Pfändung vor, die sodann Basis für einen wirksamen Überweisungsbeschluss sein kann.[237]

bei nicht bestehender Forderung auch keine Verstrickung

bb) Zu ganz anderen Ergebnissen kommt man bei der Forderungspfändung jedoch, wenn der Gläubiger nicht bestehende oder schuldnerfremde Forderungen pfänden lässt.

174

Bei der Sachpfändung ist zumindest die Verstrickung bei der Pfändung einer schuldnerfremden Sache wirksam. Da sie die Grundlage der Verwertung ist, kann der Ersteigerer Eigentum erwerben.

Nach dem BGH[238] geht die Pfändung einer nicht bestehenden oder schuldnerfremden Forderung gänzlich ins Leere.[239] Diese „Ungleichbehandlung" wird damit begründet, dass es an Forderungen ja auch keinen Gewahrsam als formalisierten Zugriffstatbestand gibt.

hemmer-Methode: Die Theorien zum Pfandrecht spielen damit bei der Forderungspfändung praktisch keine Rolle. In einer Klausur sollten Sie diese daher nicht oder höchstens am Rande erwähnen.

Problem der analogen Anwendung des § 185 II BGB

Dies hat auch Konsequenzen für den Fall, dass der Schuldner die Forderung nach der Pfändung erwirbt.

175

hemmer-Methode: Zum vergleichbaren Problem bei der Sachpfändung lesen Sie nochmals Rn. 138. Nur durch ständiges Wiederholen kann sich ein Verständnis für dieses zugegebenermaßen schwierige Problem entwickeln!

Bsp.: A lässt am 12.05. eine Forderung des C gegen den D pfänden und sich überweisen. Am 14.05. erfolgt eine Pfändung und Überweisung derselben Forderung durch B. Allerdings hatte C die Forderung bereits im April dem E zur Sicherung abgetreten, der sie erst am 13.05. an den C zurück abgetreten hat. Wer hat ein (vorrangiges) Pfandrecht?

Die zeitliche erste Pfändung erfolgte durch A, allerdings ging sie ins Leere, weil die Forderung am 12.05. dem C gar nicht zustand.

A könnte jedoch mit der Rückabtretung der Forderung ein vorrangiges Pfändungspfandrecht erworben haben. Dies wäre dann der Fall, wenn § 185 II S. 1 Alt. 2 BGB Anwendung finden würde.

---

236   Vgl. Sie Rn. 179 ff.

237   BGH, Beschluss vom 02.07.2020, VII ZA 3/19 = **juris**byhemmer; Life&Law 11/2020.

238   BGH, NJW 1987, 1703 = **juris**byhemmer.

239   So auch Th/P, § 829 ZPO, Rn. 27.

1. Eine unmittelbare Anwendung dieser Vorschrift scheidet aus, da Verfügungen im Wege der Zwangsvollstreckung keine rechtsgeschäftlichen Verfügungen sind, wie dies § 185 BGB voraussetzt.

2. Grundsätzlich findet aber § 185 II BGB auf Verfügungen im Wege der Zwangsvollstreckung zumindest entsprechende Anwendung.[240]

Diese Analogie wird von der h.M. allerdings bei der Forderungspfändung anders als bei der Sachpfändung abgelehnt.[241]

a) Bei der Pfändung einer schuldnerfremden Sache, die der Schuldner später zu Eigentum erwirbt, „wächst die Pfändung in den Eigentumserwerb hinein"; es entstehen gleichzeitig Eigentum an der Sache und Pfändungspfandrecht. Dies ist deshalb möglich, weil bei der Sachpfändung, auch wenn die Sache dem Schuldner nicht gehört, bereits ein rechtswirksamer Hoheitsakt - nämlich die Verstrickung - vorliegt.

b) Demgegenüber ist die schuldnerfremde Forderung nicht einmal verstrickt. Es fehlt hier nach Ansicht des BGH an einer entsprechenden Grundlage, die die analoge Anwendung des § 185 II BGB rechtfertigen würde; die Pfändung der schuldnerfremden Forderung sei schlechthin nichtig.

Die Gegenansicht hält dem entgegen, dass es keinen Rechtssatz gäbe, wonach die zunächst nichtige Pfändung immer nichtig bleiben müsse.[242] Die Argumentation des BGH sei methodisch unrichtig und unschlüssig. Die Forderung, die der Schuldner erst nach der Pfändung erwirbt, werde in diesem Augenblick verstrickt und mit einem Pfändungspfandrecht belastet. Diese Lösung entspreche den Interessen der Beteiligten und ihr stünden keine dogmatischen Bedenken entgegen.

Diese Ansicht ist abzulehnen. Sie zwingt den Drittschuldner, künftige Rechtsänderungen zu berücksichtigen und Pfändungsbeschlüssen Beachtung zu schenken, die im Zeitpunkt der Zustellung gegenstandslos sind. Außerdem verbleibt dem Pfändenden die Möglichkeit der nochmaligen Pfändung. Zwar steht er dann im Rang seines Pfandrechts schlechter. Dies ist aber konsequent, da ja im Zeitpunkt der erfolglosen Pfändung gerade kein Pfändungsgegenstand vorhanden war.

hemmer-Methode: Dies entspricht ganz dem Grundsatz, dass es keinen gutgläubigen Erwerb an Forderungen gibt.[243] Der Grund hierfür liegt darin, dass es für das Bestehen der Forderung keinen Rechtsscheinträger gibt.
Ähnliches gilt im Vollstreckungsrecht. Besteht keine Forderung oder steht sie nicht dem Schuldner zu, so gibt es keinen Gegenstand, an dem zumindest eine Verstrickung eintreten kann. Dann kann es auch keine spätere Heilung geben.

4. Verwertung

Verwertung durch Überweisungsbeschluss

a) Die Verwertung der Forderung geschieht im ersten Schritt durch den Überweisungsbeschluss nach § 835 I ZPO. Mit diesem Beschluss wird dem Gläubiger die Forderung wahlweise entweder zur Einziehung (§§ 835 I Alt. 1, 836 ZPO) oder an Zahlungs statt (§ 835 I Alt. 2, II ZPO) überwiesen.

In jedem Fall ist der Schuldner nach § 836 III S. 1 und 2 ZPO verpflichtet, dem Gläubiger Auskunft über die Forderung zu erteilen und die notwendigen Urkunden herauszugeben (Vollstreckung gemäß § 836 III S. 3 ZPO i.V.m. § 883 ZPO).

176

---

240   Palandt, § 185 BGB, Rn. 4.

241   BGH, NJW 1971, 1941. Zur Sachpfändung vgl. Sie nochmals Rn. 138.

242   Tiedtke, NJW 1972, 746 ff.

243   Vgl. Sie zu den Ausnahmen §§ 405, 2366 BGB.

Überweisung an Zahlungs statt wirkt wie Abtretung, Gläubiger gilt als befriedigt

Die Überweisung an Zahlungs statt wirkt wie eine Abtretung und hat zur Folge, dass der Gläubiger in Bezug auf seine Forderung gegen den Schuldner als befriedigt anzusehen ist, § 835 II ZPO. Diese Art der Überweisung wirkt also wie die Annahme an Erfüllungs statt, sofern die Forderung besteht und nicht durch Einwendungen vernichtet oder gehemmt wird.

Solvenz des Drittschuldners ist Risiko des Gläubigers

Dies ist für den Gläubiger mit einem gewissen Risiko verbunden, weil nun er allein die Gefahr der Zahlungsunfähigkeit des Drittschuldners trägt. Gegen den Schuldner kann er nicht mehr vorgehen.

Daher kommt diese ohnehin nur bei Geldforderungen mögliche (vgl. §§ 839, 849 ZPO) Überweisungsart praktisch fast gar nicht vor.[244]

daher in der Praxis i.d.R. Überweisung zur Einziehung (wirkt wie Leistung erfüllungshalber)

Der praktische Regelfall ist deshalb die Überweisung zur Einziehung. Der Schuldner bleibt zwar Inhaber der Forderung, der Gläubiger kann sie aber im Wege der gesetzlichen Prozessstandschaft[245] gegen den Drittschuldner geltend machen. Dies ergibt sich aus § 836 I ZPO, wonach die Überweisung dem Gläubiger die Sachbefugnis gibt.[246]

Die Überweisung wirkt wie eine Leistung erfüllungshalber. Kann der Gläubiger wegen Insolvenz des Drittschuldners die Forderung gegen ihn nicht durchsetzen, bleibt ihm immer noch die Forderung gegen den Schuldner.

bei Überweisung zur Einziehung anschließend Geltendmachung gegen Drittschuldner als Prozessstandschafter

b) In einem zweiten Schritt macht der Gläubiger nach der Überweisung zur Einziehung den Anspruch des Schuldners im eigenen Namen aufgrund eigenen Einziehungsrechtes per Leistungsklage gegen den Drittschuldner geltend.

Nach § 841 ZPO ist er in diesem Prozess verpflichtet, dem Schuldner den Streit zu verkünden. Hierdurch soll im Interesse des Schuldners Rechtsklarheit in diesem Drei-Personen-Verhältnis geschaffen werden.[247]

Verzögert der Gläubiger die Klageerhebung nach § 842 ZPO ist er dem Schuldner für den daraus entstandenen Schaden verpflichtet, beispielsweise, wenn der Drittschuldner mittlerweile zahlungsunfähig geworden ist.

Klage des Schuldners auf Leistung an Gläubiger bleibt möglich

c) Nach Ansicht des BGH wird durch diese gesetzliche Prozessstandschaft die Möglichkeit des Schuldners nicht ausgeschlossen, eine Klage gegen den Drittschuldner auf Zahlung an den Gläubiger anzustrengen.[248]

Der Schuldner ist nach wie vor Inhaber der Forderung. Er hat auch ein berechtigtes Interesse an einer solchen Klage, sodass ihm auch ein Rechtsschutzbedürfnis nicht abgesprochen werden kann. Denn für ihn geht es um die Befreiung von der Verbindlichkeit gegenüber dem Gläubiger.

Auch die Möglichkeit, bei verzögerter Beitreibung durch den Gläubiger selbst von diesem Schadensersatz nach § 842 ZPO verlangen zu können, rechtfertige kein anderes Ergebnis.[249]

177

---

244 Th/P, § 835 ZPO, Rn. 5.

245 Vgl. Sie zur Prozessstandschaft Hemmer/Wüst, ZPO I, Rn. 202 ff.

246 BGHZ 82, 31 = **juris**byhemmer.

247 Baumbach/Lauterbach/Albers/Hartmann, § 841 ZPO, Anm. 1.

248 BGH, ZIP 2001, 1217 = Life&Law 2001, 699 ff. = **juris**byhemmer.

249 Vertiefungshinweis für Referendare: Ist der Anspruch des Schuldners gegen den Drittschuldner bereits tituliert, fehlt für den Einziehungsprozess des Gläubigers das Rechtsschutzbedürfnis, weil der Gläubiger den Titel gem. § 727 ZPO auf sich umschreiben lassen kann, vgl. Th/P, § 836 ZPO, Rn. 3. Denkbar wäre auch der Fall, dass die Titulierung im Verhältnis Schuldner/Drittschuldner während der Klage Gläubiger/Drittschuldner stattfindet. Dann wird die Klage in diesem Zeitpunkt unzulässig, so dass ggf. einseitig für erledigt erklärt werden müsste.

hemmer-Methode: Ist die eingezogene Forderung höher als die zu befriedigende Forderung, kann der Schuldner hinsichtlich des überschießenden Betrages gleichzeitig auf Leistung an sich selbst klagen, sofern sichergestellt ist, dass die Auszahlung nicht vor Befriedigung des Gläubigers erfolgt.

5. Rechtsverhältnis zwischen Drittschuldner und Gläubiger bei der Überweisung zur Einziehung

Zu den klausurrelevantesten Themen gehört das Verhältnis zwischen Drittschuldner und Gläubiger bei der Überweisung zur Einziehung.

178

Keine Probleme ergeben sich, wenn der Drittschuldner nach ordnungsgemäßer Pfändung an den Gläubiger zahlt, weil dann der Schuldner gegenüber dem Gläubiger und der Drittschuldner seinerseits gegenüber dem Schuldner frei werden.

hemmer-Methode: Da die Überweisung wie eine Leistung erfüllungshalber wirkt, erlischt die Forderung des Gläubigers gegen den Schuldner erst in dem Zeitpunkt, in dem er vom Drittschuldner tatsächlich befriedigt wurde.

Allerdings können dem Drittschuldner Einwendungen gegen den Schuldner zustehen, die er auch gegen den Gläubiger geltend machen will. Oder er rechnet in Unkenntnis der Zustellung mit einer Forderung gegen den Anspruch des Schuldners auf.

a) Materiell-rechtliche Einwendungen

Drittschuldner kann Gläubiger gegenüber analog § 404 BGB Einwendungen entgegenhalten

aa) Der Drittschuldner kann dem Gläubiger analog §§ 412, 404 BGB[250] alle Einwendungen entgegenhalten, die ihm zur Zeit der Pfändung bereits gegenüber dem Schuldner zustanden.[251] Der Grund hierfür liegt darin, dass eine Pfändung nicht weiterreichende Folgen haben kann als eine Abtretung.

179

> **Bsp.:** *V und K haben einen Kaufvertrag geschlossen. Dann wird der Zahlungsanspruch des V aus § 433 II BGB gepfändet. Im Prozess macht K als Drittschuldner (DS) zutreffend geltend, sein Vertreter habe keine Vertretungsmacht i.S.v. § 164 I S. 1 BGB gehabt.*

hemmer-Methode: Hier gilt der Grundsatz, dass der Drittschuldner gegenüber dem Gläubiger nicht schlechter stehen darf als gegenüber dem Schuldner.

auch Aufrechnung, §§ 392, 406 BGB analog noch möglich

bb) Auch kann der Drittschuldner gegenüber dem Schuldner weiterhin mit einer eigenen Forderung aufrechnen, wenn zur Zeit der Beschlagnahme die Aufrechnungslage bereits bestanden hat, § 392 BGB. Jedoch muss die Aufrechnung, wie bei § 406 BGB, dem Gläubiger gegenüber erklärt werden.[252]

180

hemmer-Methode: § 829 I S. 1 ZPO verbietet dem Drittschuldner, an den Schuldner zu zahlen (sog. „Arrestatorium"). Sollte der Drittschuldner entgegen dieses Verbots an den Schuldner leisten, so wäre diese Leistung dem Pfändungsgläubiger gegenüber relativ unwirksam, §§ 135, 136 BGB.
Dieses Verbot erfasst alle Arten der Erfüllung und ihrer Surrogate.
§ 392 BGB „lockert" damit nur das „Arrestatorium".
Lesen Sie hierzu BGH, NJW-RR 2004, 525 besprochen von Schäfer in JA 2004, 425 ff.

---

250   BGHZ 93, 78 = **juris**byhemmer; beachten Sie, dass bei der Überweisung an Zahlungs statt als Fall einer cessio legis die §§ 412, 404 ff. BGB wohl direkte Anwendung finden (vgl. Palandt, § 412 BGB, Rn. 1).

251   Th/P, § 836 ZPO, Rn. 6.

252   Th/P, § 836 ZPO, Rn. 4; zu weiteren Problemen der Aufrechnung im Zusammenhang mit §§ 406, 407 BGB vgl. Hemmer/Wüst, BGB-AT III, Rn. 588.

Bsp.: Der Gläubiger (G) lässt den Zahlungsanspruch des Verkäufers und Schuldners (S) aus § 433 II BGB pfänden. Der Käufer als Drittschuldner (DS) hatte zuvor schon einen Werklohnanspruch aus § 631 I BGB gegen S. Jetzt kann DS die Aufrechnung gegenüber G erklären. Dies wäre nach § 392 BGB nur ausgeschlossen, wenn der DS seine Forderung gegen S erst nach der Beschlagnahme erlangt hätte oder wenn die Forderung zwar zuvor entstanden wäre, die Forderung des DS aber später als die Forderung des S fällig geworden wäre.

bei Leistung an den Schuldner: § 407 I BGB analog

cc) Leistet der Drittschuldner in Unkenntnis von der erfolgten Pfändung an den Schuldner, so muss dies der Gläubiger entsprechend § 407 I BGB gegen sich gelten lassen. Der Gläubiger hat dann nur den Bereicherungsanspruch aus § 816 II BGB gegen den Schuldner.[253]

hemmer-Methode: Mit der entsprechenden Anwendung des § 407 I BGB wird das „Arrestatorium" also durchbrochen.

Bsp.: Der Gläubiger (G) hat dem DS den Pfändungs- und Überweisungsbeschluss zustellen lassen. Allerdings hatte der DS noch keine Kenntnis von der Ersatzzustellung an seine Ehefrau erlangt. Nach der Pfändung leistet DS an S. Diese Leistung muss G entsprechend § 407 I i.V.m. § 362 I BGB gegen sich gelten lassen.

hemmer-Methode: Diese Fälle lassen sich in einer Klausur gut mit Zustellungsproblemen nach §§ 166 ff. ZPO, deren Vorschriften ja bei der Zustellung nach § 829 ZPO gelten, kombinieren. Ganz wichtig ist dabei die Unterscheidung:
Für die Wirksamkeit der Pfändung ist die ordnungsgemäße Zustellung notwendig (beispielsweise kann beim Nichtantreffen des Drittschuldners der Beschluss auch seiner Ehefrau übergeben werden, sog. Ersatzzustellung nach § 178 I ZPO).
Für die Kenntnis des Drittschuldners (beispielsweise bei § 407 I BGB) ist zusätzlich erforderlich, dass der Drittschuldner von der Zustellung erfahren hat. So mag zwar die Ersatzzustellung an die Ehefrau nach § 178 I ZPO wirksam sein, deren Kenntnis von dem Beschluss muss dem Drittschuldner jedoch über § 166 I BGB zugerechnet werden können. Zumeist wird die Ehefrau nicht Vertreterin i.S.v. §§ 164 ff. BGB sein, sondern Empfangsbotin. In diesem Fall ist § 166 I BGB nicht entsprechend anwendbar.
Machen Sie sich außerdem noch einmal klar, dass die Konstellation des Drittschuldnerschutzes wegen Unkenntnis der Pfändung eigentlich überhaupt nur bei einer wirksamen Ersatzzustellung denkbar ist, da die Zustellung an den Drittschuldner nach § 829 III ZPO Wirksamkeitsvoraussetzung ist und damit seine Kenntnis von der Pfändung die Regel ist.

dagegen keine Geltendmachung von Einwendungen des Schuldners gegen Gläubiger durch den Drittschuldner

dd) Nicht geltend machen kann der Drittschuldner materiell-rechtliche Einwendungen aus dem Verhältnis Gläubiger - Schuldner, da der Drittschuldner durch die Pfändung zwar nicht schlechter, aber auch nicht besser stehen darf. Sonst könnte er zusätzliche Einwendungen erheben, die er auch bei einer Abtretung nicht geltend machen dürfte.[254]

§§ 408 II, 407 I BGB analog

ee) Leistet der Drittschuldner an den Vollstreckungsgläubiger, obwohl die Pfändung ins Leere ging, weil der Schuldner diese Forderung bereits vor der Pfändung abgetreten hatte, so wird der Drittschuldner gemäß §§ 412, 408 II, 407 BGB analog frei. Die Pfändung der Forderung wird also wie eine zweite Zession behandelt.[255]

181

182

183

---

253 Th/P, § 829 ZPO, Rn. 37 und § 836 ZPO, Rn. 5.

254 BAG, NJW 1989, 1053 = **juris**byhemmer.

255 Th/P, § 836 ZPO, Rn. 5; Palandt, § 408 BGB, Rn. 2.

b) Vollstreckungsrechtliche Einwendungen

vollstreckungsrechtliche Einwendungen

Der Drittschuldner könnte auch anführen, dass die Pfändung rechtswidrig sei und dem Gläubiger deshalb kein Recht auf Einziehung gegen ihn zustünde. Dabei wird unterschieden:

184

bei Nichtigkeit: fehlende Berechtigung des Gläubigers

⇨ Bei Fehlern, die zur Nichtigkeit des Pfändungs- und Überweisungsbeschlusses führen, kann der Drittschuldner den vollstreckungsrechtlichen Einwand erheben, „dass die Pfändung ins Leere ging und der Gläubiger damit nicht Berechtigter der Forderungen gegenüber dem Drittschuldner wurde".[256]

bei Anfechtbarkeit: allenfalls Erinnerung

⇨ Bei Fehlern, die lediglich zur Anfechtbarkeit über die Erinnerung nach § 766 ZPO führen, muss der Drittschuldner diesen Rechtsbehelf erheben. Im Einziehungsprozess würde er mit diesem Einwand nicht gehört werden, weil die Pfändung wirksam ist, auch wenn sie aufgehoben werden kann (vgl. auch Rn. 173). Daher muss der Drittschuldner zunächst über § 766 ZPO die Aufhebung des Überweisungsbeschlusses herbeiführen.[257] Verfahrensfehler, die lediglich den Schuldner schützen, kann der Drittschuldner nicht geltend machen.

hemmer-Methode: Auch hier können die beiden Zustellungen des § 829 ZPO gut in die Klausur eingebaut werden: So ist die Zustellung an den Drittschuldner nach § 829 III ZPO Wirksamkeitsvoraussetzung der ganzen Pfändung. Fehlt sie, ist die Pfändung nichtig.
Unterbleibt die Zustellung an den Schuldner nach § 829 II S.2 ZPO, ist die Pfändung wirksam, aber anfechtbar.
Beachten Sie außerdem, dass der Gläubiger gegen den die Zahlung verweigernden Drittschuldner nicht vollstrecken kann, da er gegen diesen keinen Vollstreckungstitel hat.[258]

c) Schutz des Drittschuldners bei Unwirksamkeit der Pfändung

bei dem Drittschuldner unbekannter Unwirksamkeit der Pfändung Schutz über § 836 II ZPO

Hat der Drittschuldner von der Pfändung Kenntnis erlangt, so wird er über § 836 II ZPO geschützt. Der Schutz führt zur Wirksamkeit von Zahlungen an den Gläubiger, die der Drittschuldner in Unkenntnis der Pfändungsaufhebung erbringt.[259]

185

Diese Vorschrift ist angelehnt an § 409 BGB und geht diesem als lex specialis vor.[260]

> *Bsp.: S ficht die Pfändung erfolgreich an, jedoch erfährt der DS davon nichts und leistet an den G.*

§ 836 II ZPO gilt auch dann, wenn ein zweiter Gläubiger die Forderung pfändet, die erste Pfändung unwirksam ist und der Drittschuldner in Unkenntnis der Umstände an den ersten Gläubiger leistet.

hemmer-Methode: § 836 II ZPO gilt nicht, wenn die Forderung nie dem Schuldner, sondern einem Dritten zugestanden hat. Dann wird der Drittschuldner durch Zahlung nicht frei.[261] Das Bestehen der Forderung zugunsten des Schuldners ist also ungeschriebenes Tatbestandsmerkmal des § 836 II ZPO.[262]
Außerdem ist zu beachten, dass der Schutz des § 836 II ZPO nach h.M. nur dann eingreift, wenn der Beschluss dem Drittschuldner zugestellt wurde.

---

256   BGH, NJW 1976, 851 = **juris**byhemmer.

257   Strittig! Vgl. Th/P, § 836 ZPO, Rn. 6; Brox/Walker, Zwangsvollstreckungsrecht, Rn. 653.

258   Jauernig, Zwangsvollstreckungsrecht, § 19 VI S. 2.

259   Th/P, § 836 ZPO, Rn. 10.

260   Baumbach/Lauterbach/Albers/Hartmann, § 836 ZPO, Anm. 2) A.

261   BGH, NJW 1988, 495 = **juris**byhemmer.

262   Th/P, § 836 ZPO, Rn. 10.

d) Die Drittschuldnererklärung

Drittschuldnererklärung, § 840 I ZPO

Gemäß § 840 I ZPO kann der Gläubiger dem Drittschuldner mit der Zustellung des Pfändungs- und Überweisungsbeschlusses eine Aufforderung zukommen lassen, sich über die Forderung zu erklären.

186

Damit kann sich der Gläubiger Klarheit verschaffen über Inhalt und Durchsetzbarkeit der Forderung und damit über sein weiteres Vorgehen gegen den Drittschuldner.[263]

reine Wissenserklärung

Bei der Drittschuldnererklärung handelt es sich um eine reine Wissenserklärung.

kein konstitutives Schuldanerkenntnis i.S.v. §§ 780, 781 BGB

aa) Keinesfalls liegt ein konstitutives (bzw. abstraktes) Schuldanerkenntnis vor, wonach der Gläubiger aus §§ 780, 781 BGB gegen den Drittschuldner vorgehen könnte. Dem Drittschuldner würden daraus nur Nachteile erwachsen. So ein weit reichender Rechtsbindungswille liegt beim Drittschuldner aber nicht vor.[264]

187

auch kein deklaratorisches Schuldanerkenntnis

bb) Auch handelt es sich nicht um ein deklaratorisches bzw. konkretes Schuldanerkenntnis. Dieses ist zwar formlos wirksam nach §§ 311 I, 241 I BGB, doch würde sich der Drittschuldner alle bestehenden Einwendungen mit dieser Erklärung abschneiden.

188

> *Bsp.: G verlangt vom DS die Drittschuldnererklärung, die der DS auch abgibt. Dann will er mit einer Forderung gegen S aufrechnen.*

Bei einem deklaratorischen Schuldanerkenntnis wäre dies nicht mehr möglich. Auch wenn eine Aufrechnungslage gemäß § 392 BGB bestand, hätte sich der DS diesen Einwand abgeschnitten.

Folglich ginge eine Auslegung von § 840 I ZPO als deklaratorisches Schuldanerkenntnis wiederum zu sehr zu Lasten des Drittschuldners.

Wirkung: Beweislastumkehr

cc) Daher sieht der BGH[265] mit der h.L.[266] in der Drittschuldnererklärung nach § 840 I ZPO eine bloße Wissenserklärung i.S. einer Auskunft.

Ihr Sinn liegt darin, dem Gläubiger die Möglichkeit zu geben, sich über sein weiteres Vorgehen schlüssig zu werden (z.B. Klageerhebung gegen den Drittschuldner oder nicht). Durch diese Auslegung wird der Gläubiger nicht schutzlos gestellt, denn auch als bloße Wissenserklärung hat die Drittschuldnererklärung materiell-rechtliche Wirkungen:

(1) Sie lässt die Verjährung gemäß § 212 I Nr. 1 BGB neu beginnen, da die Drittschuldnererklärung ein in „anderer Weise Anerkennen" darstellt.

(2) Andererseits führt die Erklärung nach § 840 ZPO zu einer Beweislastumkehr hinsichtlich des Bestandes der Forderung.[267]

189

Schadensersatzmöglichkeit des § 840 II S.2 ZPO

(3) Zudem haftet der Drittschuldner nach § 840 II S.2 ZPO für die Schäden, die bei nicht ordnungsgemäßer Erklärung auftreten.

> *Bsp.: DS erklärt sich nach Aufforderung zur Zahlung bereit. G strengt den Einziehungsprozess an. Dann bringt DS eine wirksame, rechtsvernichtende Einwendung vor. Über das Vermögen des S ist mittlerweile das Insolvenzverfahren eröffnet worden.*

---

263 Vgl. Sie dazu ausführlich Hemmer/Wüst, BGB AT I, Rn. 86 f.

264 Palandt, § 781 BGB, Rn. 8; Medicus, Bürgerliches Recht, Rn. 722; anders noch die frühere Rspr., vgl. OLG München, NJW 1975, 174 ff.

265 BGHZ 83, 308.

266 Th/P, § 840 ZPO, Rn. 11.

267 Th/P, § 840 ZPO, Rn. 11.

In diesem Fall hat der DS dem G den Vermögensschaden zu ersetzen gemäß § 840 II S.2 ZPO: Hätte der DS sich über die rechtsvernichtende Einwendung rechtzeitig erklärt, hätte G gegen S mit Erfolg in einen anderen Vermögensgegenstand vollstrecken können. Dies ist jetzt wegen §§ 89, 90 InsO nicht mehr möglich.

hemmer-Methode: Als Wissenserklärung ist diese Drittschuldnererklärung nicht nach den §§ 119 ff. BGB anfechtbar.
Einwendungen werden dem Drittschuldner durch diese Wissenserklärung aber nicht abgeschnitten.

6. Die Rechtsverhältnisse nach der Einziehung

Wie bei der Sachpfändung muss der Rechtsstreit nach der Einziehung nicht zu Ende sein. Es können noch Bereicherungsansprüche bestehen.

a) Materiell-rechtliche Mängel

wenn keine Forderung (des Schuldners gegen Drittschuldner) bestand

Bestand keine Forderung oder stand sie nicht dem Schuldner zu, so geht die Pfändung ins Leere. *190*

Der Drittschuldner wird in diesem Fall aber nicht über § 836 II ZPO geschützt.[268] Er hat selbstständig zu prüfen, wem die Forderung zusteht. Durch eine Zahlung wird er nicht frei.

> *Bsp.: G hat die Forderung des S gegen DS aus § 433 II BGB pfänden lassen. Doch stand die Forderung in Wahrheit nicht S, sondern D zu.*

Ansprüche des Drittschuldners gegen Gläubiger aus §§ 812 ff. BGB

Dem Drittschuldner bleiben nur Ansprüche aus §§ 812 ff. BGB gegen den Gläubiger auf Rückzahlung des demnach rechtsgrundlos Erlangten.

Stand der Anspruch einem Dritten zu, so ist er diesem gegenüber mangels Erfüllungswirkung nach wie vor verpflichtet. Jedoch kann der Dritte die Zahlung des Drittschuldners an den Gläubiger gemäß §§ 362 II, 185 BGB genehmigen und Herausgabe des Erlangten vom Gläubiger nach § 816 II BGB verlangen.

hemmer-Methode: Eine wichtige Ausnahme besteht bei der Abtretung nach §§ 408 II, 407 BGB. In diesen Fällen wusste der DS nicht, dass S die Forderung an einen Dritten abgetreten hat. Somit wird er bei Leistung an G gegenüber dem Dritten frei. Dem Dritten steht nur der Bereicherungsanspruch nach § 816 II BGB gegenüber G zu.

b) Vollstreckungsrechtliche Mängel

War die Vollstreckung wirksam, aber anfechtbar, so können keine gerichtlichen Schritte mehr eingeleitet werden. *191*

bei ledigl. vollstreckungsrechtlichen Mängeln Schutz des Drittschuldners über § 836 II ZPO

Der Drittschuldner ist über § 836 II ZPO geschützt und kann demnach nicht Rückzahlung nach den §§ 812 ff. BGB verlangen. Die Erinnerungsklage des Schuldners hat sich dadurch (durch den Drittschuldnerschutz) prozessual überholt.

---

268   Rn. 185, Schutz des Drittschuldners bei Unwirksamkeit der Pfändung.

> **hemmer-Methode:** Man wird aber wie bei §§ 407, 409 BGB die Wirkung des § 836 II ZPO nur als relativen Schuldnerschutz zu verstehen haben, d.h. der Drittschuldner muss sich nicht auf die Vorschrift berufen. Dann kann er vom Gläubiger kondizieren, muss aber dem Schuldner gegenüber immer noch leisten. In diesem Fall hat sich dann aber die Vollstreckungserinnerung des Schuldners auch nicht prozessual überholt. Davon nicht berührt wird nach h.M. freilich die Möglichkeit des Schuldners, die Wirksamkeit nach §§ 362 II, 185 BGB durch Genehmigung herzustellen und seinerseits den Gläubiger nach § 816 II BGB in Anspruch zu nehmen.

II. Pfändung einer hypothekarisch gesicherten Forderung[269]

bei Pfändung der hypothekarisch gesicherten Forderung zusätzliche immobiliarsachenrechtliche Anforderungen

192

Da bei einer hypothekarisch gesicherten Forderung die Forderung gemäß § 1153 II BGB nicht ohne die Hypothek und umgekehrt übertragen werden kann, stellt § 830 ZPO in solchen Fällen zusätzliche Anforderungen auf.

Es reicht nicht die Pfändung der Forderung nach den §§ 829 ff. ZPO. Zusätzlich sind bei einer Briefhypothek die Übergabe des Hypothekenbriefes nach § 830 I S. 1 ZPO an den Gläubiger, bei einer Buchhypothek die Eintragung der Pfändung ins Grundbuch nach § 830 I S. 3 ZPO notwendig.

> **hemmer-Methode:** Von den Voraussetzungen der §§ 829 ff. ZPO muss einzig die Zustellung an den Drittschuldner nach § 829 III ZPO nicht vorliegen. Diese wird bei einer Briefhypothek durch die Wegnahme des Hypothekenbriefes (§ 830 I S. 1 ZPO), bei einer Buchhypothek durch die Eintragung im Grundbuch (§ 830 I S. 3 ZPO) ersetzt.
> Dennoch erscheint eine Zustellung an den Drittschuldner empfehlenswert, weil durch diese gemäß § 830 II ZPO die Pfändungswirkung auf diesen Zeitpunkt vorverlagert wird, wenn die Pfändung nach § 830 I ZPO wirksam nachgeholt wird.
> Merken Sie sich: Weigert sich der Schuldner, den Brief herauszugeben, geht der Gerichtsvollzieher nach den §§ 883 ff. ZPO vor.
> Wenn die erforderliche Eintragung nicht stattgefunden hat, ist die Pfändung nach einer neueren Entscheidung des BGH[270] nicht nur fehlerhaft, sondern sogar nichtig; gleichwohl soll dem Drittschuldner der Schutz des § 836 II ZPO zugutekommen.[271]

193

Bei der Verwertung wird dem Gläubiger gemäß § 837 I S. 1 ZPO der Überweisungsbeschluss übergeben. Dies reicht sowohl bei der Brief- wie auch bei der Buchhypothek, wenn die Überweisung zur Einziehung erfolgt. Nur bei der Überweisung an Zahlungs statt aus einer Buchhypothek ist zusätzlich nach § 837 I S.2 ZPO die Eintragung ins Grundbuch erforderlich.

> **hemmer-Methode:** Für die Pfändung einer durch Buchhypothek gesicherten Forderung ist stets die Eintragung im Grundbuch erforderlich, § 830 I S. 3 ZPO.
> Für die Überweisung gilt dies dagegen nur dann, wenn diese - untypischerweise [272]- an Zahlungs statt erfolgt.

194

> *Bsp.:*[273] *Zugunsten des B besteht am Grundstück des A eine Buchhypothek. Der Gläubiger P ließ die hypothekarisch gesicherte Darlehensforderung des B gegen A aufgrund eines rechtskräftigen Titels pfänden und sich zur Einziehung überweisen. Die Pfändung wurde zwar nicht im Grundbuch eingetragen, der Pfändungs- und Überweisungsbeschluss wurde A aber zugestellt, weshalb dieser 10.000,- € an den Gläubiger P zahlte. B dagegen hat Zweifel an der Wirksamkeit der Pfändung und verlangt von P Herausgabe des von A gezahlten Betrages. Zu Recht?*

---

269 Vgl. Sie als Ergänzung die vierte Klausur im Termin 89/II in Baden Württemberg, abgedruckt in JuS 1992, 762 ff. mit Besprechung von Scherner.

270 BGH, NJW 1994, 3225 = **juris**byhemmer; vgl. Sie zu dieser Entscheidung die Besprechung von Lüke, JuS 1995, 202 ff.

271 Anders für nichtige Beschlüsse noch BGHZ 121, 98 = **juris**byhemmer.

272 Vgl. Sie Rn. 176.

273 Angelehnt an die Entscheidung des BGH in NJW 1994, 3225 = **juris**byhemmer.

I. §§ 687 II S. 1, 681 S. 2, 667 bzw. 678 BGB?

Ein Anspruch aus § 687 II S. 1 BGB i.V.m. §§ 681 S. 2, 667 BGB (Erlösherausgabe) bzw. i.V.m. § 678 BGB (Schadensersatz) scheidet jedenfalls aus, da P nicht die erforderliche positive Kenntnis von einer eventuellen Nichtberechtigung hatte.

II. § 816 II BGB

Nach § 816 II BGB könnte B von P dann Herausgabe der 10.000,- € verlangen, wenn B Berechtigter hinsichtlich dieser Zahlung war, an P als Nichtberechtigten geleistet wurde und diese Leistung dem Berechtigten B gegenüber wirksam ist.

1. Berechtigung des B?

a) Ursprünglich war B Berechtigter hinsichtlich der Rückzahlung des Darlehensbetrags.

b) Allerdings könnte er diese Berechtigung an P durch die Pfändung und Überweisung zur Einziehung nach §§ 829, 835 ZPO verloren haben, da ihm dann § 836 I ZPO die Sachbefugnis zuweist.

aa) Fraglich ist aber, ob der Pfändungsbeschluss überhaupt wirksam ist. Mangels anderer Angaben ist davon auszugehen, dass das Vollstreckungsgericht als Vollstreckungsorgan tätig geworden ist, § 828 ZPO. Da die Darlehensforderung auch wirksam bestand und die allgemeinen Vollstreckungsvoraussetzungen vorlagen, scheint die Pfändung wirksam zu sein.

bb) Allerdings könnte ein formaler Fehler darin liegen, dass keine Eintragung ins Grundbuch erfolgt war. Da § 830 I S. 3 ZPO für die Pfändung der durch eine Buchhypothek gesicherten Forderung in jedem Fall eine Eintragung verlangt,[274] lag kein wirksamer Pfändungsakt vor. Daran ändert auch § 830 II ZPO nichts, da dieser nur den Fall betrifft, dass die Eintragung nach § 830 I S. 3 ZPO nachgeholt wurde,[275] wofür im Sachverhalt nichts ersichtlich ist.

cc) Etwas anderes könnte sich daraus ergeben, dass nach h.M. nur offenkundige Fehler zur Nichtigkeit eines Vollstreckungsaktes führen, in den übrigen Fällen nur Anfechtbarkeit vorliegt. Indessen betrifft diese h.M. wohl nur Fälle, in denen die Pfändung fehlerhaft, nicht solche, in denen sie tatbestandlich gar nicht abgeschlossen ist.

dd) Da aber die wirksame Pfändung zumindest die Grundlage der Überweisung bildet, ist der Überweisungsbeschluss wegen der endgültig unwirksamen Pfändung ebenfalls nichtig und zwar ungeachtet dessen, ob man mit dem BGH die Pfändung wirklich als zum Tatbestand des Überweisungsbeschlusses gehörig bezeichnen sollte. Die Überweisung war somit unwirksam, der P Nichtberechtigter hinsichtlich der Forderung des B gegen A. Berechtigter ist damit B geblieben.

2. Die Zahlung an P müsste auch dem B gegenüber wirksam gewesen sein.

a) Typische Fälle, in denen die Leistung an einen Nichtberechtigten dem Berechtigten gegenüber wirksam ist, sind die bei der Forderungspfändung analog anzuwendenden §§ 412, 404 ff. BGB. Indes ist keine der dort genannten Vorschriften einschlägig. Eine gewisse Nähe zur hier vorliegenden Konstellation bietet zwar § 409 BGB, doch dürfte insoweit die spezielle Vorschrift des § 836 II ZPO vorrangig sein. Zwar setzt § 836 II ZPO als ungeschriebenes Tatbestandsmerkmal voraus, dass die gepfändete Forderung auch wirklich dem Schuldner zusteht, jedoch war dies hier der Fall.

---

274 Nochmals: Unterscheiden Sie unbedingt zwischen Pfändung und Verwertung der hypothekarisch gesicherten Forderung; die Pfändung einer Buchhypothek ist gemäß § 830 I S. 3 ZPO stets eintragungspflichtig, während dies für die Verwertung einer Buchhypothek nur im Falle einer Überweisung an Zahlungs statt gilt, vgl. § 837 I S. 2 ZPO!

275 Zöller-Stöber, § 830 ZPO, Rn. 11.

Nach § 836 II ZPO gilt der Überweisungsbeschluss dem Drittschuldner gegenüber so lange als rechtsbeständig, bis er von seiner Aufhebung Kenntnis erlangt hat.

b) Hier kann man davon ausgehen, dass A von der Nichtigkeit keine Kenntnis hatte, sodass § 836 I ZPO eingreifen könnte.

c) Fraglich ist aber, ob § 836 II ZPO überhaupt einschlägig ist, wenn der Überweisungsbeschluss nichtig ist, da § 836 II ZPO seinem Wortlaut nach eher auf fehlerhafte, nicht auf nichtige Beschlüsse abzielt.

aa) Der BGH hatte dies auch in seiner früheren Rspr.[276] verneint und dabei v.a. auf eine Parallele zum Abtretungsrecht hingewiesen: Dort greife bei einer wegen Geschäftsunfähigkeit unwirksamen Abtretung § 409 BGB auch nicht ein, weshalb es nahe liege, bei einer von vornherein nichtigen Überweisung auch § 836 II ZPO nicht anzuwenden. Dieser Schluss erscheint äußerst zweifelhaft, da ein Hoheitsakt nicht ohne weiteres mit einer rechtsgeschäftlichen Erklärung zu vergleichen ist, zumal es bei § 409 BGB in der genannten Konstellation vorrangig um die Frage geht, ob ein Geschäftsunfähiger einen wirksamen Vertrauenstatbestand schaffen kann.

bb) In einer neueren Entscheidung hat der BGH (a.a.O.) diese Rspr. auch aufgegeben bzw. zumindest eingeschränkt, wenn dem Drittschuldner ein Überweisungsbeschluss zugestellt wird, da er auf dessen hoheitliche Wirksamkeit besonders vertrauen könne.

Dieser Ansicht ist im Interesse des Drittschuldners zu folgen, da es diesem regelmäßig nicht erkennbar ist, ob der Überweisungsbeschluss nichtig oder lediglich anfechtbar ist.

d) Danach war gemäß § 836 II ZPO die Zahlung der 10.000,- € an P dem B gegenüber wirksam. Die Voraussetzungen des § 816 II BGB liegen damit vor.

Zu diesem Ergebnis müsste aber auch die frühere Rspr. gelangen, die die Anwendung des § 836 II ZPO auf nichtige Überweisungsbeschlüsse verneint. In dem Zahlungsverlangen des B gegenüber P ist nämlich eine Genehmigung der Einziehung nach §§ 362 II, 185 I BGB zu sehen.

3. Der Anspruch des B gegen P aus § 816 II BGB besteht also. Zu beachten ist allerdings, dass P eine rechtskräftige Forderung gegen B zusteht, mit der er gegen den Bereicherungsanspruch des B gemäß §§ 387, 389 BGB aufrechnen könnte

III. § 816 I S. 1 BGB

Z.T. wird auch die Einziehung einer Forderung als Verfügung über dieselbe betrachtet, sodass auch ein Anspruch aus § 816 I S. 1 BGB bestehen könnte, der aber für Fälle der vorliegenden Art neben § 816 II BGB keine eigenständige Bedeutung mehr hat.

III. Pfändung von Herausgabeansprüchen, §§ 846 ff. ZPO

Herausgabeansprüche des Schuldners gegen einen Drittschuldner werden nach § 846 ZPO gepfändet. Dabei kann es sich sowohl um schuldrechtliche als auch um dingliche Ansprüche handeln.[277]

hemmer-Methode: Im Unterschied zu § 883 ZPO,[278] der nur das Verhältnis zwischen Gläubiger und Schuldner regelt, liegt bei § 846 ZPO (wie bei der „normalen" Forderungspfändung) ein Drei-Personen-Verhältnis vor.

195

---

276 BGHZ 121, 98 = NJW 1993, 735 = **juris**byhemmer.

277 Th/P, § 846 ZPO, Rn. 1.

278 Vgl. Sie Rn. 222 ff.

Grund dafür ist, dass dem § 883 ZPO ein titulierter Anspruch des Gläubigers gegen den Schuldner auf Herausgabe zugrunde liegt, während im Falle des § 846 ZPO wegen einer Geldforderung des Gläubigers in einen Herausgabeanspruch des Schuldners gegen einen Drittschuldner vollstreckt wird.

wichtiges Beispiel: Herausgabeanspruch bei Sicherungsübereignung	Einer der praktisch wichtigsten Fälle ist die Pfändung eines Herausgabeanspruches bei der Sicherungsübereignung, wenn der Schuldner seine Sache an einen Dritten zur Sicherheit übereignet hat und dem Schuldner nun nach Befriedigung des Dritten aus der Sicherungsabrede ein schuldrechtlicher Rückübereignungsanspruch zusteht. Diesen Anspruch lässt nun der Gläubiger pfänden.

195a

§ 846 ZPO: ähnlich wie bei Forderungspfändung	Die Pfändung des Herausgabeanspruches läuft gemäß § 846 ZPO wie bei der Forderungspfändung, also über einen Pfändungs- und Überweisungsbeschluss. Nur die Überweisung an Zahlungs statt ist nach § 849 ZPO nicht zulässig.

Bei beweglichen Sachen hat der Drittschuldner und Besitzer ab Zustellung des Pfändungs- und Überweisungsbeschlusses die Sache nach § 847 I ZPO an den Gerichtsvollzieher herauszugeben. Dieser verwertet die Sache gemäß § 847 II ZPO nach den §§ 814 ff. ZPO im Wege der öffentlichen Versteigerung.

bei unbeweglichen Sachen: Herausgabe an Sequester, § 848 I ZPO	Bei unbeweglichen Sachen hat die Herausgabe an einen Sequester nach § 848 I ZPO stattzufinden. Dieser vertritt, falls auch eine Rückübereignung geschuldet wird, den Schuldner nach § 848 II S. 1 ZPO beim Eigentumserwerb.

Mit dem Eigentumserwerb des Schuldners erlangt der Gläubiger im Wege der dinglichen Surrogation für seine Forderung eine Sicherungshypothek gemäß § 848 II S.2 ZPO.[279]

IV. Die Pfändung sonstiger Vermögensrechte

§ 857 ZPO als Auffangtatbestand	Letztlich stellt § 857 ZPO eine Auffangvorschrift im Vollstreckungsrecht dar und setzt den Grundsatz um, dass der Gläubiger im Regelfall in das gesamte Vermögen des Schuldners vollstrecken kann.

196

Beispiele für sonstige Vermögensrechte	Sonstige Vermögensrechte i.S.v. § 857 ZPO sind alle geldwerten Rechte, die nicht Geld- oder Sachforderungen darstellen oder in das unbewegliche Vermögen fallen, also beispielsweise das Anwartschaftsrecht, Anteile an Gesamthands- oder Bruchteilsgemeinschaften, die Grundschuld, das Leasingrecht (sofern auch Dritten die Nutzung erlaubt werden kann) oder Schuldbefreiungsansprüche.[280]

hemmer-Methode: Klausurrelevant sind die Pfändungen des Anwartschaftsrechtes und von Anteilsrechten an Gemeinschaften (z.B. Miteigentum) oder Gesellschaften (BGB-Gesellschaft).

Voraussetzung: vermögenswerter Inhalt	Das Recht muss einen vermögenswerten Inhalt haben. Nicht pfändbar ist also beispielsweise das Namensrecht.[281] Auch muss das Recht übertragbar sein.

197

So ist der Schuldbefreiungsanspruch zwar infolge seiner Zweckbindung nicht übertragbar nach § 851 I ZPO.[282]

---

279   Vertiefungshinweis für Referendare: Ein Sequester ist vergleichbar mit einem verwaltenden Treuhänder und kann jede geeignete natürliche oder juristische Person sein. Zur Amtsübernahme kann er nicht gezwungen werden, vgl. Th/P, § 848 ZPO, Rn. 1.

280   Vgl. Sie die Aufzählung bei Th/P, § 857 ZPO, Rn. 1 - 6.

281   Th/P, § 857 ZPO, Rn. 8.

282   Vgl. Sie Rn. 159.

Er kann aber zumindest von demjenigen, dem der Geldanspruch letztlich zugutekommen soll, gepfändet werden.[283]

> **Bsp.:** Arbeitnehmer A hat wegen eines Arbeitsunfalls einen Schuldbefreiungsanspruch gegen seinen Arbeitgeber B. Diesen Anspruch kann nur der durch den A geschädigte Gläubiger pfänden lassen, § 851 I ZPO.

Praktisch relevant ist die Erweiterung der Übertragbarkeit durch § 857 III ZPO. Das Vermögensrecht ist pfändbar, wenn die Ausübung einem Dritten überlassen werden kann (vgl. § 1059 S.2 BGB für den Nießbrauch, § 1092 I S.2 BGB für die beschränkte persönliche Dienstbarkeit und § 1093 BGB für das Wohnungsrecht).[284]

Unpfändbar dagegen sind auch unselbstständige Nebenrechte, die nur zusammen mit dem Hauptrecht gepfändet werden können, wie z.B. das Pfandrecht, § 1250 BGB.[285]

Nach § 857 I ZPO läuft die Pfändung entsprechend §§ 828 ff. ZPO ab. Besonderheiten gibt es hauptsächlich bei der Zustellung.

Diese Zustellung ist gemäß § 857 II ZPO in den Fällen überflüssig, in denen kein Drittschuldner existiert, wie beispielsweise bei der Pfändung von Urheber- und Patentrechten.[286] Umstritten ist die Anwendung des § 857 II ZPO bei der Pfändung einer Eigentümergrundschuld.[287]

hemmer-Methode: Beachten Sie, dass im Falle des § 857 II ZPO die ansonsten für eine wirksame Pfändung nicht zwingend erforderliche Zustellung des Überweisungsbeschlusses an den Schuldner (Umkehrschluss aus § 829 III ZPO, vgl. Sie Rn. 169) nun unentbehrlich wird.[288]

1. Das Anwartschaftsrecht[289]

Pfändung des Anwartschaftsrechts

Beim Anwartschaftsrecht herrscht Streit darüber, ob es im Wege der Sachpfändung, der Rechtspfändung oder über eine Kombination von beiden zu pfänden ist.

> **Bsp.:** A hat von B ein Auto unter Eigentumsvorbehalt veräußert (§§ 433, 449 I, 929 S. 1, 158 I BGB) und bis auf die letzte Rate alles bezahlt. Gläubiger C will nun wegen eines Anspruches gegen A das Auto pfänden lassen.

Theorie der reinen Rechtspfändung

a) Bei der Theorie der reinen Rechtspfändung geht der Gläubiger nach den §§ 857, 829 ff. ZPO vor. Erwirbt der Schuldner später die Sache zu Eigentum, setzt sich die Pfändung automatisch gemäß § 1287 BGB, § 848 II ZPO an der Sache fort.

Ohne diese dingliche Surrogation wäre der Gläubiger nicht ausreichend gesichert, da dann der Schuldner nach dem Eigentumserwerb wirksam über die Sache verfügen könnte.

Doch wird diese Pfändung als mit dem Publizitätserfordernis des Sachenrechts nicht vereinbar betrachtet.[290]

Margin numbers: 198, 199

---

283 So jedenfalls Th/P, § 851 ZPO, Rn. 3; vertretbar erscheint auch die Begründung für die Pfändbarkeit anhand des § 851 II ZPO i.V.m. § 399 Alt. 1 BGB.

284 Th/P, § 857 ZPO, Rn. 3.

285 Th/P, § 857 ZPO, Rn. 7.

286 Arens/Lüke, Rn. 658.

287 Vgl. Sie dazu Rn. 206.

288 Th/P, § 857 ZPO, Rn. 10.

289 Sehr gute Darstellung bei Reinicke/Tiedtke, Kaufrecht, Rn. 1331 ff.

290 BGH, NJW 1954, 1325 = **juris**byhemmer.

Auch bei § 1287 BGB kann die Surrogation erst nach dem Besitzerwerb des Gläubigers stattfinden, vgl. § 1282 I S. 1 BGB. Medicus hingegen hält diese Rücksicht auf das Publizitätsprinzip für übertrieben.[291]

Theorie der reinen Sachpfändung

b) Bei der Theorie der reinen Sachpfändung wird nur nach den §§ 808 ff. ZPO vorgegangen. Doch könnte dann der Eigentümer (in unserem Fall der Vorbehaltsverkäufer) mit der Klage nach § 771 ZPO vorgehen und so die Pfändung des Gläubigers jederzeit vereiteln. Zum Teil wird die Klage nach § 771 ZPO als nicht zulässig betrachtet.[292]

200

h.M.: Doppelpfändung

c) Die h.M.[293] vertritt deshalb die Theorie der Doppelpfändung. Danach wird das Anwartschaftsrecht nach §§ 857 I, 829 ff. ZPO gepfändet und zugleich die Sache nach §§ 808 ff. ZPO. So kann sich das Pfändungspfandrecht am Anwartschaftsrecht nach Bedingungseintritt ohne weiteres an der Sache fortsetzen.

201

Nach Pfändung des Anwartschaftsrechts kann der Gläubiger Auskunft nach § 840 ZPO über die noch ausstehenden Raten verlangen und diese nach § 267 I S. 1 BGB zahlen.

Der Schuldner als Vorbehaltskäufer hat kein Recht zum Widerspruch nach § 267 II BGB, womit er den Bedingungseintritt verhindern könnte. Ein derartiger Widerspruch des Vorbehaltskäufers ist nach der Pfändung unbeachtlich, da er dem Verfügungsverbot des § 829 I ZPO zuwiderlaufen würde.

hemmer-Methode: Das Widerspruchsrecht des § 267 II BGB wird also gleichsam „mitgepfändet".[294]

Wenn der Gläubiger dann die noch ausstehenden Raten bezahlt, geht das Eigentum auf den Schuldner über und für den Verkäufer entfällt die Möglichkeit nach § 771 ZPO vorzugehen.

Im Übrigen hat die Pfändung des Anwartschaftsrechts den Sinn, dem (späteren) Pfändungspfandrecht an der Sache den Rang zu sichern.

hemmer-Methode: In der Praxis spielt die Doppelpfändung des Anwartschaftsrechts kaum eine Rolle:
1. Zum einen ist eine doppelte Pfändung mit zu hohen Kosten verbunden.
2. Zum anderen wird der Eigentumsvorbehaltsverkäufer einer Zahlung des Gläubigers i.d.R. nicht gemäß § 267 BGB widersprechen, sodass dieser nach Zahlung der restlichen Raten die Sache problemlos pfänden kann.
3. Zuletzt sieht man einer Sache in den seltensten Fällen an, dass an ihr („nur") ein Anwartschaftsrecht besteht, sodass in der Praxis die Pfändung schuldnerfremder Sachen der Regelfall ist und nicht die Doppelpfändung eines Anwartschaftsrechts.

2. Miteigentumsanteile

Pfändung des Miteigentumsanteils

Miteigentumsanteile an einer beweglichen Sache (vgl. §§ 741 ff., 1008 ff. BGB) können nach der h.M.[295] gemäß § 857 I ZPO gepfändet werden.

202

291　Medicus, Bürgerliches Recht, Rn. 486 ff.

292　Raiser, Dingliche Anwartschaften 1961, S.91 ff.

293　BGH, NJW 1954, 1325 = **juris**byhemmer.

294　Vertretbar ist auch die Annahme, dass ein Widerspruch nach der Pfändung gemäß § 162 BGB unbeachtlich ist; vgl. Sie zusammenfassend unbedingt Hemmer/Wüst, SachenR II, 2. Aufl., Rn. 186 ff.

295　Th/P, § 857 ZPO, Rn. 2.

Die Gegenauffassung pfändet auch Miteigentumsanteile nach §§ 808 ff. ZPO.[296] Diese Pfändung des Anteiles nach § 857 I ZPO ist jedoch nur der erste Schritt. Zur materiellen Befriedigung ist noch die Auseinandersetzung notwendig.

> **Bsp.:** *Die Ehegatten A und B haben sich gemeinsam ein Auto gekauft. Jetzt will der Gläubiger der B in diese Sache vollstrecken.*

Nach Pfändung des Miteigentumsanteils der B gemäß §§ 857 I, 829, 835 ZPO, muss G zur materiellen Befriedigung die Auseinandersetzung nach §§ 749 ff. BGB herbeiführen. Die Befähigung dazu erlangt er daraus, dass er gemäß §§ 857 I, 836 I ZPO anstelle der B die Sachbefugnis erlangt hat. Da es sich beim gemeinsamen Auto um einen unteilbaren Gegenstand handelt, erfolgt die Auseinandersetzung durch Verkauf nach § 753 I BGB.

hemmer-Methode: In Miteigentumsanteile an einer unbeweglichen Sache wird dagegen nicht nach § 857 ZPO, sondern nach § 864 II ZPO vollstreckt.[297]

3. Anteile an Gesamthandsgemeinschaften[298]

Pfändung eines Gesellschaftsanteils

a) Den Anteil eines Gesellschafters an einer Gesellschaft bürgerlichen Rechts kann der Gläubiger nach § 859 I S. 1 ZPO pfänden, nicht jedoch den Anteil an den einzelnen Gegenständen (Satz 2). Mit Anteil i.S.v. § 859 I S. 1 ZPO ist nur der Gewinnanteil und das künftige Auseinandersetzungsguthaben gemeint, nicht jedoch der unveräußerliche eigentliche Gesamthandsanteil.[299]

203

Gläubiger erhält Recht auf Gewinnanteil

Dadurch erhält der Gläubiger ein Recht auf den Gewinnanteil (vgl. § 722 BGB). Außerdem kann er die Gesellschaft nach § 725 I BGB kündigen, um sich aus dem Auseinandersetzungsguthaben zu befriedigen.

Während des Bestehens der Gesellschaft kann der Gläubiger sonstige Rechte nach § 725 II BGB nicht geltend machen.

KG, OHG und GmbH

b) Dies gilt auch für die Pfändung von Anteilen an einer KG oder OHG.[300] Doch ist das Kündigungsrecht des Privatgläubigers nach §§ 135, 161 II HGB eingeschränkt.

c) Die Pfändung von GmbH-Anteilen erfolgt dagegen direkt nach § 857 ZPO. Die Verwertung wiederum findet nach § 844 ZPO im Wege der öffentlichen Versteigerung des Anteils oder des freihändigen Verkaufs statt, da bei einer GmbH kein Kündigungsrecht des Privatgläubigers existiert.[301]

204

Miterbenanteil, § 859 II ZPO

d) Wie einen Gesellschaftsanteil kann der Gläubiger den Miterbenanteil nach § 859 II ZPO pfänden. Das hat vor allem nach § 804 II ZPO i.V.m. § 1276 I BGB die Folge, dass die Miterben nicht mehr ohne Zustimmung des Gläubigers über Nachlassgegenstände verfügen können.[302]

205

Mit der Pfändung hat der Gläubiger das Recht, die Auseinandersetzung nach § 363 II FamFG zu beantragen.[303] Er kann auch auf Auseinandersetzung klagen, § 2042 BGB.

---

296 Zöller-Stöber, § 857 ZPO, Rn. 2.

297 Zöller-Stöber, § 864 ZPO, Rn. 6.

298 Zur Zwangsvollstreckung in Personengesellschaften vgl. Sie auch Behr in NJW 2000 1137 ff.

299 Strittig! Vgl. Th/P, § 859 ZPO, Rn. 1; a.A. BGHZ 97, 392 = **juris**byhemmer.

300 Th/P, § 859 ZPO, Rn. 2.

301 Zöller-Stöber, § 859 ZPO, Rn. 13; Th/P, § 844 ZPO, Rn. 1.

302 Palandt, § 1276 BGB, Rn. 3.

303 Sehen Sie sich in diesem Zusammenhang nochmals die Übersicht bei Rn. 80 an!

> **hemmer-Methode: Bei der Gesamthandsgemeinschaft der Gütergemeinschaft, §§ 1415 ff. BGB, kann der Gläubiger gemäß § 860 ZPO nur direkt in das Gesamtgut vollstrecken nach §§ 740, 745 ZPO. Der Anteil selbst ist nicht pfändbar.**

4. Die Grundschuld

Pfändung einer Grundschuld nach h.M. wie hypothekarisch gesicherte Forderung

Für die Pfändung der Grundschuld gelten nach § 857 VI ZPO die Vorschriften, die für die Pfändung von hypothekarisch gesicherten Forderungen angewendet werden (vgl. §§ 830, 837 ZPO).

206

Eigentümergrundschuld

So wird nach h.M.[304] auch bei der Eigentümergrundschuld verfahren. Die Gegenauffassung pfändet mangels Existenz eines Drittschuldners nach § 857 II ZPO.[305] Diese Form der Grundschuld entsteht, abgesehen von der Eigenbestellung nach § 1196 I BGB, vor allem, wenn der Hypothekengläubiger befriedigt wird, §§ 1163 I S.2, 1177 I BGB.

Dies führt zu einer für den Gläubiger praktischen Schwierigkeit. Zumeist hat noch der befriedigte Hypothekengläubiger den Brief oder ist im Grundbuch eingetragen. Für die Wirksamkeit der Pfändung muss der Gläubiger daher den Brief herausverlangen oder das Grundbuch umschreiben lassen.[306]

5. Internet Domain

Umstritten ist, ob eine sog. Internet Domain der Pfändung gem. § 857 I ZPO unterliegt. Dazu müsste es sich um ein Vermögensrecht handeln.

206a

Nach e.A. stellt die Domain ein absolutes Recht dar, welches pfändbar ist. Es handele sich um ein Recht sui-generis, vergleichbar mit einer Lizenz[307]

Eine andere Ansicht verneint die Pfändbarkeit, da die Domain nicht als ein vom Inhaber losgelöstes Recht angesehen werden könne.[308]

Der BGH vertritt die Auffassung, dass nur die schuldrechtlichen Ansprüche, die dem Inhaber einer Domain gegenüber der DENIC[309] oder einer anderen Vergabestelle zustehen, ein Vermögensrecht i.S.v. § 857 I ZPO darstellen.[310] Darunter fällt der Anspruch auf Registrierung, der auch nach Durchführung als Anspruch auf Aufrechterhaltung der Eintragung fortbesteht.

Die Domain ist nach Ansicht des BGH nicht mit einem Patent-, Urheber- oder Markenrecht vergleichbar. Denn diese geben dem Inhaber einen Absolutheitsanspruch, der vom Gesetzgeber begründet wurde und nicht durch Parteivereinbarung. Eine Domain ist nur eine Adresse, nämlich eine technische im Internet. Die Ausschließlichkeit sei lediglich technisch bedingt.

hemmer-Methode: Angesichts des Zunehmens florierenden Handels mit Internet Domains ist das letzte Argument eher zweifelhaft. Gleichwohl sollten Sie in der Klausur der Rechtsprechung des BGH folgen.

---

304   BGH, NJW 1961, 601 = **juris**byhemmer.

305   Jauernig, Zwangsvollstreckungsrecht, § 20 III S. 3; vgl. Sie auch Rn. 197.

306   Th/P, § 857 ZPO, Rn. 11.

307   LG Essen, Rpfleger 2000, 168.

308   LG München, CR 2001, 342 = **juris**byhemmer.

309   DENIC eG Domain Verwaltungs- und Betriebsgesellschaft.

310   BGH, NJW 2005, 3353 = **juris**byhemmer.

C) Zwangsvollstreckung in das unbewegliche Vermögen

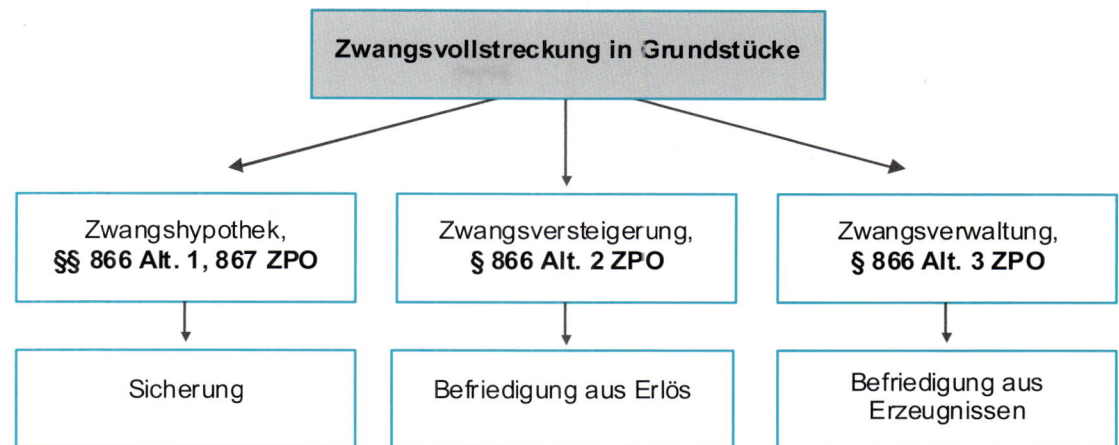

I. Klausurrelevanz

Klausurrelevanz

Die Zwangsvollstreckung in das unbewegliche Vermögen, geregelt in der ZPO und im ZVG, weist weit weniger Klausurprobleme auf als die Zwangsvollstreckung in das bewegliche Vermögen. Die Frage, wie Mobiliar- und Immobiliarzwangsvollstreckung konkurrieren, vgl. § 865 ZPO, kann aber klausurrelevant sein (vgl. Sie Rn. 103 ff.).

207

Interessante Probleme können sich dabei im Zusammenhang mit dem Haftungsverband der Hypothek ergeben. Insoweit stellt das Vollstreckungsrecht einen möglichen Einstieg in eine sachenrechtliche Klausur dar.

II. Titel

Duldungstitel des Hypotheken-gläubigers

Als Titel kommen Duldungstitel in Betracht, die ein Grundpfandrechtsgläubiger gegen seinen Schuldner erstritten hat, beispielsweise mit dem Tenor: „Der Beklagte hat wegen 10.000,- € die Zwangsvollstreckung in das (genau bezeichnete) Grundstück zu dulden." In der Praxis wird es sich hierbei regelmäßig um vollstreckbare Urkunden i.S.d. § 794 I Nr. 5 ZPO handeln.

208

hemmer-Methode: Wird der Anspruch aus § 1147 BGB vollstreckt, kommen von den drei Möglichkeiten der Verwertung (vgl. Sie Rn. 214 ff.) (sinnvollerweise) nur Zwangsversteigerung und Zwangsverwaltung in Betracht, nicht dagegen die Eintragung einer (nochmaligen) Zwangshypothek.[311]

Problem: Titel gegen GbR bei zwischenzeitlichem Gesellschafterwechsel

Problematisch kann in diesem Zusammenhang ein Titel gegen die Gesellschaft bürgerlichen Rechts sein, wenn zwischen Titelschaffung (notarielle Urkunde) und Zwangsvollstreckung ein Gesellschafterwechsel stattgefunden hat.

Grundbuchrechtlich besteht gem. § 82 S. 3 GBO eine Verpflichtung, eine Änderung der gem. § 47 II GBO vorzunehmenden Eintragung der Gesellschafter zu veranlassen. Insoweit decken sich danach Grundbuchinhalt und Titelinhalt bezogen auf die genannten Gesellschafter nicht mehr.

---

311   Vgl. Palandt, § 1147 BGB, Rn. 5.

§ 727 ZPO entsprechend

Zwar ist Schuldner nach wie vor die GbR selbst, so dass eine Titelumschreibung in direkter Anwendung des § 727 ZPO nicht in Betracht kommt. Nach Ansicht des BGH gilt für diesen Fall allerdings § 727 ZPO entsprechend.[312]

Denn das identitätsstiftende Merkmal einer GbR ist seit der Einführung des Zwangs zur Eintragung ihrer Gesellschafter nicht mehr die gewählte Bezeichnung der GbR als Verband, sondern die Nennung ihrer Gesellschafter. Welche GbR Gläubigerin des Titels ist, ist deshalb nur festzustellen, wenn der Titel selbst die GbR durch die Nennung ihrer Gesellschafter ausweist.

sonstige Titel

Im Übrigen kommt jeder Titel in Betracht, der den Schuldner zur Zahlung von Geld verurteilt. Dann hat das Vollstreckungsorgan auf Antrag des Gläubigers die Vollstreckung in das Grundstück anzuordnen (für die Zwangsversteigerung vgl. § 15 ZVG). Bei der Zwangshypothek benötigt der Gläubiger zusätzlich einen Duldungstitel, um daraus die Zwangsversteigerung oder die Zwangsverwaltung zu betreiben.

Der Antrag auf Zwangsversteigerung, Zwangsverwaltung oder auf Eintrag einer Zwangshypothek ist nicht aus Gründen der Verhältnismäßigkeit zurückzuweisen. Selbst wenn der Gläubiger wegen einer Bagatellforderung in ein Grundstück vollstrecken will, hat das Vollstreckungsorgan diesem Antrag nachzukommen. Dies wird als Grundsatz des freien Vollstreckungszugriffs bezeichnet.[313]

hemmer-Methode: Dieser Grundsatz ist keineswegs eine unbillige Privilegierung des Vollstreckungsgläubigers. Wenn der Vollstreckungsschuldner Eigentümer eines Grundstücks und damit in der Lage ist, Bagatellforderungen i.d.R. ohne weiteres zu begleichen, muss er, wenn er nicht freiwillig zahlt, auch die Vollstreckung in das Grundstück hinnehmen.

Der Schuldner hat nur die Möglichkeit, einen Antrag auf Vollstreckungsschutz nach § 765a ZPO zu stellen.

III. Gegenstand

Gegenstände der Immobiliar-ZVS

1. Gegenstand der Immobiliarzwangsvollstreckung sind gemäß § 864 I ZPO Grundstücke und grundstücksgleiche Rechte (insbes. das Erbbaurecht, § 11 I ErbbauRG) sowie nach § 864 II ZPO Bruchteilsrechte an solchen.

209

Zu den Bruchteilsrechten gehört insbesondere das Miteigentum, §§ 1008 ff. BGB.[314]

> *Bsp.: A will in die Eigentumswohnung (vgl. §§ 1 ff. WEG) des B vollstrecken. Dies ist besonders ausgestaltetes Miteigentum i.S.d. §§ 1, 2 WEG und damit nach § 864 II ZPO pfändbar.[315]*

Umfang und Behandlung des Haftungsverbundes

2. Gegenstand der Immobiliarvollstreckung sind gemäß § 865 ZPO auch die Gegenstände, die in den Haftungsverband der Hypothek nach § 1120 BGB fallen (s. Rn. 103 ff.).

210

Hierbei ist streng nach den folgenden Beispielen[316] zu unterscheiden:

---

312   BGH, NJW 2011, 615 = **juris**byhemmer.

313   Strittig! Vgl. Jauernig, Zwangsvollstreckung, § 1 X.

314   Zöller-Stöber, § 864 ZPO, Rn. 6.

315   Th/P, § 864 ZPO, Rn. 1 a.E., 6.

316   Unterschätzen Sie nicht die Kürze des Sachverhalts und der Lösung, sondern versuchen Sie zunächst eine eigenständige Erarbeitung der Problemfelder.

Bsp. 1: *Gläubiger A hat gegen Schuldner B eine titulierte Geldforderung in Höhe von 500.000,- €. B ist Eigentümer einer Kiesgrube und zweier Lastwagen zum Kiestransport (Zubehör i.S.v. § 97 I S. 1 BGB). Am Grundstück des B bestehen keinerlei Grundpfandrechte.*   211

Bevor A im Wege der Zwangsvollstreckung das Grundstück versteigern lässt, übereignet B die Fahrzeuge zur Sicherheit an die Bank C.

Erstreckt sich die Versteigerung auch auf diese Lastwagen gemäß §§ 55 II, 20 II ZVG?

vor Beschlagnahme Veräußerung jederzeit möglich

Mangels Wegschaffens konnte zwar keine Enthaftung nach § 1121 BGB eintreten, dies war aber auch gar nicht nötig, da die §§ 1120 ff. BGB nur dann Bedeutung erlangen, wenn tatsächlich Grundpfandrechte bestehen.

Auch ohne ein tatsächlich existentes Grundpfandrecht greift aber bereits die Regelung des § 865 II ZPO ein. Diese Vorschrift verbietet jedoch nur die Pfändung der Lkws gemäß §§ 808 ff. ZPO, nicht hingegen die Veräußerung durch den Schuldner B.

Diese Veräußerung wird erst durch die Beschlagnahme gemäß § 20 I, II ZVG i.V.m. § 23 I S. 1 ZVG i.V.m. §§ 135, 136 BGB verboten. Da die Beschlagnahme hier erst nach der Veräußerung erfolgte, hat die Bank C das Eigentum vom verfügungsberechtigten B erworben.

Zwar erstreckt sich die Zwangsversteigerung gemäß §§ 55 II, 20 II ZVG weiterhin auf die Fahrzeuge, da § 55 II ZVG nur auf den Besitz abstellt, jedoch wird die Bank ihr Sicherungseigentum im Wege der Drittwiderspruchsklage gemäß § 37 Nr. 5 ZVG i.V.m. § 771 ZPO geltend machen.[317]

hemmer-Methode: Beachten Sie den Unterschied zwischen § 1120 BGB und § 865 II ZPO. § 1120 BGB setzt das konkrete Bestehen einer Hypothek voraus. § 865 II ZPO gilt jedoch auch bereits dann, wenn noch keine Hypothek besteht.
Der abstrakte Haftungsverband nach § 865 II ZPO soll nämlich die wirtschaftliche Einheit des Grundstücks in der Zwangsvollstreckung sichern.

Bsp. 2: *Gläubiger A will wegen seiner Geldforderung einen der Lastwagen des B pfänden lassen.*   212

nicht möglich dagegen Pfändung von Zubehör

Dies ist wegen § 865 II S. 1 ZPO aufgrund der Zubehöreigenschaft der Lkws unzulässig und führt zur Anfechtbarkeit[318] der Pfändung nach § 766 ZPO. Im Wege der Mobiliarpfändung können nur sonstige Bestandteile gepfändet werden, § 865 II S.2 ZPO.

Bsp. 3: *Gläubiger A hat sich eine Hypothek am Kiesgrundstück des B eintragen lassen. Dann übereignet B wiederum einen Lastwagen zur Sicherheit an die C. A betreibt die Zwangsvollstreckung nach § 865 I ZPO in die Lastwagen. C erhebt Drittwiderspruchsklage nach § 37 I Nr. 5 ZVG i.V.m. § 771 ZPO.*   213

Das Sicherungseigentum der C ist zwar grundsätzlich ein der Versteigerung entgegenstehendes Recht i.S.d. § 37 I Nr. 5 ZVG i.V.m. § 771 ZPO.[319] Dennoch wäre die Drittwiderspruchsklage unbegründet, wenn das Sicherungseigentum (immer noch) vom Haftungsverband der Hypothek erfasst wäre und damit der A ein Vollstreckungsrecht am Lkw zustünde.[320]

Entscheidend ist somit, ob durch die Sicherungsübereignung an die C eine Enthaftung eintrat. Eine solche wäre nur über § 1121 BGB möglich gewesen, der gegenüber § 936 BGB lex specialis ist.[321] Mangels Entfernung greift diese Vorschrift hier aber nicht ein.

---

317 Zur streitigen Frage, ob das Sicherungseigentum ein Recht i.S.d. § 771 ZPO ist, vgl. Sie unten Rn. 266.
318 Str., vgl. Sie oben Rn. 105.
319 Vgl. Sie ausführlich unten Rn. 266.
320 Vgl. Sie ausführlich unten Rn. 272.
321 Palandt, § 1121 BGB, Rn. 5.

Somit setzt sich die Zugehörigkeit zum Hypothekenhaftungsverband gegenüber dem Sicherungseigentum durch. Der C steht kein der Versteigerung entgegenstehendes Recht i.S.v. § 37 Nr. 5 ZVG, § 771 ZPO zu. Der Ersteigerer erwirbt Eigentum an dem Lastwagen nach §§ 90 II, 55 I ZVG.[322]

IV. Die Zwangsversteigerung

Anordnung der Beschlagnahme, § 15 ZVG	**1.** Auf Antrag nach § 15 ZVG beschließt und ordnet das Amtsgericht als Vollstreckungsgericht nach § 1 ZVG die Beschlagnahme des Grundstückes gemäß § 20 ZVG an. Dies ist dem Schuldner nach § 3 ZVG von Amts wegen zuzustellen.

214

relatives Veräußerungsverbot

Der Beschluss hat gemäß § 23 I S. 1 ZVG die Wirkung eines relativen Veräußerungsverbotes nach §§ 136, 135 BGB. Ab Eintragung des Versteigerungsvermerkes ist ein gutgläubiger Erwerb gemäß § 135 II BGB nicht mehr möglich, vgl. § 23 II S.2 ZVG.

Nach der Anordnung der Zwangsversteigerung kann ein weiterer Gläubiger nunmehr nach § 27 ZVG dem Verfahren beitreten.

Möglichkeiten des Schuldners, das Verfahren aufzuhalten

Dem Schuldner bleiben mehrere Möglichkeiten das Verfahren aufzuhalten. So kann er - zweimalig nach § 30c ZVG - die Zwangsversteigerung für sechs Monate einstellen lassen, § 30a ZVG.

Zudem bleibt ihm der Antrag nach § 765a ZPO, der neben den §§ 30a ff. ZVG anwendbar ist. Schließlich kann der Schuldner nach § 75 ZVG bis zum letzten Moment die Schuld (inklusive Kosten) im Versteigerungstermin erbringen.

Terminbestimmung zur Zwangsversteigerung

2. Den Termin der Zwangsversteigerung bestimmt das Vollstreckungsgericht (§ 35 ZVG) nach § 36 I ZVG. Dieser Termin ist öffentlich bekanntzugeben und den Beteiligten zuzustellen, §§ 39 ff. ZVG. Beteiligte sind insbesondere die weiteren, im Grundbuch eingetragenen Berechtigten, z.B. ein weiterer Hypothekengläubiger.

215

Wichtig ist die Aufforderung gemäß § 37 ZVG: Mit Nr. 4 ist ein bestehendes, aber nicht eingetragenes Recht (z.B. der Erwerb durch Erbschaft) gemeint, mit Nr. 5 jedes weitere, der Veräußerung entgegenstehende Recht (z.B. das Eigentum an einem Zubehörgegenstand).

Beteiligung aller Berechtigten, Befriedigung nach Rangverhältnissen

3. Die Beteiligung aller Berechtigten ist wichtig zum einen wegen der Rangordnung der Befriedigung nach § 10 ZVG. So sind nach § 109 ZVG zuerst die Kosten der Zwangsversteigerung zu befriedigen, dann folgen nach § 10 Nr. 1 bis Nr. 3 ZVG Kosten wie für die Zwangsverwaltung oder öffentliche Lasten. Nr. 4 meint dinglich berechtigte Gläubiger wie Hypothekeninhaber (beachten Sie, dass hier für den Rang nach § 11 ZVG das materielle Recht gilt), Nr. 5 erfasst alle sonstigen persönlichen Gläubiger.

216

> **hemmer-Methode: Sinn einer erstrangig eingetragenen Hypothek ist es gerade, dass der Inhaber vor allen anderen Gläubigern befriedigt wird.**

geringstes Gebot

Die Bestimmung der Beteiligten ist zum anderen wichtig wegen der Höhe des geringsten Gebots nach § 44 I ZVG. Es wird nur ein Angebot zugelassen, das Versteigerungskosten, öffentliche Lasten und die voran gehenden dinglichen Rechte deckt.

Zur Sicherung der vorrangigen Rechtinhaber gilt das sog. „Übernahmeprinzip" des § 52 I S. 1 ZVG. Danach erwirbt der Ersteher das Grundstück einschließlich der vorrangigen Grundstücksrechte und muss diese daher bei Eintritt des Verwertungsfalles auch befriedigen.

---

322 § 55 II ZVG ist nicht notwendig, weil der Lastwagen ja dem Haftungsverband unterfällt.

Rechtstechnisch geschieht dies dadurch, dass der Grundstückserwerber als sog. „Geringstes Gebot" mindestens ein Angebot in Höhe des Nennbetrages der vorrangigen Grundstücksrechte sowie der Kosten der Zwangsversteigerung abgeben muss. Insofern spricht man auch vom „Deckungsprinzip".

hemmer-Methode: Lehrreich hierzu Löhning/Schärtl, „Einreden aus dem Sicherungsvertrag" in JuS 2004, 375 (376 f.).

> *Bsp.: Die Kosten der Zwangsversteigerung betragen 2.000,- €, zudem bestehen noch unbeglichene öffentliche Lasten in Höhe von 1.000,- €. Die vorrangige Hypothek hat einen Wert von 20.000,- €. Das Mindestangebot eines Ersteigerers nach § 44 I ZVG beläuft sich damit auf 23.000,- €.*

(Mindest-)Bargebot

Jedoch hat der Ersteigerer nach § 49 ZVG nur den Betrag in bar zu zahlen, der die Kosten nach §§ 109, 10 Nr. 1 bis Nr. 3 ZVG decken soll (also im obigen Fall 3.000,- €, sog. „Mindestbargebot") sowie natürlich sein Mehrgebot. Die Hypothek in Höhe von 20.000,- € übernimmt er gemäß § 52 ZVG.

> *Bsp.: Hat der Ersteigerer im obigen Fall 30.000,- € geboten, muss er 10.000,- € in bar entrichten.*

hemmer-Methode: Den Ablauf der Zwangsversteigerung brauchen Sie keinesfalls bis in alle Einzelheiten zu beherrschen.

Möglichkeiten, gegen eine Verschleuderung vorzugehen

Einer eventuellen Verschleuderung von Grundeigentum können Gläubiger und Schuldner gleichermaßen begegnen.

Gläubiger: § 74a ZVG

Nach § 74a ZVG kann jeder Gläubiger, der aus einem Gebot nur teilweise befriedigt werden würde, die Versagung des Zuschlages beantragen, wenn das Gebot unter sieben Zehntel des Grundstückswertes liegt und er bei einem höheren Gebot voraussichtlich befriedigt werden würde (sog. „relatives Mindestgebot").

Schuldner: § 85a ZVG

Erreicht das Angebot noch nicht einmal die Hälfte des Grundstückswertes, ist der Zuschlag grundsätzlich von Amts wegen (zu Gunsten des Schuldners) zu versagen (sog. „absolutes Mindestgebot").

hemmer-Methode: Beachten Sie, dass der Zuschlag nur einmal versagt werden kann, vgl. § 74a IV ZVG bzw. § 85a II S.2 ZVG.

Zuschlag: originärer Eigentumserwerb des Ersteigerers

4. Mit dem Zuschlag erwirbt der Ersteigerer originäres Eigentum mittels eines öffentlich-rechtlichen Eigentumsübertragungsaktes. Vom Zuschlag erfasst sind das Grundstück, § 90 I ZVG, und die mitversteigerten Gegenstände, § 90 II ZVG, bei denen die Beschlagnahme noch wirksam ist.

217

hemmer-Methode: Beachten Sie die unterschiedlichen Rechtsfolgen des Zuschlags:
Der Zuschlag i.S.d. § 817 I ZPO bringt gemäß § 156 BGB einen kaufähnlichen, schuldrechtlicher Vertrag zustande, während der Eigentumserwerb mit Ablieferung nach § 817 II ZPO stattfindet.
Der Zuschlag i.S.d. § 90 I ZVG hingegen führt bereits selbst den Eigentumserwerb herbei.

die Beschlagnahme erfasst wesentliche und unwesentliche Bestandteile sowie Zubehör

Die Beschlagnahme erfasst alle wesentlichen und unwesentlichen Bestandteile sowie die Zubehörstücke, soweit sie im Eigentum des Schuldners stehen oder er ein Anwartschaftsrecht an ihnen hat. Somit erwirbt der Ersteigerer daran die Rechte nach §§ 90 II, 55 I, 20 II ZVG, §§ 1120, 97 I BGB.

hemmer-Methode: Der Vollstreckungsschuldner verliert sein Eigentum am Zubehör gemäß § 90 I, II ZVG, welches auf den Meistbietenden (§ 81 I ZVG) kraft privatrechtsgestaltenden Hoheitsaktes übergeht.

bei schuldnerfremden Sachen: Möglichkeit der §§ 90 II, 55 II ZVG (dagegen § 771 ZPO)

Gegenstände, die nicht im Eigentum des Schuldners stehen (oder an denen er ein Anwartschaftsrecht hat), werden nicht von der Beschlagnahme erfasst, § 20 II ZVG, § 1120 BGB. Jedoch erstreckt sich darauf die Versteigerung, sodass der Ersteigerer daran Eigentum erwirbt, §§ 90 II, 55 II ZVG.

Der Dritte hat nur die Möglichkeit, nach der Aufforderung i.S.v. § 37 Nr. 5 ZVG seine Rechte daran über § 771 ZPO geltend zu machen.

hemmer-Methode: Diese Problematik lässt sich in der Klausur gut mit einer Herausgabeklage nach § 985 BGB kombinieren. Ihre Begründetheit liegt nur vor, wenn der Ersteigerer nicht über § 55 I oder II ZVG das Eigentum an der Sache erworben hat.

Teilungstermin

5. Zuletzt ordnet das Gericht einen Teilungstermin gemäß § 105 I ZVG an. Dort hat der Ersteigerer sein Angebot nach § 49 I ZVG in bar zu entrichten. Das Gericht stellt einen Teilungsplan auf und befriedigt die Gläubiger (§ 117 I ZVG) entsprechend nach Rang und Forderungshöhe.

218

V. Die Zwangsverwaltung

Zwangsverwaltung, §§ 146 ff. ZVG: Befriedigung aus Erträgnissen des Grundstücks

Mittels der Zwangsverwaltung gemäß §§ 146 ff. ZVG befriedigt sich der Gläubiger aus den Erträgen des Grundstückes. Deswegen geht die Beschlagnahme gemäß § 148 I ZVG weiter als die Beschlagnahme im Wege der Zwangsversteigerung. Es werden vor allem Miet- und Pachtzinsforderungen, vgl. § 21 II ZVG, erfasst.

219

> *Bsp.: Der Eigentümer eines Mietshauses will zur Sicherung eines Darlehens Mietzinsen in Höhe von 100.000,- € für das kommende Jahr an die Bank abtreten.*

War die Zwangsversteigerung angeordnet, ist dies ohne weiteres möglich, § 21 II ZVG. Bei der Zwangsverwaltung unterfallen diese Forderungen ebenfalls der Beschlagnahme mit der Folge eines Veräußerungsverbotes, §§ 146 I, 23 I S. 1 ZVG. Ein gutgläubiger Erwerb an Forderungen ist nicht möglich.

Die Zwangsverwaltung macht für einen Gläubiger zum einen dann Sinn, wenn aufgrund einer hohen dinglichen Belastung des Grundstückes, beispielsweise durch eine Grundschuld, für seinen eigenen Anspruch bei der Zwangsversteigerung nichts mehr übrig bliebe. Zum anderen ist diese Art der Zwangsvollstreckung dann interessengerecht, wenn es um die Befriedigung wiederkehrender Ansprüche, z.B. Unterhaltsansprüche, geht.

Anordnung durch Vollstreckungsgericht (AG) und Bestellung einer Zwangsverwaltung

Nach dem Antrag auf Zwangsverwaltung durch den Gläubiger ordnet dies - wie die Zwangsversteigerung - das Amtsgericht als Vollstreckungsgericht (§ 1 ZVG) an und bestellt nach § 150 I ZVG einen Zwangsverwalter.

Dieser macht die Ansprüche geltend und haftet kraft seiner Stellung als Partei kraft Amtes den Beteiligten. Die gewonnenen Geldbeträge werden aufgrund eines Teilungsplanes an die Berechtigten ausgezahlt, vgl. §§ 156, 157 ZVG. Ist der Gläubiger befriedigt, wird die Zwangsverwaltung nach § 161 II ZVG aufgehoben.

VI. Die Zwangshypothek

Zwangshypothek: dient nicht Befriedigung, sondern Sicherung des Anspruchs

220

Bei der Zwangshypothek erlangt der Gläubiger nicht die Befriedigung seiner Forderung. Vielmehr kann er sich für seinen Anspruch, wenn er mehr als 1.500,- € beträgt, durch das Grundbuchamt als Vollstreckungsorgan eine Zwangshypothek als Sicherungshypothek eintragen lassen, §§ 866, 867 ZPO. Mit der Zwangshypothek erhält der Gläubiger eine Rangstelle i.S.v. § 10 I Nr. 4 ZVG, die bei einer späteren Zwangsversteigerung seine bevorzugte Befriedigung sichert.

Ab der Eintragung gelten für die Zwangshypothek die Vorschriften der §§ 1184 ff. BGB. Will der Gläubiger die Zwangshypothek verwerten, benötigt er nach § 867 III ZPO allerdings keinen neuen Duldungstitel mehr.

Bei unzulässiger Zwangsvollstreckung (z.B. mangels Titel) entsteht keine Zwangshypothek und das Grundbuch ist unrichtig. Bestand die Forderung nicht, besteht von vornherein eine Eigentümergrundschuld, §§ 1163 I, 1177 BGB. Tritt später ein Vollstreckungshindernis i.S.v. §§ 776, 775 ZPO auf, geht die Hypothek kraft Gesetzes nach § 868 I ZPO auf den Eigentümer über.

hemmer-Methode: Wird aufgrund eines rechtskräftigen Urteils vollstreckt, stellt sich die Frage nach dem Bestand der gesicherten Forderung nicht. Es entspricht gerade dem Wesen der Rechtskraft, dass die Parteien an die im Urteil festgestellte Rechtslage auch dann gebunden sind, wenn sie nicht der materiellen Rechtslage entspricht.

§ 5 Zwangsvollstreckung wegen sonstiger Ansprüche

§ 5 DIE ZWANGSVOLLSTRECKUNG GEM. §§ 883 FF. ZPO

ERWIRKUNG DER HERAUSGABE VON SACHEN UND ERWIRKUNG VON HANDLUNGEN ODER UNTERLASSUNGEN

Die Zwangsvollstreckung wegen anderer Ansprüche als Geldforderungen ist in den §§ 883 ff. ZPO geregelt. Das Gesetz unterscheidet zwischen Ansprüchen auf Herausgabe bestimmter Sachen und auf Vornahme bzw. Duldung oder Unterlassung bestimmter Handlungen.

221

A) Die Herausgabevollstreckung nach §§ 883 ff. ZPO

I. Herausgabe beweglicher Sachen

bewegliche Sache

Bewegliche Sachen i.S.v. § 883 ZPO können vertretbare und unvertretbare Sachen (vgl. § 884 ZPO), Sachgesamtheiten wie eine Bibliothek oder Sachen, die erst beweglich gemacht werden müssen (z.B. eine Heizungsanlage), sein.[323]

222

Die im Antrag des Gläubigers nach § 753 I ZPO genau zu bezeichnende Sache hat der Gerichtsvollzieher nach § 883 I ZPO herauszuverlangen und dem Gläubiger zu übergeben.

§§ 811 ff. ZPO greifen nicht ein

Die Einschränkungen der §§ 811 ff. ZPO greifen hier nicht, da diese wegen ihrer Stellung im Gesetz nur auf die Zwangsvollstreckung wegen Geldforderungen in körperliche Sachen anwendbar sind. Sie sind als Ausnahmevorschriften auch nicht analogiefähig.[324]

hemmer-Methode: Vor allem fehlt es an der für eine Analogie erforderlichen vergleichbaren Regelungslage. Während es in § 811 ZPO um die Befriedigung eines auf Geldzahlung gerichteten Anspruchs geht und lediglich die verwertbare Vermögensmasse beschränkt wird, hat der Gläubiger in den Fällen des §§ 883 ff. ZPO einen Anspruch auf eine (bestimmte) Sache, der durch eine entsprechende Anwendung der §§ 811 ff. ZPO völlig ausgeschlossen würde.

Der Gerichtsvollzieher hat bei der Herausgabevollstreckung dieselben Zwangsbefugnisse wie bei der Zwangsvollstreckung wegen Geldansprüchen, also insbesondere § 758 ZPO (aber mit den Einschränkungen des Art. 13 II GG).[325]

bei Unauffindbarkeit Pflicht des Schuldners zur Abgabe einer eidesstattlichen Versicherung

Wird die Sache nicht beim Schuldner vorgefunden, hat dieser auf Antrag des Gläubigers nach § 883 II ZPO eine eidesstattliche Versicherung i.S.d. §§ 899 ff. ZPO abzugeben (vgl. Sie dazu Rn. 307 ff.).

Lautet das Urteil (u.a.) auf Lieferung einer herauszugebenden Sache, ist umstritten, ob die Vorschriften über die Herausgabevollstreckung anwendbar sind, oder ob es sich bei der Lieferung um eine vertretbare Handlung i.S.d. § 887 I ZPO handelt. Relevanz hat dies insbesondere im Hinblick auf das zuständige Vollstreckungsorgan.

---

323   Th/P, § 883 ZPO, Rn. 2.

324   Th/P, § 811 ZPO, Rn. 1.

325   Vgl. Sie Rn. 115.

Der BGH[326] sieht den Begriff „Lieferung" nicht als maßgeblich an. Unabhängig von der Frage, wo materiell-rechtlich die Überlassung geschuldet ist, steht die Herausgabe als Inhalt der Verpflichtung im Vordergrund. Dementsprechend richtet sich die Vollstreckung nach § 883 I ZPO. Auch die dadurch bedingten Verbringungskosten sind gem. § 788 ZPO problemlos dem Schuldner aufzuerlegen.

II. Herausgabe unbeweglicher Sachen

Herausgabe unbeweglicher Sachen: z.B. nach Ablauf eines Mietverhältnisses

Relevant ist diese Herausgabevollstreckung vor allem im Mietrecht, wenn der Vermieter nach erfolgreichem Prozess die Mietsache (Wohnung oder Haus) vom Mieter herausverlangt.

1. Ablauf

Schuldner wird aus Besitz gesetzt und Gläubiger in Besitz eingewiesen

Nach § 885 I ZPO hat der Gerichtsvollzieher den Schuldner aus dem Besitz zu setzen und den Gläubiger in den Besitz einzuweisen. **223**

D.h., dass der Gerichtsvollzieher notfalls mit Gewalt nach § 758 II und III ZPO und der Hilfe von Polizeivollzugsorganen den Schuldner von dem Grundstück entfernen darf.

Bewegliche Sachen, die dem Schuldner gehören (beispielsweise eine Wohnungseinrichtung) hat der Gerichtsvollzieher nach § 885 II ZPO wegzuschaffen und dem Schuldner bzw. einer anderen in der Norm benannten Person zu übergeben.

War der Schuldner abwesend, hat sie der Gerichtsvollzieher nach § 885 III ZPO zu verwahren.

hemmer-Methode: Bei der Vollstreckung eines Anspruchs auf Räumung und Herausgabe eines Grundstücks ist der Gerichtsvollzieher nicht berechtigt, Bauwerke und Anpflanzungen beseitigen zu lassen, selbst wenn der Schuldner nach dem Inhalt des Titels zur Beseitigung verpflichtet ist; der Beseitigungsanspruch ist nach § 887 ZPO zu vollstrecken (vgl. Sie dazu Rn. 225 ff.).
Ist die Beseitigung i.R.d. Herausgabevollstreckung durch den Gerichtsvollzieher ohne die erforderliche Ermächtigung des Prozessgerichts des ersten Rechtszuges erfolgt, können die Kosten der Ersatzvornahme nicht als notwendige Kosten der Zwangsvollstreckung festgesetzt werden.[327]
Vielmehr muss er gegen den Schuldner Klage erheben und einen Vollstreckungstitel erwirken.

2. Titel gegen alle Gewahrsamsinhaber

Der Titel muss grundsätzlich gegen jeden Gewahrsamsinhaber gerichtet sein. Problematisch ist dies allerdings bei Familien und Wohngemeinschaften. **223a**

genügt Titel gegen Mieter?

Man könnte insbesondere aus Praktikabilitätsgründen meinen, ein Titel gegen die Mieter reiche aus.

Diese – soweit ersichtlich – nicht mehr vertretene Ansicht ist nicht haltbar. Ob ein Gewahrsamsinhaber den Mietvertrag (mit-)unterzeichnet hat oder nicht, ist allein eine Frage des materiell-rechtlichen Räumungsanspruchs. Dies ändert aber nichts an dem Grundsatz, dass nur gegen denjenigen im Wege der Zwangsvollstreckung vorgegangen werden darf, der Gewahrsamsinhaber ist und gegen den auch ein Titel vorliegt.

---

326   BGH, Life&Law 2016, 313 ff.

327   Vgl. BGH, Beschluss vom 19.03.2004, IXa ZB 328/03 = **juris**byhemmer.

BGH: Titel gegen jeden Mitbesitzer der Wohnung erforderlich

Der BGH hat ausdrücklich entschieden, dass aus einem Räumungstitel gegen den Mieter einer Wohnung der Gläubiger nicht gegen einen im Titel nicht aufgeführten Dritten vollstrecken kann, wenn dieser Mitbesitzer ist.[328]

Im konkreten Fall wohnte der Ehemann der zur Räumung verurteilten Schuldnerin mit in der Wohnung. Nach Ansicht des BGH ist der Ehemann Mitbesitzer der Wohnung gewesen. Dies folge bereits aus § 1353 I BGB, der die Ehefrau verpflichtet, ihrem Ehegatten die Benutzung der ehelichen Wohnung zu gestatten.

Da hiernach der Ehemann ebenso wie die Vollstreckungsschuldnerin Mitbesitzer der Wohnung war, konnte die Zwangsvollstreckung gegen ihn nicht aus dem Titel betrieben werden.

Mittlerweile sind weitere Urteile zu dieser Frage ergangen, mit denen der BGH zwar Klarheit schafft. Allerdings bleiben Zweifel, ob die Entscheidungen wirklich überzeugend sind.

Kinder

Nicht volljährige Kinder sind nur Besitzdiener und nicht Mitbesitzer der Wohnung. Sie müssen im Titel nicht aufgeführt werden. Sie sind auch nicht Vollstreckungsschuldner. Die Zwangsräumung auch ihnen gegenüber erfolgt auf Basis der Vollstreckung gegenüber dem Schuldner. Nach Ansicht des BGH bleiben Kinder Besitzdiener, auch wenn sie volljährig werden. Anderes soll nur gelten, wenn die Einräumung von Mitbesitz nach außen deutlich erkennbar wird.[329] Das hat der BGH in dem entsprechenden Fall verneint, obwohl das mittlerweile volljährige Kind geheiratet und den Partner mit in die Wohnung genommen hatte.

hemmer-Methode: Insoweit stellt sich die Frage, wie ein Besitzbegründungsakt deutlicher nach außen erkennbar gemacht werden kann. Geht man nicht von den Gewohnheiten der 50er Jahre aus, wird es eine Absprache gegeben haben, welcher Teil der Wohnung (ausschließlich) dem Ehepaar zur Verfügung stehen soll. Folgt man dem BGH, sind Kind und Partner nur Besitzdiener hinsichtlich des „eigenen" Schlafzimmers!

Nichteheliche Lebenspartner nicht per se Gewahrsamsinhaber

In derselben Entscheidung hat der BGH zu der Gewahrsamsfrage bei nichtehelichen Lebenspartnern Stellung bezogen. Anders als bei Ehegatten geht der BGH hier davon aus, dass die Umstände des Einzelfalls maßgeblich sind. Es kommt darauf an, wie sich die Wohnsituation dem Gerichtsvollzieher darstellt. Hat etwa der Lebenspartner ersichtlich kaum persönliche Gegenstände in der Wohnung, liegt die Vermutung nahe, dass er noch einen eigenen Hausstand unterhält und sich nur sporadisch in der Wohnung aufhält.

Man kann daher im Ergebnis festhalten, dass stets ein Titel gegen alle Gewahrsamsinhaber erforderlich ist. Dies nimmt der BGH sogar in einem Fall an, in dem der Mieter die gemieteten Geschäftsräume nach außerordentlicher Kündigung einem Untermieter überlassen hat.[330] Hier besteht die Gefahr des Rechtsmissbrauchs, um den Zugriff auf die Mieträume zu erschweren. Zwar – so der BGH – kann es materiellrechtlich den Einwand der Rechtsmissbräuchlichkeit geben. Das Vollstreckungsorgan ist aber nicht berufen, im Zwangsvollstreckungsverfahren derartige Dinge zu prüfen. Gem. § 750 I S. 1 ZPO prüft der Gerichtsvollzieher nur, ob alle Gewahrsamsinhaber im Titel ausgewiesen sind. Ist dies nicht der Fall, darf gegenüber den nicht genannten die Zwangsvollstreckung nicht durchgeführt werden!

---

328   Vgl. BGH, NJW 2004, 3041 f. = **juris**byhemmer.

329   Vgl. BGH, NJW 2008, 1959 = **juris**byhemmer.

330   BGH, Life&Law 2008, 810 ff. = **juris**byhemmer.

hemmer-Methode: Diese Thematik ist absolut examensrelevant, und zwar sowohl für das Erste wie auch für das Zweite Staatsexamen. Verschaffen Sie sich anhand der zitierten Entscheidungen einen Überblick über die Thematik!

In der Praxis stellt sich die Frage, wie der Vermieter auf diese Rechtsprechung reagieren kann. Kann er die Gewahrsamsverhältnisse vor Klageerhebung nicht klären, könnte man an einen Auskunftsanspruch aus § 242 BGB denken (Stufenklage, wobei es dazu keine Rechtsprechung gibt). Aber wenn man sich den letzten Fall ansieht, bietet auch das keinen ausreichenden Schutz, wenn die Überlassung an den Dritten später erfolgt. Hier wird der Vermieter ggf. an eine Titelumschreibung gem. § 727 ZPO denken müssen. Problem dabei: Rechtskrafterstreckung.

Mit Wirkung zum 01.05.2013 ist zusätzlich an die Möglichkeit des § 940a III ZPO zu denken, welcher in Reaktion auf obige BGH-Rechtsprechung geschaffen wurde. Damit werden jedoch nicht alle Probleme beseitigt. Der BGH hat im Jahr 2017 entschieden, dass auch bei einem rechtswidrig besetzten Grundstück alle Schuldner im Titel bezeichnet werden müssen, selbst wenn dem Gläubiger im Erkenntnisverfahren keine Möglichkeit zur Identitätsfeststellung zur Verfügung steht. Der BGH akzeptiert also eine faktische (zivilrechtliche) Rechtlosstellung des Gläubigers und verweist ihn darauf, dass er die Räumung ja nach dem Polizei- und Ordnungsrecht durchführen lassen könne.[331]

nach § 758a II ZPO ist neben richterlichen Räumungstitel bisher keine zusätzliche gerichtliche Anordnung erforderlich

Fraglich ist, ob bei der Räumung bislang zusätzlich eine Durchsuchungsanordnung entsprechend Art. 13 II GG vorliegen muss. Dagegen spricht, dass dem Herausgabetitel bereits eine richterliche Durchsuchungsanordnung immanent ist. Dies stellt (nun) § 758a II ZPO ausdrücklich klar.

3. Umfang der Vollstreckung

Erstreckung auf bewegliche Sachen

Gem. § 885 II ZPO werden bewegliche Sachen, die nicht Gegenstand der Zwangsvollstreckung sind, vom Gerichtsvollzieher weggeschafft, dem Schuldner ausgehändigt bzw. ggf. verwahrt, § 885 III ZPO. Häufig schuldet der Mieter dem Vermieter noch die Zahlung ausstehender Miete, sodass er ein Interesse an der Verwertung der beweglichen Sachen haben kann, weil er ein Vermieterpfandrecht hat.

223b

sog. „Berliner Modell"

In diesem Zusammenhang stellt sich die Frage, ob der Vermieter die Vollstreckung auf die Räumung der Wohnung gem. § 885 I ZPO beschränken kann. In der Gerichtspraxis wurde diese Vorgehensweise (sog. Berliner Modell) als zulässig erachtet. Möglich war dies durch die Beschränkung des Vollstreckungsauftrages.[332]

Ab 2013: § 885a ZPO

Diese Praxis hat mit Wirkung zum 01.05.2013 eine gesetzliche Basis gefunden, § 885a I ZPO. Die Beschränkung auf die Räumung der Wohnung setzt nicht voraus, dass ein Vermieterpfandrecht geltend gemacht wird.[333]

Mieterschutz: Herausgabeverlangen bzgl. Sachen, die nicht dem Vermieterpfandrecht unterfallen

Der Mieter wird ausreichend dadurch geschützt, dass er die nicht pfändbaren Sachen herausverlangen kann, § 885a V ZPO. Gibt der Vermieter diese nicht frei, droht eine klageweise Geltendmachung, die wiederum für den Vermieter mit Kosten verbunden wäre. Daher wird der Vermieter in der Praxis relativ zügig den Hausstand auf Dinge durchsuchen, die einem Vermieterpfandrecht unterfallen und den Rest dem Schuldner freigeben.

---

331 BGH, NJW 2018, 399 ff. = **juris**byhemmer. Diese Rechtsprechung kann man kritisch sehen. Vgl. dazu Th/P, § 885, Rn. 5. m.w.N.

332 BGH, NJW 2006, 848, 3273 = **juris**byhemmer; Th/P, § 885 ZPO, Rn. 6 m.w.N. Diese Vorgehensweise kann auch aus Kostengründen sinnvoll sein. Zwar gilt auch hinsichtlich der Kosten der Wegschaffung, dass diese gem. § 788 I ZPO vom Schuldner zu tragen sind. Gleichwohl hat der Gläubiger Vorschuss zu leisten.

333 Th/P, § 885a, Rn.1.

hemmer-Methode: Machen Sie sich die praktische Relevanz der Regelung klar. Häufig kündigt der Vermieter wegen Zahlungsverzugs des Mieters. Im Klageverfahren auf Räumung laufen sodann bei wirksamer Kündigung Zahlungsansprüche gegen den Mieter gem. § 546a BGB auf. Der Vermieter hat daher ein Interesse daran, ggfs. verwertbare Sachen des Schuldners dann auch verwerten zu können, wenn sie nicht rechtzeitig abgelöst werden, § 885a IV ZPO.

Ergänzt wird der Schutz des Vermieters noch durch die Möglichkeit einer Sicherungsanordnung gem. § 283a ZPO, wenn die Räumungsklage direkt mit einer Zahlungsklage verbunden wird. Ergeht gegen den Mieter eine derartige Sicherungsanordnung und befolgt der Mieter diese nicht, kann gem. § 940a III ZPO mittels einstweiliger Verfügung geräumt werden.[334]

---

4. Wehrmöglichkeiten des Schuldners

Abwehrmöglichkeit des Wohnraummieters

Wegen des hohen Schutzgutes der Familie und der Wohnung besteht ein besonderes Bedürfnis danach, dass der Schuldner seine berechtigten Interessen wahrnehmen kann. Er hat bei der Räumungsklage von Wohnraum stufenweise die Möglichkeit zum Widerspruch.

224

Widerspruch nach § 574 I BGB

a) Die erste Fortsetzung des Mietverhältnisses kann der Mieter mittels seines Widerspruchs gegen die Kündigung nach § 574 BGB erreichen.

Dann trifft notfalls das Gericht nach § 574a II S. 1 BGB eine Bestimmung darüber, wie lange das Mietverhältnis fortzusetzen ist, vgl. auch § 308a ZPO.

Räumungsfrist, § 721 I S. 1 ZPO

b) Erstreitet der Vermieter nach Ablauf der Frist ein Räumungsurteil, kann der Schuldner vor dem Schluss der mündlichen Verhandlung eine Räumungsfrist nach § 721 I S. 1 ZPO beantragen. Nach Abs. 5 darf die Frist nicht mehr als ein Jahr betragen.

Vollstreckungsschutz in Härtefällen, § 765a ZPO

c) Schließlich schreitet der Gläubiger zur Vollstreckung. Dann kann der Schuldner in der Vollstreckung nach § 765a I ZPO die einstweilige Einstellung der Zwangsvollstreckung beantragen. Ein solcher Härtefall liegt regelmäßig nur bei unerwarteten Ereignissen vor, beispielsweise wenn Ersatzwohnraum bei Verwandten wegfällt.

Daneben kann in verfassungskonformer Auslegung des § 765a ZPO ein Räumungsvollstreckungsschutz dann geboten sein, wenn die konkrete Gefahr besteht, dass der Schuldner bspw. aufgrund seines hohen Alters durch den Verlust der gewohnten Umgebung zum Pflegefall werden oder gar Selbstmord begehen wird.[335]

Dem Antrag auf Vollstreckungsschutz ist aber nicht zwingend stattzugeben. Erforderlich ist stets die Abwägung der in solchen Fällen ganz besonders gewichtigen Interessen der Betroffenen mit den Vollstreckungsinteressen des Gläubigers. Es ist daher sorgfältig zu prüfen, ob die Suizidgefahr nicht auf andere Weise abzuwenden ist. Auch der Gefährdete selbst ist gehalten, das ihm Zumutbare zu tun, um die Risiken, die für ihn im Fall der Vollstreckung bestehen, zu verringern.[336]

Das Gericht darf sich dabei aber nicht mit einer abstrakten Betrachtung begnügen.

---

334 Diese Regelung ist nicht unproblematisch, weil damit faktisch die Hauptsache vorweggenommen werden kann, vgl. Th/P, § 940a, Rn. 6 m.w.N.

335 BVerfG, NJW 1998, 295 = **juris**byhemmer.

336 BGH, NJW 2005, 1859 f. = **juris**byhemmer.

Ein Einstellungsantrag gem. § 765a ZPO des Räumungsschuldners darf vielmehr nur abgelehnt werden, wenn das Vollstreckungsgericht der Suizidgefahr durch geeignete konkrete Auflagen oder durch die Anordnung geeigneter konkreter Betreuungsmaßnahmen entgegenwirkt.[337]

Besteht bei einer Zwangsräumung die Suizidgefahr bei einem nahen Angehörigen des Schuldners (hier: Vater), ist diese bei Anwendung des § 765a ZPO in gleicher Weise wie eine beim Schuldner selbst bestehende Gefahr zu berücksichtigen.[338]

evtl. (Rück-) Einweisung durch Ordnungsbehörden

d) Nach der Vollstreckung kann sich der Mieter an die Ordnungsbehörde wenden. Den Räumungstermin hat der Gerichtsvollzieher schon zuvor gemäß § 181 Nr. 2 GVGA dieser Behörde angezeigt. Droht nämlich Obdachlosigkeit, kann die Ordnungsbehörde den Mieter zurück in die Wohnung zwangseinweisen.[339]

B) Die Handlungsvollstreckung, §§ 887, 888 ZPO

I. Vornahme vertretbarer Handlungen, § 887 ZPO

vertretbare Handlungen: Vornahme auf Kosten des Schuldners

Die Zwangsvollstreckung zur Erwirkung vertretbarer Handlungen nach § 887 ZPO wird durchgeführt, indem das hier gemäß § 887 I ZPO funktionell zuständige Prozessgericht erster Instanz den Gläubiger ermächtigt, die Handlung auf Kosten des Schuldners selbst vornehmen zu lassen.

225

Begriff der Vertretbarkeit

Vertretbar ist eine Handlung, wenn es für den Gläubiger rechtlich und wirtschaftlich unerheblich ist, ob sie ein Dritter vornimmt, beispielsweise der Abbruch eines Bauwerkes, die Provisionsabrechnung oder die Zuziehung eines Sachverständigen.[340]

Praxisrelevanz v.a. bei Mängelbeseitigung

Praktisch relevant ist diese Art der Vollstreckung vor allem bei Mängelbeseitigungsansprüchen. Kommt beispielsweise der Werkunternehmer der Mängelbeseitigungspflicht gemäß § 633 II S. 1 BGB nicht nach, kann sie der Besteller über § 887 ZPO selbst vornehmen lassen.[341]

Abzugrenzen ist hierbei immer von Ansprüchen, die auf Geldleistung zielen. Dann geht die Vollstreckung in das Vermögen vor. Besonders relevant wird diese Abgrenzung bei Ansprüchen auf Schuldbefreiung.

> **Bsp.:** *Infolge leichtester Fahrlässigkeit schädigt der Arbeitnehmer A i.R. seiner betrieblichen Tätigkeit den Dritten D. Diesem gegenüber ist er zwar zum Schadensersatz (z.B. aus § 823 I BGB) verpflichtet, jedoch hat A im Innenverhältnis zu seinem Arbeitgeber aufgrund des innerbetrieblichen Schadensausgleichs einen Freistellungsanspruch in voller Höhe gemäß §§ 257, 670 BGB analog.*[342]

226

In derartigen Konstellationen bieten sich den Beteiligten unterschiedliche Möglichkeiten der Zwangsvollstreckung an:

1. Weigert sich der AN mit der Begründung, er habe einen Freistellungsanspruch gegen seinen AG, Schadensersatz zu leisten, so kann D, falls er nicht in das übrige Vermögen des AN vollstrecken will, als besonderes Vermögensrecht diesen Freistellungsanspruch gemäß § 857 I ZPO pfänden.[343]

---

337 BGH, NJW 2006, 508 = **juris**byhemmer.

338 BGH, NJW 2005, 1859 f. = **juris**byhemmer.

339 Vgl. Sie hierzu bspw. Hemmer/Wüst, Polizei- und Sicherheitsrecht Bayern, Rn. 467 f.

340 Th/P, § 887 ZPO, Rn. 1.

341 Vgl. Sie zu diesem Bsp. Zöller-Stöber, § 887 ZPO, Rn. 3; BGH, NJW 1993, 1394 = **juris**byhemmer.

342 Vgl. Sie zu dieser Problematik Hemmer/Wüst, Arbeitsrecht, Rn. 634 ff.

343 Zur Frage der Pfändbarkeit nach § 851 ZPO: oben, Rn. 197.

2. Weigert sich der AG, den AN von dessen Schuld zu befreien, stellt sich die Frage, wie der AN gegen den AG vorgehen kann. Letztlich will hier der AN die Zahlung der Schuld durch einen anderen. Deshalb könnte der AN gleich in das Vermögen des AG gemäß §§ 803 ff. ZPO vollstrecken.

Doch nimmt die h.M.[344] an, dass dem AG nicht die Möglichkeit genommen werden darf, seiner Pflicht anderweitig nachzukommen, beispielsweise durch eine befreiende Schuldübernahme, §§ 414 f. BGB. Deshalb geht § 887 ZPO vor, d.h. der AN kann wegen des Freistellungsanspruchs nicht nach §§ 803 ff. ZPO vollstrecken.

Diese Art der Vollstreckung steht ihm aber offen, wenn der AN selbst seine Schuld gegenüber D begleicht, da ihm dann gemäß § 887 I ZPO a.E. bzw. nach §§ 280 I, III, 283 BGB ein Geldersatzanspruch gegen den AG zusteht, weil diesem die Schuldbefreiung des AN aufgrund seiner Weigerung schuldhaft unmöglich geworden ist.

Antrag, der die vorzunehmende Pflicht bezeichnet, § 887 I ZPO

Zur Durchführung hat der Gläubiger einen Antrag nach § 887 I ZPO beim Prozessgericht zu stellen, in dem er die vorzunehmende vertretbare Handlung genau bezeichnen muss.

227

> **Bsp.:** *„Hiermit wird beantragt, dass der Gläubiger die Wärmedämmung des Dachstuhles mittels Anbringens von 5 cm dicken Styroporplatten auf Kosten des Schuldners durch ein Bauunternehmen vornehmen lassen darf."*

eigener Beschluss des Prozessgerichts

Das Gericht entscheidet durch Beschluss, § 891 S. 1 ZPO. Der Schuldner ist gemäß § 891 S.2 ZPO zu hören.

Umstritten war bislang, ob der Schuldner in diesem Verfahren auch materiell-rechtliche Einwendungen gegen den Antrag vorbringen kann.

> **Bsp.:** *A ist verpflichtet, einen Weg auszubessern, auf dem B ein Wegerecht hat. B hat einen Titel auf Vornahme dieser vertretbaren Handlung und geht gem. § 887 I ZPO gegen A vor. Dieser behauptet, den Weg bereits ausgebessert zu haben. B bestreitet dies; zumindest seien die Ausbesserungsarbeiten nicht ordnungsgemäß durchgeführt worden. Wird der Einwand der Erfüllung, § 362 BGB, im Verfahren gem. § 887 I ZPO geprüft oder ist A gehalten, nach ergangenem Beschluss eine Vollstreckungsgegenklage zu erheben?*

Der BGH hat die Möglichkeit bejaht, den Erfüllungseinwand bereits im Zwangsvollstreckungsverfahren geltend machen zu können.[345]

Allein aus prozessökonomischen Gründen ist es sinnvoll, vor Erlass eines dem Antrag stattgebenden Beschlusses die materiell-rechtlichen Einwendungen zu prüfen, auch wenn dazu notfalls ein Sachverständigengutachten eingeholt werden müsste. Denn dies wäre im Zweifel auch bei einer Vollstreckungsgegenklage erforderlich.

Dazu kommt, dass eine Berücksichtigung auch der Beschleunigung des Verfahrens dient. Außerdem kann das Prozessgericht, welches den Titel erlassen hat, besser beurteilen, ob eine u.U. vorgenommene Handlung tatsächlich zur Erfüllung geführt hat.

Zu beachten ist dies, soweit kein Widerspruch zur Vollstreckungsgegenklage (Präklusion, § 767 II ZPO) entsteht.

---

344   BGHZ 25, 7 = **juris**byhemmer; Th/P, § 887 ZPO, Rn. 2 m.w.N.
345   BGH, NJW 2005, 367 = **juris**byhemmer.

hemmer-Methode: Der Schuldner muss also nicht immer die Vollstreckungsabwehrklage nach § 767 ZPO anstrengen.[346] Gleichwohl ist der Schuldner nicht gezwungen, den Einwand i.R.d. Verfahrens nach § 887 I ZPO vorzubringen.

Er kann auch den Erlass des Beschlusses abwarten und sich dann mit der Klage gem. § 767 ZPO wehren. Er sollte dies aber aus Kostengründen überlegen. So löst das Verfahren gem. § 887 I ZPO z.B. nur eine 0,3 Verfahrensgebühr aus (VV 3309), während bei der Klage gem. § 767 ZPO eine 1,3 Verfahrensgebühr entsteht. Auch die Terminsgebühren und die Gerichtskosten sind geringer!

In dem Beschluss kann das Gericht den Schuldner nach § 887 II ZPO verurteilen, die Kosten für die Vornahme der Handlung vorzuschießen.

II. Vornahme unvertretbarer Handlungen, § 888 ZPO

Begriff der unvertretbaren Handlung

Eine unvertretbare Handlung ist eine Handlung, deren Vornahme ausschließlich vom Willen des Schuldners abhängt, § 888 I S. 1 ZPO. Die Durchführung durch einen anderen ist nicht oder nicht so möglich, wie es dem Schuldner möglich wäre.[347]

> *Bspe.: Auskunftserteilung, Gegendarstellung, Widerrufserklärung; Erstellung einer Betriebskostenabrechnung durch Vermieter[348]*

§ 888 ZPO gilt nach § 889 II ZPO auch für die zwangsweise Abgabe einer eidesstattlichen Versicherung nach bürgerlichem Recht.

Beugezwang (-), wenn Mitwirkung eines Dritten erforderlich

Die Vollstreckung findet nicht statt, wenn die Handlung nicht allein im Willen des Schuldners steht, § 888 I S. 1 ZPO. Logischerweise brächte das Zwangsmittel dann keinen Erfolg.

> *Bsp.: Eine Auskunftserteilung ist nur bei Mitwirkung eines Dritten möglich.[349]*

Zwangsmittel dürfen in diesem Fall erst angedroht werden, wenn der Schuldner nicht mit der gebotenen Intensität versucht, die zusätzlichen Voraussetzungen eintreten zu lassen, beispielsweise die Mithilfe eines Dritten.[350]

Ist diese zusätzliche Voraussetzung für den Schuldner wegen Unmöglichkeit (der Dritte ist verstorben) überhaupt nicht durchsetzbar, darf der Beugezwang nicht angedroht werden. Dem Gläubiger bleibt Schadensersatz nach § 893 I ZPO.[351]

Zwangsgeld/-haft

Die Vornahme der Handlung durch den Schuldner wird mit Zwangsgeld oder Zwangshaft, § 888 I S. 1 ZPO, erzwungen. Zwangsgeld und Zwangshaft sind dabei nicht als „repressive Rechtsfolge für einen vorausgegangenen Ordnungsverstoß", sondern als bloße Beugemaßnahme anzusehen. Ihre Verhängung setzt daher kein Verschulden des Schuldners voraus.[352] Das Zwangsgeld erhält die Justizkasse. Nach § 888 II ZPO findet vor der Vollstreckung keine Androhung statt.

Nach § 120 III FamFG ist die Zwangsvollstreckung bei höchstpersönlichen Pflichten ausgeschlossen.

Nach Aufhebung des Titels hat der Schuldner gegen die Justizkasse nach h.M.[353] einen Rückzahlungsanspruch aus ungerechtfertigter Bereicherung gemäß § 812 BGB.

228

346 A.A. diesbezüglich bis zur 26. Auflage Th/P, § 887 ZPO, Rn. 17., ab 27. Auflage dem BGH folgend.
347 Th/P, § 888 ZPO, Rn. 1.
348 BGH, NJW 2006, 2706 = **juris**byhemmer.
349 Th/P, § 888 ZPO, Rn. 3.
350 BayOblG, NJW-RR 1989, 462 = **juris**byhemmer.
351 Th/P, § 888 ZPO, Rn. 3 a.E.
352 Jauernig, Zwangsvollstreckungsrecht, § 27 III S.1.
353 OLG Köln, JZ 1967, 762; BAG, NJW 1990, 2579 m.w.N. = **juris**byhemmer.

C) Duldungen und Unterlassungen

I. Zweck

§ 890 ZPO: Vollstreckung eines Duldungs- oder Unterlassungsanspruchs

Bei dieser Vollstreckung wird dem Schuldner nach § 890 ZPO aufgegeben, eine Handlung zu dulden oder zu unterlassen. Ansonsten kann gegen ihn ein Ordnungsgeld oder eine Ordnungshaft verhängt werden.

229

u.U. Abgrenzungsschwierigkeiten zur Vornahme einer Handlung (z.T. Wahlrecht des Gläubigers ausgenommen)

Schwierig ist die Abgrenzung zu den Vollstreckungsarten nach §§ 887, 888 ZPO, weil eine Unterlassung für die Zukunft oftmals erst nach der Beseitigung der Störung aus der Vergangenheit möglich ist. So ist für die Unterlassung einer rechtswidrigen Störung im Eigentum erst die Beseitigung notwendig. Damit könnte der Gläubiger nach § 890 ZPO im Falle des Unterlassens der Handlung vorgehen oder nach §§ 887, 888 ZPO, um die Handlung durchzusetzen. Oftmals wird dem Gläubiger ein Wahlrecht eingeräumt.[354]

hemmer-Methode: In einer Klausur wird höchstens von Ihnen verlangt, dass Sie dieses Problem erkennen.

II. Ablauf

Verhängung von Ordnungsgeld oder -haft durch Prozessgericht

Auf Antrag des Gläubigers spricht das Prozessgericht in freier Entscheidung Ordnungsgeld oder Ordnungshaft in einer bestimmten Höhe aus. Vorher muss dies dem Schuldner nach § 890 II ZPO angedroht worden sein. Die Androhung wird zumeist schon in dem vollstreckbaren Titel ausgesprochen.

230

Liegt eine schuldhafte[355] Zuwiderhandlung vor, setzt das Gericht auf Antrag des Gläubigers das Ordnungsmittel fest und vollstreckt es von Amts wegen.[356]

Ordnungsgeld bleibt auch bestehen, wenn Verpflichtung nicht mehr eingehalten werden kann

Dabei spielt es keine Rolle, ob die zugrunde liegende Verpflichtung auch zukünftig, d.h. nach dem Verstoß, noch vom Schuldner eingehalten werden kann. Denn das Ordnungsmittel hat eine Doppelfunktion. Es ist ein zivilprozessuales Beugemittel und eine repressive Sanktion.

> *Bsp.: Hat also beispielsweise der Schuldner den Baum gefällt, so mag zwar der Grund der Unterlassungspflicht (nämlich den Baum nicht zu fällen) weggefallen sein. Die Sanktion des Ordnungsgeldes in Höhe von 10.000,- € kann das Prozessgericht trotzdem (oder besser: deswegen) vollstrecken.*

Die einzige Ausnahme besteht in den Fällen, in denen der Titel rückwirkend außer Kraft gesetzt wird. Beispielsweise wird in der Berufungsverhandlung vor dem Landgericht festgestellt, dass der Beklagte doch nicht die Pflicht hatte, eine schützende Hecke zum Nachbargrundstück stehen zu lassen. Zwischenzeitlich hat der Beklagte die Hecke schon entfernt. Dann kann das Ordnungsmittel aus der ersten Instanz nicht mehr vollstreckt werden.[357]

---

354   Strittig! Vgl. Th/P, § 890 ZPO, Rn. 4; Jauernig, Zwangsvollstreckungsrecht, § 27 IV.

355   Das Kriterium der Schuld wird von der h.M. aufgrund des Sühnecharakters des § 890 ZPO als ungeschriebenes Tatbestandsmerkmal gefordert, vgl. Sie m.w.N. Th/P, § 890 ZPO, Rn. 15.

356   Th/P, § 890 ZPO, Rn. 32.

357   Str., vgl. Th/P, § 890 ZPO, Rn. 35.

D) Abgabe einer Willenserklärung, § 894 ZPO

Abgabe einer Willenserklärung: Fiktion des § 894 ZPO

§ 894 I ZPO geht den vollstreckungsrechtlich einfachsten Weg bei einer an sich unvertretbaren Handlung des Schuldners (§ 888 ZPO), indem die Vornahme der Handlung fingiert wird.

231

> **Bsp.:** *Schuldet der Verkäufer die Übereignung einer Sache, wird gemäß § 894 ZPO die Einigungserklärung gemäß § 929 S. 1 BGB durch die Rechtskraft des Urteils ersetzt.*

Wirkung des § 894 ZPO mit formeller Rechtskraft

Die Wirkung des § 894 ZPO tritt nur bei formeller Rechtskraft des Urteils i.S.d. § 705 ZPO, § 19 EGZPO ein. Auf vorläufig vollstreckbare Urteile sowie andere Titel wie beispielsweise Vergleiche oder vollstreckbare Urkunden kann § 894 ZPO nicht angewendet werden.[358]

Die vorläufige Vollstreckbarkeit eines Urteils genügt jedoch ausnahmsweise im Fall des § 895 ZPO. Mit Hilfe dieser Vorschrift kann der Gläubiger, der einen Titel auf Auflassung, Hypothekenbestellung oder eine ähnliche Grundbucheintragung hat, eine Vormerkung oder einen Widerspruch eintragen lassen, um so einen drohenden Rechtsverlust bis zum Eintritt der formellen Rechtskraft zu verhindern.

hemmer-Methode: § 895 ZPO ist eine Verfahrenserleichterung für den Gläubiger. Er muss nicht zusätzlich zu dem stattgebenden Urteil auf Auflassung ein Urteil auf Abgabe einer Bewilligung i.S.d. § 885 BGB erstreiten.

§ 898 ZPO: gutgläubiger Erwerb auch über § 894 ZPO möglich

Nach § 898 ZPO gelten die Vorschriften des BGB, die den Rechtsübergang aufgrund von Gutgläubigkeit ermöglichen (also z.B. die §§ 932 ff. BGB). Will ein Dritter verhindern, dass sein Recht nach § 898 ZPO an der Sache untergeht, bevor er die Drittwiderspruchsklage nach § 771 ZPO durchgesetzt hat bzw. zumindest eine einstweilige Anordnung nach §§ 771 III, 769 ZPO erlangt hat, bleibt ihm bei beweglichen Sachen das Mittel der Benachrichtigung des Gläubigers, während bei Immobilien der Widerspruch nach § 899 BGB zur Verfügung steht.[359]

hemmer-Methode: Unterscheiden Sie von diesem Fall des rechtsgeschäftlichen gutgläubigen Erwerbs noch einmal genau den hoheitlichen Erwerb in der Zwangsvollstreckung, z.B. bei der Versteigerung nach § 817 II ZPO, bei dem es auf die Gut- und Bösgläubigkeit nicht ankommt, da es sich um einen gesetzlichen Erwerb handelt!

E) Abschließende Beispielsfälle

> **Bsp. 1:** *K hat gegen V einen Anspruch aus § 433 I S. 1 BGB auf Übereignung dessen gebrauchten Mountainbikes. V weigert sich zu erfüllen.*

232

Bei der Herausgabe beweglicher Sachen unterscheiden die §§ 883 ff. ZPO nicht danach, ob V nur zur Herausgabe, also lediglich zur Besitzverschaffung, oder auch zur Übereignung verurteilt worden ist. Hat die Übereignung gemäß § 929 S. 1 BGB zu erfolgen, so ist die Sache zu übergeben. Außerdem hat V die dingliche Einigung zu erklären.

Ist V also zur Übereignung verurteilt, vgl. § 897 ZPO, so liegt bei beweglichen Sachen eine doppelte Verurteilung vor, nämlich erstens zur Herausgabe und zweitens zur Einigung.

---

358   Th/P, § 894 ZPO, Rn. 2 und 3.
359   Th/P, § 898 ZPO, Rn. 3.

Dem entspricht die zweigleisige Vollstreckung, vgl. §§ 883, 897 ZPO einerseits, die die Übergabe ersetzen, und § 894 ZPO andererseits, der die Abgabe der dinglichen Einigungserklärung fingiert.

Anstelle der Zwangsvollstreckung nach bzw. bei deren Fehlschlagen, steht K die Möglichkeit der Schadensersatzklage nach § 893 ZPO offen. Die Zuständigkeit richtet sich – gemäß § 802 ZPO ausschließlich – nach § 893 II ZPO. Diese ist dann begründet, wenn sich aus materiellem Recht – z.B. aus §§ 280 I, III, 281 BGB - ein Schadensersatzanspruch ergibt.[360]

hemmer-Methode: Würde es sich bei dem Mountainbikekauf nicht um einen Stück-, sondern um einen Gattungskauf handeln, sei noch auf eine Besonderheit hingewiesen: Die h.M. unterscheidet bei Gattungskäufen zwei Fälle. Die beschränkte Gattungsschuld (Vorratsschuld) ist Vollstreckungsgegenstand i.S.d. § 883 ZPO, während die unbegrenzte Gattungsschuld nach § 884 ZPO vollstreckt wird, da der K dann keinen Anspruch auf Verschaffung einer bestimmten Sache hätte.[361]

Bsp. 2: *B lässt sich von Schreiner U einen Schrank reparieren. Aufgrund von Terminschwierigkeiten weigert sich U später, den Schrank zu restaurieren.*

233

Bei Werkverträgen kommt es darauf an, ob eine vertretbare oder unvertretbare (beispielsweise Restauration einer Antiquität durch einen bestimmten Fachmann) Handlung geschuldet wird. Vertretbare Handlungen kann der Gläubiger auf Kosten des Schuldners vornehmen lassen, § 887 ZPO. Zu unvertretbaren Handlungen wird der Schuldner letztlich gezwungen, § 888 ZPO.

Bsp. 3: *S ist zur Übereignung eines Grundstücks an G verurteilt. G möchte nach Rechtskraft des Urteils vollstrecken.*

Die Übereignung eines Grundstücks erfolgt nach §§ 873, 925 BGB durch Auflassung und Eintragung.[362] Die Eintragung kann G durch Stellung eines Eintragungsantrages nach § 13 GBO selbst herbeiführen. Die Auflassung wird nach § 925 BGB aber grundsätzlich bei gleichzeitiger Anwesenheit beider Teile vor dem Notar erklärt. Soll diese Auflassung im Wege der Zwangsvollstreckung herbeigeführt werden, so muss G bei Abgabe seiner Erklärung das Urteil in vollstreckbarer Ausfertigung vorlegen. Hierdurch wird die Erklärung des S gemäß § 894 ZPO ersetzt.[363] Die so zustande gekommene Auflassung beinhaltet nach h.M. gleichzeitig die Bewilligung gem. § 19 GBO,[364] so dass hier keine gesonderte Verurteilung angestrebt werden muss.

Wichtig: Da die Wirkung des § 894 ZPO erst mit Rechtskraft einsetzt, kann bei Anordnung vorläufiger Vollstreckbarkeit bereits im Vorfeld des Eintritts der Rechtskraft gem. § 895 S. 1 ZPO die Eintragung einer Vormerkung erreicht werden (s.o., Rn. 231).

360　Th/P, § 893 ZPO, Rn. 3.

361　Vgl. dazu Zöller-Stöber, § 883 ZPO, Rn. 3; Th/P, § 883 ZPO, Rn. 2 a.E.

362　Ausführlich hierzu Hemmer/Wüst, Sachenrecht III, Rn. 50 ff.

363　Palandt, § 925 BGB, Rn. 6.

364　Palandt, § 925, Rn. 30 m.w.N.

§ 6 RECHTSBEHELFE IN DER ZWANGSVOLLSTRECKUNG

Rechtsbehelfe wegen materieller Einwendungen		
⇩	⇩	⇩

Art der Einwendung	gegen den im Titel festgestellten Anspruch	Eingriff in den Rechtskreis eines Dritten	Dritten steht vorrangiges Pfand- oder Verwertungsrecht zu
Statthafte Klageart	**Vollstreckungsabwehr- klage** gem. **§ 767 ZPO**	**Drittwiderspruchsklage** gem. **§ 771 ZPO**	Klage auf **vorzugsweise Befriedigung** gem. **§ 805 ZPO**
Klageberechtigte	nur der Schuldner	Dritte	Dritte
Klageziel	Einstellung der Zwangsvollstreckung	Einstellung der Zwangsvollstreckung	vorzugsweise Befriedigung

A) Die Vollstreckungsgegenklage nach § 767 ZPO[365]

Ausgangsfall

Ausgangsfall: A hat gegen B aus einem rechtskräftigen Versäumnisurteil einen Kaufpreisanspruch in Höhe von 1.000,- €, aus einer vollstreckbaren Urkunde einen Mietzinsanspruch von 2.000,-€ und aus einem Vergleich einen Anspruch von 3.000,- €. Er leitet die Vollstreckung mit entsprechenden Anträgen ein.

B fragt sich, wie er folgende materiell-rechtliche Einwendungen bei den ersten beiden Ansprüchen geltend machen kann: Die mangelnde Vertretungsmacht seiner Frau beim Vertragsabschluss, die nachträgliche Zahlung beider Ansprüche durch einen Verwandten. Beim Vergleich führt er den Wegfall der Geschäftsgrundlage an. Zudem möchte er die gerichtlichen Schritte möglichst schnell durchsetzen und fragt sich, ob er auch nach der erzwungenen Zahlung noch vorgehen kann.

234

I. Wesen

§ 767 ZPO betrifft materiell-rechtliche Einwendungen/Änderungen der materiellen Rechtslage

Der Gesamtzusammenhang der Vollstreckungsabwehr- bzw. Vollstreckungsgegenklage stellt sich wie folgt dar: Der Gläubiger hält einen vollstreckungsfähigen Titel in Händen, beispielsweise ein Endurteil nach § 704 ZPO.

Der erstinstanzliche Titel als solches kann nur durch Berufung oder Revision wieder aus der Welt geschafft werden. Nach Eintritt der Rechtskraft ist aber auch dies nicht mehr möglich. Will der Schuldner aber die rechtsvernichtende Einwendung vorbringen, er habe nach der letzten mündlichen Tatsachenverhandlung mit befreiender Wirkung nach § 362 I BGB an den Gläubiger geleistet, so muss mit der Vollstreckungsabwehrklage zumindest ein Vorgehen aus dem Titel verhindert werden können.

235

---

365   Umfassend hierzu Wittschier, JuS 1997, 450 ff.

Bei begründeter Vollstreckungsabwehrklage erklärt das Gericht im Tenor die Zwangsvollstreckung aus einem bestimmten Titel für unzulässig,[366] was ggf. nach § 775 Nr. 1 ZPO zur Einstellung der Zwangsvollstreckung führt. Es wird also nicht der Titel, sondern nur dessen Vollstreckbarkeit beseitigt. Bei der Klage handelt es sich um eine prozessuale Gestaltungsklage.[367]

hemmer-Methode: Das wichtigste Schlagwort bei der Klage nach § 767 ZPO ist, dass damit die Wirkungen der materiellen Rechtskraft nicht durchbrochen werden dürfen.

II. Abgrenzungen[368]

Abgrenzung zur Erinnerung, § 766 ZPO

1. Mit der Erinnerung nach § 766 ZPO werden Verfahrensmängel gerügt, mit der Vollstreckungsabwehrklage materiell-rechtliche Einwendungen vorgebracht. **236**

Beide Klagearten schließen sich grundsätzlich gegenseitig aus.

Erinnerung nach § 732 ZPO

2. Bei der Erinnerung nach § 732 ZPO (vgl. Sie Rn. 83 ff.) geht es darum, die Unzulässigkeit der Zwangsvollstreckung auf Basis der erteilten Klausel zu erreichen, während bei der Vollstreckungsgegenklage über die Unzulässigkeit der Zwangsvollstreckung aus dem Titel selbst entschieden wird. **236a**

Zu beachten ist aber folgender Sonderfall: **236b**

§ 767 I ZPO analog

> *Bsp.: Der Vollstreckungsschuldner erhebt eine Vollstreckungsabwehrklage mit der Begründung, der in einer notariellen Urkunde titulierte Anspruch bestehe aus materiell-rechtlichen Gründen nicht und die Urkunde sei außerdem aus formell-rechtlichen Gründen nicht vollstreckungsfähig.*

> Nach Ansicht des BGH kann der formell-rechtliche Einwand in dem Klageverfahren in analoger Anwendung des § 767 ZPO **mit**berücksichtigt werden.[369]

Nach Rechtsprechung des BGH kann also eine Vollstreckungsabwehrklage sowohl auf materielle Mängel des Titels (direkte Anwendung des § 767 ZPO) als auch auf formelle Mängel des Titels (analoge Anwendung des § 767 ZPO) gestützt werden.

hemmer-Methode: Im Zweiten Examen in Bayern im Termin 2002/II wurde diese Problematik bereits geprüft. Dort ging es um einen Zahlungstitel, bei dem nicht erkennbar war, über welchen von mehreren möglichen Ansprüchen das Gericht entschieden hatte. Dieser Titel ist nicht der materiellen Rechtskraft fähig wegen Unbestimmtheit. Der BGH hat auch in diesem Fall in analoger Anwendung des § 767 I ZPO eine prozessuale Gestaltungsklage zugelassen, mit dem Antrag, die Zwangsvollstreckung aus dem Titel für unzulässig zu erklären.[370]

Liegen die Voraussetzungen einer Klauselerinnerung nach § 732 ZPO und einer Vollstreckungsgegenklage in analoger Anwendung des § 767 ZPO **(Rn. 236a,** ist der Titel unbestimmt, fehlt auch eine formelle Voraussetzung für die Erteilung einer Vollstreckungsklausel[371]**)** vor, so hat der Schuldner ein Wahlrecht zwischen beiden Rechtsbehelfen.[372]

---

366 Vertiefender Hinweis (nicht nur) für Referendare: Steht dem Schuldner nur eine Einrede zu, führt die Vollstreckungsgegenklage dazu, dass die Zwangsvollstreckung nur Zug-um-Zug für zulässig erklärt wird, vgl. BGH, NJW-RR 1997, 1272 = **juris**byhemmer; Th/P, § 767 ZPO, Rn. 12.

367 Th/P, § 767 ZPO, Rn. 1.

368 Vgl. Sie dazu ausführlich Th/P, § 767 ZPO, Rn. 4 - 8.

369 BGH, NJW-RR 2004 besprochen von K. Schmidt in JuS 2004, 445 f.; BGH, NJW 2004, 59 besprochen von Lorenz in JuS 2004, 468 ff.

370 BGHZ 124, 164 ff. = NJW 2004, 460 ff. = **juris**byhemmer; § 767 II, III ZPO hat der BGH aber auf diese Klage nicht für entsprechend anwendbar erklärt; vgl. Sie dazu auch Th/P, § 767 ZPO, Rn. 8a bzw. § 322 ZPO, Rn. 4. Zu weiteren Anwendungsfällen dieser Klage vgl. Özen, Hein, JuS 2010, 124 ff.

371 Vgl. Th/P, v. § 704 ZPO, Rn. 16 ff.; § 724 ZPO, Rn. 9.

372 Vgl. BGH, NJW-RR 2004, 1718 = **juris**byhemmer.

Nach der früheren Rechtsprechung stand dem Schuldner in diesen Fällen sogar ausschließlich die Klauselerinnerung zur Verfügung; das Vorliegen eines wirksamen Titels wiederum war prozessuale Voraussetzung für die Erhebung einer Vollstreckungsgegenklage.[373]

Dieser prinzipielle Vorrang der Klauselerinnerung ist in der neueren Rechtsprechung weitgehend aufgegeben worden. Die Möglichkeit einer Klauselerinnerung steht der Zulässigkeit der Vollstreckungsabwehrklage in analoger Anwendung des § 767 ZPO nicht mehr grundsätzlich entgegen.[374] Es ist auch statthaft (aber keine zwingende Voraussetzung mehr[375]), mit der Klage in entsprechender Anwendung des § 767 ZPO eine „normale" Vollstreckungsgegenklage zu verbinden, (**vgl. Sie nochmals Rn. 236a**).

hemmer-Methode: Damit kann auch im Klageverfahren - und nicht nur mit der Klauselerinnerung - ein formell-rechtlicher Einwand gegen den Vollstreckungstitel geltend gemacht werden. Vorteil: Die Vollstreckungsabwehrklage beseitigt die Vollstreckbarkeit des Titels schlechthin, während sich die Klauselerinnerung nur gegen die jeweilige vollstreckbare Ausfertigung richtet und die Erteilung einer weiteren Vollstreckungsklausel nicht hindert.

Abgrenzung zur Wiederaufnahme-klage, §§ 579, 580 ZPO

3. Mit der **Wiederaufnahmeklage nach §§ 579, 580 ZPO** will der Kläger eine Durchbrechung der Rechtskraft erreichen. Dies ist nur in wenigen Ausnahmefällen zulässig, beispielsweise wenn der Kläger in obigem Fall einer Falschaussage überführt werden würde, § 580 Nr. 1 ZPO.   237

Abänderungsantrag

4. Bei dem **Abänderungsantrag nach §§ 238 ff. FamFG** verändern sich die dem Titel zugrunde liegenden Umstände so stark, dass das gesamte Urteil (also nicht nur die Vollstreckbarkeit) umgeschrieben werden muss.   238

hemmer-Methode: Die Abgrenzung zwischen Vollstreckungsabwehrklage und Abänderungsantrag ist im Familienrecht - vor allem im Zweiten Staatsexamen – äußerst klausurrelevant.[376] Die h.M. unterscheidet danach, ob es sich um punktuell eintretende Ereignisse handelt, die eine Erfüllung oder ein Erfüllungssurrogat darstellen, oder ob es um eine Änderung der stets wandelbaren wirtschaftlichen Verhältnisse geht. Letztere sind mit dem Abänderungsantrag nach §§ 238 ff. FamFG geltend zu machen, während die Vollstreckungsabwehrklage bei den punktuellen Ereignissen statthaft ist.[377]

Feststellungsklage

5. Vollstreckungsabwehrklage und **Feststellungsklage auf das Nichtbestehen des Titels** können nebeneinander gegeben sein, wenn für letztere die Voraussetzungen des **§ 256 I ZPO** vorliegen; mit dem Feststellungsurteil kann der Schuldner jedoch nicht die Vollstreckung abwenden.[378]   239

Berufung

6. Bei einem vorläufig vollstreckbaren Titel hat der Schuldner die Wahl zwischen Berufung und Vollstreckungsabwehrklage. Legt er Berufung ein, kann er die Klage nach § 767 ZPO nicht mehr erheben, da ihm hierfür dann das Rechtsschutzbedürfnis fehlt (vgl. Sie Rn. 247 a.E.).   240

---

373 Vgl. BGHZ 15, 190 (191); BGHZ 22, 54 (65).

374 Vgl. BGHZ 92, 347 (348); BGHZ 118, 229 (232 ff.) = **juris**byhemmer.

375 BGH, Beschluss vom 23.08.2007, AZ VII ZB 115/06 = NJW-RR 2007, 1724 = **juris**byhemmer.

376 Vgl. Sie dazu die ausführliche Darstellung in Hemmer/Wüst, Familienrecht, Rn. 475 ff.

377 Vgl. Th/P, § 238 FamFG, Rn. 4.

378 BGH, NJW 1997, 2320 = **juris**byhemmer; Th/P, § 767 ZPO, Rn. 8; aus diesem Grund wird für eine Feststellungsklage i.d.R. wohl auch das Feststellungsinteresse fehlen.

III. Vorläufiger Rechtsschutz, § 769 ZPO

§ 769 I ZPO: vorläufiger Rechtsschutz bei § 767 ZPO

Die Durchsetzung der Vollstreckungsabwehrklage kann so lange dauern, dass dem Schuldner durch die Vollstreckung erhebliche Nachteile drohen können.

241

Deshalb gewährt ihm § 769 I ZPO die Möglichkeit, beim Gericht mittels einer einstweiligen Anordnung die vorläufige Einstellung gegen oder ohne Sicherheitsleistung zu erwirken.

Gegen die einstweilige Anordnung nach § 769 I ZPO ist weder die sofortige Beschwerde nach § 567 ZPO noch eine Rechtsbeschwerde nach § 574 ZPO statthaft.[379]

hemmer-Methode: Der Beschluss ist somit unanfechtbar. Auch eine außerordentliche Beschwerde ist nicht statthaft, da Beschlüsse der Beschwerdegerichte ausschließlich in den Fällen des § 574 I ZPO angefochten werden können. Ein außerordentliches Rechtsmittel zum Bundesgerichtshof ist auch dann nicht statthaft, wenn die Entscheidung ein Verfahrensgrundrecht des Beschwerdeführers verletzt oder aus sonstigen Gründen greifbar gesetzwidrig ist.
Einzige Möglichkeit ist die durch das Zivilprozessreformgesetz eingeführte Abhilfe nach § 321a ZPO, die es dem Gericht erster Instanz ermöglicht auf fristgebundene (§ 321a II S.2 ZPO) Rüge sein noch nicht rechtskräftiges Urteil abzuändern.
Für Interessierte und Referendare sei auf diese Entscheidung des BGH in NJW 2004, 2224 ff., besprochen von K. Schmidt in JuS 2004, 924 f. hingewiesen.

B ist also zu raten, gleichzeitig mit Einreichen der Klageschrift beim Prozessgericht diese einstweilige Anordnung zu beantragen, um A an der Vollstreckung zu hindern.

hemmer-Methode: Hier muss ein ganz wichtiger zwangsvoll-streckungsrechtlicher Grundsatz beachtet werden: Die Rechtsbehelfe im Vollstreckungsrecht haben keinen Suspensiveffekt. Deshalb muss der Schuldner bei jedem Rechtsbehelf, wenn er die sofortige Einstellung für geboten hält, einstweiligen Rechtsschutz beantragen. Dafür gibt es bei jeder Klageart entsprechende Vorschriften.

Risikobegrenzungsgesetz

Die Einstellung erfolgt gegen oder ohne Sicherheitsleistung. Eine Sicherheitsleistung wird nicht mehr festgesetzt, wenn der Schuldner zur Sicherheitsleistung nicht in der Lage ist und die Rechtsverfolgung durch ihn hinreichende Aussicht auf Erfolg bietet, § 769 I S.2 ZPO.

Dieser Satz soll die Rechtsschutzmöglichkeiten erweitern, wenn andernfalls die Einstellung faktisch nicht erreicht werden könnte, weil dem Schuldner trotz Erfolgsaussichten die erforderlichen Mittel für die Sicherheitsleistung fehlen.

IV. Zulässigkeit der Klage

Zulässigkeitsschema

Für die Vollstreckungsabwehrklage ist folgendes Zulässigkeitsschema einzuhalten, wobei nur die fettgedruckten Punkte immer anzusprechen sind:[380]

242

---

379   Vgl. BGH, NJW 2004, 2224 ff. = **juris**byhemmer.
380   Daneben können selbstverständlich auch allgemeine Zulässigkeitsfragen wie die der Parteifähigkeit oder Prozessführungsbefugnis relevant werden. In diesem Zusammenhang hat der BGH entschieden: Ein einzelner Miterbe ist gemäß § 2039 S.1 BGB für eine Vollstreckungsgegenklage gemäß § 767 ZPO gegen die Zwangsvollstreckung in ein Nachlassgrundstück prozessführungsbefugt, wenn damit ein zum Nachlass gehörender Anspruch durchgesetzt werden soll, BGH, Life&Law 2006, 675 ff.

> 1. Rechtsweg
> 2. **Statthaftigkeit**
> 3. **Sachliche und örtliche Zuständigkeit**
> 4. Form
> 5. **Rechtsbehelfsbedürfnis**

hemmer-Methode: Welche Prüfungspunkte problematisch sind (und ob vielleicht darüber hinaus gehende Punkte, z.B. Partei- und Prozessfähigkeit anzusprechen sind), ergibt sich stets aus dem konkreten Sachverhalt. Als Faustregel gilt, dass in der ZPO-Klausur im Ersten Staatsexamen Zulässigkeitsfragen eher kurz abzuhandeln sind, wenn dort nicht deutlich ein Problem angelegt ist. Vollständig unterschlagen sollten Sie die Zulässigkeitsprüfung aber nicht, wenn nach den „Erfolgsaussichten eines Rechtsbehelfs" o.ä. gefragt ist.

1. Rechtsweg

Rechtsweg, § 13 GVG, obwohl hoheitliche Maßnahme vorliegt

Der Rechtsweg zu den Zivilgerichten ist nach § 13 GVG eröffnet. Zwar handelt es sich bei den Zwangsvollstreckungsmaßnahmen um hoheitliche Staatsakte. Doch stellt die ZPO dafür ein abschließendes Klagesystem zur Verfügung, das den Rechtsweg zu den ordentlichen Gerichten eröffnet.[381]

243

hemmer-Methode: Ähnlich kurz und bündig sollten Sie in einer Klausur dieses Problem erwähnen. In einer ohnehin „vollgepackten" Klausur kann auch dieser Satz weggelassen werden.

2. Statthaftigkeit

Statthaftigkeit: bei materiellen Einwendungen gegen vollstreckungsfähige Titel

Statthaft ist die Klage, wenn ein Titel mit vollstreckungsfähigem Inhalt vorliegt und der Schuldner (aber niemals ein Dritter!) dagegen materiell-rechtliche Einwendungen vorträgt.

244

hemmer-Methode: In analoger Anwendung des § 767 ZPO können auch formell-rechtliche Einwendungen gegen den Titel vorgebracht werden (vgl. Sie nochmals Rn. 236a f.).

> Solche Titel liegen im Ausgangsfall mit einem Versäumnisurteil und einer vollstreckbaren Urkunde vor. Mit der Erfüllung und der mangelnden Vertretungsmacht bringt der Schuldner solche materiell-rechtlichen Umstände vor.

Ob eine solche Einwendung vorliegt und ob sie nicht gemäß § 767 II ZPO ausgeschlossen ist, wird in der Begründetheit behandelt.

Eine Besonderheit gilt bei Prozessvergleichen. Nur bei nachträglich eingetretenen Umständen kann der Schuldner die Vollstreckungsabwehrklage erheben.

> Im Ausgangsfall liegt mit einem Wegfall der Geschäftsgrundlage ein solcher nachträglicher Umstand vor. Weitere typischerweise nachträglich eintretenden Umstände sind die Erfüllung und Erfüllungssurrogate.

---

381   Th/P, § 13 GVG, Rn. 12.

Umstände, die schon vor Abschluss des Prozessvergleiches vorlagen, können z.B. über die Anfechtung zur anfänglichen Unwirksamkeit des Vergleiches führen, § 142 I BGB. In einem solchen Fall ist mangels Vorliegens eines Titels keine Vollstreckungsabwehrklage statthaft, sondern der Ausgangsprozess ist fortzuführen, sofern dies von einer Partei geltend gemacht wird.[382]

3. Sachliche und örtliche Zuständigkeit[383]

ausschließliche Gerichtsstände, § 802 ZPO

Die Zuständigkeiten, die die ZPO im Zwangsvollstreckungsrecht bestimmt, sind ausschließlich, § 802 ZPO. Ordnet daher § 767 I ZPO die Zuständigkeit des Prozessgerichtes erster Instanz an, so ist örtlich und sachlich ausschließlich das Gericht zuständig, bei dem der Prozess zum vollstreckbaren Titel in der ersten Instanz entschieden worden ist.

245

§ 767 I ZPO: Prozessgericht erster Instanz

⇨ Bei Urteilen ergibt sich dies örtlich aus §§ 12 ff. ZPO, sachlich aus §§ 23, 71 GVG, § 1 ZPO.

> Beim obigen Versäumnisurteil wäre dies grundsätzlich das Amtsgericht am Wohnort des B. Maßgeblich ist dabei aber allein, welches Gericht tatsächlich in erster Instanz entschieden hat. Ob dieses für den Streit auch wirklich zuständig war, ist unerheblich.

⇨ Bei **vollstreckbaren Urkunden** richtet sich die Zuständigkeit nach dem allgemeinen Gerichtstand des Schuldners, **§ 797 V ZPO**. Dies wäre hier wiederum das Amtsgericht am Wohnort des Schuldners (beachten Sie für den Sonderfall des § 800 III ZPO: Belegenheit des Grundstückes ist entscheidend).

⇨ Bei **Prozessvergleichen** greift § 797 V ZPO nicht. Der Rechtsstreit ist bei dem Gericht anhängig zu machen, bei dem auch der Vorprozess anhängig war und der Vergleich geschlossen wurde.

⇨ Bei **Vollstreckungsbescheiden** greift **§ 796 III ZPO**. Zuständig ist das Gericht, das für die streitige Entscheidung zuständig gewesen wäre. Maßgeblich ist damit in der Regel der allgemeine Gerichtsstand des Vollstreckungsschuldners, also des Klägers der Vollstreckungsabwehrklage.

hemmer-Methode: Sowohl bei § 796 III ZPO als auch bei § 797 V ZPO ist also das Gericht am allgemeinen Gerichtsstand des Klägers und nicht des Beklagten der Vollstreckungsabwehrklage örtlich zuständig.

4. Form

Form: allgemeine Vorschrift

Für die Form der Klageerhebung gelten die allgemeinen Vorschriften, also insbesondere § 253 ZPO. Die notwendige Vertretung durch den Anwalt regelt sich nach § 78 ZPO.

246

Der Klageantrag muss wegen § 775 Nr. 1 ZPO dahingehend gestellt werden, dass die Zwangsvollstreckung aus dem Titel für unzulässig erklärt wird.

---

382   BGH, Life&Law 2014, 183 ff.; betrachten die Parteien den Prozess als beendet, kann eine neue Klage zulässig sein, wenn die Beendigung des alten Rechtsstreits durch den Vergleich gar nicht in Frage gestellt wird.

383   Allgemein zu den Zuständigkeiten: Hemmer/Wüst, ZPO I, Rn. 149 ff.

5. Rechtsschutzbedürfnis

247

Das erforderliche Rechtsschutzbedürfnis ist gegeben, sobald und solange ein Titel vorliegt, der zur Zwangsvollstreckung geeignet ist.[384]

Bei einem vorläufig vollstreckbaren Titel hat der Schuldner die Wahl zwischen der Berufung und der Vollstreckungsabwehrklage. Legt er Berufung ein, fehlt ihm das Rechtsschutzbedürfnis für eine Klage nach § 767 ZPO, da er dann über §§ 719, 775 Nr. 2 ZPO zur Einstellung der Zwangsvollstreckung gelangen kann.[385]

V. Begründetheit

begründet bei bestehender, nicht nach § 767 II ZPO präkludierter Einwendung

Die Klage ist begründet, wenn eine (nicht nach § 767 II ZPO ausgeschlossene) materiell-rechtliche Einwendung oder in analoger Anwendung des § 767 ZPO formell-rechtliche Einwendung (vgl. Sie Rn. 236a) gegen den titulierten Anspruch besteht.[386]

248

Beruhen die Einwendungen auf Gründen, die bereits vor der letzten Tatsachenverhandlung[387] entstanden sind und deshalb auch dort hätten vorgebracht werden können, sollen diese nicht im Vollstreckungsverfahren nachgeschoben werden dürfen. Dies wird vielmehr durch die Präklusionswirkung des § 767 II ZPO verhindert.[388]

bei Begründetheit Präklusion des § 767 II ZPO zu beachten

1. Bei Urteilen gilt der Ausschluss für alle Einwendungen, die vom Schuldner bis zum Schluss der letzten mündlichen Tatsachenverhandlung nicht vorgebracht wurden, obwohl sie bereits entstanden waren.[389]

249

Dabei kommt es auf den Zeitpunkt des Bestehens der Einwendung an, nicht auf den Zeitpunkt der Geltendmachung.

Problem: Gestaltungsrechte

Problematisch ist dies bei Gestaltungsrechten, wie z.B. der Anfechtung, Aufrechnung oder dem Rücktritt. Für das Entstehen derartiger Einwendungen kommen drei mögliche Zeitpunkte in Betracht:

⇨ Ausübung des Gestaltungsrechts, weil erst dadurch der Anspruch vernichtet wird, bzw.

⇨ Entstehen des Gestaltungsrechts mit Kenntnis davon, wann dieses zum ersten Mal ausgeübt werden kann, bzw.

⇨ Entstehen des Gestaltungsrechts ohne Rücksicht auf diesbezügliche Kenntnis.[390]

---

384 Th/P, § 767 ZPO, Rn. 14 und 16.

385 Th/P, § 767 ZPO, Rn. 15.

386 Th/P, § 767 ZPO, Rn. 18.

387 Zur Vertiefung: Zwar wird von § 559 ZPO aus prozessökonomischen Gründen eine Ausnahme gemacht und ein Tatsachenvorbringen auch in der Revisionsinstanz gestattet, wenn diese Tatsachen nicht beweisbedürftig sind und keine schützenswerten Belange der Gegenpartei entgegenstehen. Diese Ausnahme gibt aber nur ein Recht und keine Pflicht oder Obliegenheit. Durch ein Nichtvorbringen tritt demnach keine Präklusion nach § 767 II ZPO ein, vgl. BGH, NJW 1998, 2972.

388 Ist eine Einwendung ausgeschlossen, kann auch nicht durch Klage die Feststellung erreicht werden, dass die titulierte Forderung materiell-rechtlich erloschen sei (hier für den Fall der präkludierten Aufrechnung), BGH, Life&Law 2009, 379 ff. = **juris**byhemmer. Selbst wenn keine Vollstreckungsabwehrklage erhoben wurde, unterliegt die materiell-rechtliche Gestaltungserklärung der Präklusionswirkung des § 767 II ZPO. Die entsprechende Anwendung des § 767 II ZPO folgt aus der materiellen Rechtskraft der gerichtlichen Entscheidung. Die Präklusion der Gestaltungsrechts hat insoweit nicht nur verfahrensrechtliche Wirkung; vielmehr treten auch die materiell-rechtlichen Wirkungen nicht ein, sofern man (fiktiv) mit der Geltendmachung gem. § 767 II ZPO präkludiert ist, BGH, Life&Law 2019, 744 = **juris**byhemmer.

389 Th/P, § 767 ZPO, Rn. 21.

390 BGHZ 34, 279 = **juris**byhemmer.

BGH: erste Ausübungsmöglichkeit entscheidend

Die Rechtsprechung folgt dem letzten Ansatz. Kann der Schuldner beispielsweise den Vertrag nach § 123 I Alt. 1 BGB anfechten und erfährt dies erst nach der mündlichen Verhandlung, so kann er diesen Einwand nach der Rspr. trotzdem nicht mit der Vollstreckungsabwehrklage geltend machen.

Der BGH stellt also darauf ab, wann das jeweilige Gestaltungsrecht erstmals hätte ausgeübt werden können. Damit will der BGH der Gefahr vorbeugen, dass die Zwangsvollstreckung durch Zuwarten bei Ausübung des Gestaltungsrechts verschleppt wird.

hemmer-Methode: Der Schuldner ist aber nicht verpflichtet, eine Gestaltungslage schnellstmöglich herbeizuführen. Entsteht die Aufrechnungslage erst nach dem Schluss der letzten mündlichen Verhandlung, ist der Schuldner mit einer dann erklärten Aufrechnung nicht präkludiert.[391]

Diese Ansicht der Rechtsprechung kann dazu führen, dass Ausschluss- und Verjährungsfristen des materiellen Rechts verkürzt werden.

hemmer-Methode: Deshalb erscheint es vertretbar, mit der Gegenauffassung auf die Ausübung des Gestaltungsrechts abzustellen. Das eigentliche Ziel der Rechtsprechung, eine Verzögerung des Verfahrens zu verhindern, lässt sich ebenso gut über eine analoge Anwendung der §§ 296, 530 f., 532 ZPO erreichen.[392]
Hiergegen spricht aber wiederum, dass der Gesetzgeber die Präklusion an diesen Stellen verschuldensabhängig ausgestaltet hat und dies bei § 767 II ZPO nicht tat. Dies spricht relativ deutlich gegen eine unbewusste Lücke im Gesetz. Der Ansicht des BGH ist daher im Ergebnis zu folgen.

Auch bei Widerrufsrechten?

Besonders diskutiert wird die Problematik bei der Einordnung verbraucherschützender Widerrufsrechte. Auch bei diesen handelt es sich um Gestaltungsrechte, also um rechtsvernichtende Einwendungen.[393]

Folgt man der oben dargestellten Rechtsprechung des BGH, müsste auch hier auf die erstmalige Möglichkeit zur Ausübung des Rechts abgestellt werden.

Ausübung entscheidend, da kein „Grund" erforderlich i.S.d. § 767 II ZPO?

Man könnte aber aufgrund von Besonderheiten bei den Widerrufsrechten auch anderer Auffassung sein.[394] So ist in § 767 II ZPO die Rede von „Gründen", auf denen die Einwendungen beruhen müssen.

Verkürzung der Widerrufsfristen?

Die Widerrufsrechte verlangen aber nicht nach einem Grund. Während z.B. die Anfechtung auf einen Anfechtungsgrund gestützt werden muss, steht die Ausübung des Widerrufs nach § 355 BGB im Belieben des Verbrauchers. Er muss nur gewisse Fristerfordernisse beachten. Auch insoweit könnte man – insbesondere im Falle unterbliebener Unterrichtung über das Widerrufsrecht – die faktische Verkürzung der Widerrufsfristen kritisieren, die mit der strengen Präklusionsrechtsprechung einhergeht.

BGH: Präklusion wie bei anderen Gestaltungsrechten auch

Trotz dieser Argumente hat der BGH entschieden, dass ein Verbraucher mit seinem Widerrufsrecht (§ 495 BGB) präkludiert ist, wenn die Darlehensforderung schon in einem mit dem Einspruch nicht mehr anfechtbaren Vollstreckungsbescheid tituliert ist.[395]

---

391 BGH, Life&Law 2005, 748 ff.

392 So Stjm, § 767 ZPO, Rn. 31 ff.

393 Lesen Sie hierzu K. Schmidt, JuS 2001, 1096 (1098). Vor der Eingliederung in das BGB waren die Widerrufsrechte rechtshindernd ausgestaltet, d.h. der Vertrag kam nur bei Nichtausübung des Widerrufs zustande. Allein aufgrund dieser Einordnung ist der BGH daher davon ausgegangen, dass ein Widerruf niemals eine neue Einwendung i.S.d. § 767 II ZPO sein kann, BGH, NJW 1996, 57 (58) = **juris**byhemmer.

394 So MüKo, ZPO, § 767, Rn. 82.

395 BGH, Life&Law 2020, 657 ff. = **juris**byhemmer.

Der Schutz der Rechtskraft überwiege das Interesse des Verbrauchers. Auch stehen Richtlinienvorgaben nach Auffassung des BGH nicht entgegen. Diese enthalten keine Regelungen zum Verfahrensrecht. Vielmehr sei hier das Verfahrensrecht der insoweit autonomen Mitgliedsstaaten maßgebend.

hemmer-Methode: Beachten Sie außerdem § 767 III ZPO, nach dem bei einer weiteren Vollstreckungsgegenklage wiederum eine Präklusionswirkung eintritt: Der Schuldner wird im zweiten Verfahren mit Einwendungen nicht gehört, die er zur Zeit der Erhebung der Klage hätte geltend machen können.[396]

Sonderproblem: Abtretung

2. Ein besonderes Problem kann sich i.R.d. Abtretung und der Anwendung des § 407 BGB ergeben:

Fall:[397] *K wurde rechtskräftig zur Zahlung von 1000,- € verurteilt. Danach erfährt K, dass der Gläubiger G die Forderung bereits vor Schluss der letzten mündlichen Verhandlung an Z abgetreten hatte. Wäre eine Vollstreckungsgegenklage gegen die durch G betriebene Zwangsvollstreckung begründet?*

Die Klage wäre begründet, wenn K sie auf Gründe stützen könnte, die nach dem Schluss der mündlichen Verhandlung entstanden sind, in der sie im Vorprozess noch hätten geltend gemacht werden können. Dabei geht es gemäß § 767 I ZPO um solche Einwendungen, die den Anspruch selbst betreffen. Ob eine Einwendung in diesem Sinne besteht, bestimmt die h.M. nach objektiven Kriterien (vgl. Sie oben bei der Problematik der Gestaltungsrechte).

Demnach hätte zwar ein Urteil gegen K nicht ergehen dürfen, da G im Zeitpunkt der letzten mündlichen Verhandlung die Aktivlegitimation fehlte. Indes ist dies ein Einwand, der objektiv betrachtet bereits zum damaligen Zeitpunkt bestanden hatte. Da es sich bei der Kenntniserlangung von der Abtretung um einen subjektiven Tatbestand handelt, kann diese allein deshalb kein Einwand i.S.d. § 767 II ZPO darstellen, auch wenn die Kenntniserlangung „neu" i.S.d § 767 II ZPO ist.

Etwas anderes könnte man nur dann annehmen, wenn man sich auf den Standpunkt stellt, dass die Abtretung dem Schuldner K gegenüber erst mit Kenntniserlangung wirksam wird. Dann hätte sich auch objektiv der Einwand erst nach der letzten mündlichen Verhandlung ergeben, da die Kenntniserlangung dann Voraussetzung für die Entstehung des Einwandes wäre. Sie wird so zum Tatbestandsmerkmal der Abtretung.

Diese Ansicht kann auf § 407 BGB gestützt werden. Aus dieser Vorschrift ergibt sich, dass erst nach Kenntniserlangung eine Leistung an den Zedenten G gegenüber dem Zessionar Z keine Erfüllung mehr bewirkt. Der neue Einwand ist dann der, nicht mehr schuldbefreiend an den alten Gläubiger leisten zu können.

Der BGH ist dieser Ansicht entgegengetreten.[398] § 407 BGB begründe nur einen Einwand gegenüber dem Zessionar und tauge allein deshalb nicht als Einwand gegenüber dem Zedenten, der ja die Zwangsvollstreckung aus dem Titel betreibe.

Im Übrigen lässt sich auch argumentieren, dass die Zahlung an den Zedenten in Unkenntnis der Abtretung nicht zwingend zur Erfüllung führt. § 407 BGB gibt dem Schuldner nur die Möglichkeit, sich auf die schuldbefreiende Wirkung der Zahlung zu berufen. Er kann auch nach § 812 BGB kondizieren und an den Zessionar zahlen.

hemmer-Methode: Daran wird der Schuldner etwa dann ein Interesse haben, wenn ihm gegen den Zessionar eine Forderung zusteht, weil dann eine Aufrechnung in Betracht kommt.

---

396   Beachten Sie, dass entgegen dem Wortlaut des § 767 III ZPO Einwendungen bis zum Schluss der mündlichen Verhandlung auch noch in der Berufung nachgeschoben werden dürfen und nicht schon in der Klageschrift aufgenommen sein müssen, vgl. Th/P, § 767 ZPO, Rn. 23.

397   Nach BGH, NJW 2001, 231 f. (vereinfacht) = **juris**byhemmer.

398   Vgl. Sie dazu auch die kurze Rezension von Karsten Schmidt in JuS 2001, 402 f.

Wenn nun aber die Abtretung gegenüber dem Schuldner tatsächlich erst mit Kenntniserlangung wirksam würde, wie die bislang h.M. vertrat, könnte es die Möglichkeit, nach § 812 BGB vorzugehen, logischerweise nicht geben. Denn ohne Kenntnis wäre nach dieser Argumentation ja noch der Zedent Inhaber der Forderung, weshalb eine Zahlung Erfüllungswirkung haben müsste. Das wäre aber ein falsches Verständnis des § 407 BGB.

Die Vollstreckungsgegenklage ist daher nicht begründet.

hemmer-Methode: Auch der BGH lässt den Schuldner nicht schutzlos. Nach seiner Ansicht könnte er die geschuldete Summe hinterlegen. Der BGH argumentiert, dass eine zur Hinterlegung berechtigende Unsicherheit des Schuldners über die Person des Gläubigers vorliege, § 372 S.2 BGB. Vollstrecke der Zessionar dann trotzdem, stehe dem Schuldner die neue Einwendung der Erfüllungswirkung gemäß §§ 378, 362 BGB zu, die i.R.d. § 767 II ZPO Berücksichtigung finden könne.

bei Versäumnisurteilen und Vollstreckungsbescheid nur Einwendungen, die nach Einspruchsfrist entstanden sind

3. Bei Versäumnisurteilen und Vollstreckungsbescheiden nach § 796 ZPO (diese stehen ja nach § 700 I ZPO einem vorläufig vollstreckbaren Versäumnisurteil gleich) gilt nach § 767 II Alt. 2 ZPO bzw. § 796 II ZPO, dass nur solche Einwendungen zugelassen werden, die nach Ablauf der Einspruchsfrist (§ 339 I ZPO) entstanden sind.

250

B könnte also die rechtshindernde Einwendung der mangelnden Vertretungsmacht nicht mehr anführen, wohl aber den Tatbestand der Erfüllung.

bei vollstreckbaren Urkunden keine Präklusion, § 797 IV ZPO

4. Vollstreckbare Urkunden sind nicht der Rechtskraft fähig. Deshalb kann der Schuldner in der Vollstreckungsabwehrklage nach §§ 795, 767 ZPO alle materiell-rechtlichen Einwendungen vorbringen, da er sich noch in keinem Erkenntnisverfahren hat wehren können, vgl. § 797 IV ZPO.

251

Damit wird B mit beiden Einwendungen - wegen fehlender Vertretungsmacht und Erfüllung - gehört.

Prozessvergleiche

5. Bei Prozessvergleichen gilt zwar die Grenze des § 767 II ZPO wegen des auch auf Prozessvergleiche anwendbaren § 797 IV ZPO[399] nicht, da auch bei diesen keine rechtskräftige Gerichtsentscheidung ergangen ist.

252

Doch stellt sich dieses Problem eigentlich nicht. Bei Abschluss des Vergleiches schon unerkannt vorliegende Einwendungen sind ja durch das Fortführen des alten Prozesses geltend zu machen.[400]

hemmer-Methode: Einwendungen, deren Vorliegen den Parteien bei Abschluss des Vergleichs bekannt waren, sind durch den Vergleich als solchen ausgeschlossen. Es entspricht gerade der Rechtsnatur eines Vergleiches, dass die Parteien ihr Rechtsverhältnis auf eine neue Rechtsgrundlage stellen und bis dahin bestehende Unklarheiten und Differenzen beseitigen wollen.

B) Rechtsbehelfe im Zusammenhang mit dem Klauselverfahren

Die Rechtsbehelfe der Klauselerinnerung, § 732 ZPO, der Klauselgegenklage, § 768 ZPO, und die möglichen Rechtsbehelfe des Gläubigers wurden bereits oben (Rn. 83 ff.) i.R.d. Vollstreckungsklausel ausführlich dargestellt.

253

hemmer-Methode: Zur Abgrenzung zu § 767 ZPO lesen Sie nochmals Rn. 236b!

---

399   BGH-RR 1987, 1023; Th/P, § 767 ZPO, Rn. 25.

400   Vgl. Sie bereits oben, Rn. 244 a.E.

C) Die Drittwiderspruchsklage, § 771 ZPO

Ausgangsfall: A hat sich für seine Forderung in Höhe von 10.000,- € eine erstrangige Hypothek am Grundstück des B einräumen lassen, worauf dieser eine Gaststätte betreibt. Dann lässt C, ein Gläubiger des B, die Kühlanlage pfänden. A möchte sich wehren.

254

I. Zweck

Zweck: Schutz eines Dritten

Bei der Pfändung des Vollstreckungsgläubigers beim Vollstreckungsschuldner kann ersterer in materielle Rechtspositionen eingreifen, die Dritten zustehen. Dann müssen sich diese wehren können.

255

hemmer-Methode: V.a. auch wegen der hiermit zu verbindenden sachenrechtlichen Vorfragen ist die Drittwiderspruchsklage auch im Ersten Examen durchaus klausurrelevant.

prozessuale Gestaltungsklage

Wie die Vollstreckungsabwehrklage ist die Drittwiderspruchsklage eine prozessuale Gestaltungsklage, die die Vollstreckbarkeit eines Titels beseitigt. Nach erfolgreicher Drittwiderspruchsklage hat ein Vollstreckungsorgan die Pfändung einzustellen, § 775 Nr. 1 ZPO, bereits getroffene Maßnahmen sind aufzuheben, § 776 S. 1 ZPO.[401]

So hätte der Gerichtsvollzieher die von C gepfändete Anlage dem A nach einer erfolgreichen Drittwiderspruchsklage zurück zu geben.

einstweiliger Rechtsschutz, §§ 771 III, 769 ZPO

Um einem drohenden Rechtsverlust möglichst effektiv zu begegnen, hat der Kläger die Möglichkeit der einstweiligen Anordnung, §§ 771 III S. 1, 769 ZPO.

Denn die einstweilige Einstellung der Zwangsvollstreckung findet nicht automatisch statt, sondern gem. § 775 Nr. 2 ZPO nur bei Vorlage einer gerichtlichen Entscheidung darüber.

hemmer-Methode: Gem. § 769 I ZPO wird die einstweilige Einstellung gegen oder ohne Sicherheitsleistung angeordnet. Stellt der Drittwiderspruchskläger als Sicherheit sodann eine Bankbürgschaft, liegt dem nach Ansicht des BGH in der Regel ein selbstständiges Garantieversprechen zugrunde, im Falle der Klage für den kompletten Ausfallschaden zu haften.[402] Dementsprechend richtet sich die Haftung des Bürgen in der Regel nach diesem zugrunde liegenden Garantieversprechen als Hauptverbindlichkeit.

II. Konkurrenzen

Verhältnis zur Erinnerung nach § 766 ZPO

In Konkurrenz zur Drittwiderspruchsklage tritt die Erinnerung nach § 766 ZPO. Beide Rechtsbehelfe kann der Dritte kumulativ geltend machen, wenn er auch verfahrensrechtlich beschwert ist.[403]

256

So greift der Gläubiger mit der Zwangsvollstreckung in materiell-rechtliche Rechtspositionen des A ein, wenn er wie oben, dem Hypothekenhaftungsverband unterfallendes Zubehör pfänden lässt.

---

401 Th/P, § 771 ZPO, Rn. 1.

402 BGH-RR 2004, 1128; der Gesetzgeber hat in dieser Situation keine Regelung für eine Ersatzpflicht gegenüber dem Vollstreckungsgläubiger getroffen. Verschiedentlich wird hier vertreten, § 717 II ZPO analog heranzuziehen (Th/P, § 771ZPO, Rn. 24). Das hat die bislang h.M. abgelehnt; der Drittwiderspruchskläger hafte nur verschuldensabhängig. Der BGH konstruiert mit dem selbstständigen Garantieversprechen auf andere Weise eine verschuldensunabhängige Haftung. Der Vollstreckungsgläubiger müsse bei Abweisung einer Drittwiderspruchsklage alle Nachteile ersetzt verlangen können, die ihm durch die einstweilige Einstellung der Vollstreckung entstanden sind. Eine nur verschuldensabhängige Haftung hat nach Ansicht des BGH keinen pfandgleichen Charakter, sodass diese kein ausreichendes Äquivalent für die mit der Ungewissheit des Prozessausgangs behaftete Aufhebung der Vollstreckungsmaßnahmen sei.

403 Th/P, § 771 ZPO, Rn. 2.

Zugleich verletzt diese Pfändung den A in seinem Verfahrensrecht aus § 865 II ZPO, sodass A auch erinnerungsbefugt ist.[404]

Verhältnis zu Klagen aus §§ 823, 1004, 985 BGB

Klagen gegen den Gläubiger aus materiellem Recht sind zulässig, wenn sie auf §§ 1004 und 823 I BGB gestützt werden. Sie sollen den Gläubiger, wenn er sich weigert, zur Herausgabe der Sache bewegen.

Eine Herausgabeklage gegen den Gläubiger nach § 985 BGB ist neben § 771 ZPO allerdings unzulässig, weil § 771 ZPO als Fortsetzung des § 985 BGB und damit als spezieller Rechtsbehelf anzusehen ist.[405]

Gegen den Schuldner, der zumindest immer mittelbarer Besitzer ist,[406] kann der Dritte jedoch § 985 BGB geltend machen und mit der Klage aus § 771 ZPO gegen den Gläubiger kombinieren. Beide Parteien sind einfache Streitgenossen nach § 771 II ZPO.

III. Zulässigkeit und Begründetheit

1. Zulässigkeit

> **a) Rechtsweg, § 13 GVG**
>
> **b) Statthaftigkeit**
>
> **c) Örtliche Zuständigkeit, §§ 771 I, 802 ZPO**
>
> **d) Sachliche Zuständigkeit, §§ 23, 71 GVG**
>
> **e) Ordnungsgemäßer Antrag**
>
> **f) Rechtsschutzbedürfnis**

257

a) Rechtsweg

Rechtsweg

Der Rechtsweg nach § 13 GVG sollte wie bei § 767 ZPO allenfalls kurz in einem Satz angesprochen werden.

258

b) Statthaftigkeit: Behaupten eines die Veräußerung hindernden Rechts

Statthaftigkeit

Statthaft ist die Klageart, wenn der Dritte in seiner Klageschrift nach § 253 ZPO anführt, dass ihm möglicherweise „ein die Veräußerung hinderndes Recht" zusteht.

259

Dabei muss der Dritte ein eigenes Recht vortragen. Dass ein (weiterer) Dritter ein Recht i.S.d. § 771 ZPO hat, reicht nicht aus.[407] Im entsprechenden Fall hat der Drittschuldner im Einziehungsprozess des Gläubigers ein die Veräußerung hinderndes Recht eines Dritten i.S.d. § 771 ZPO behauptet. Es besteht kein schutzwürdiges Interesse des Beklagten Drittschuldners daran, sich auf Rechtspositionen anderer zu berufen. Es soll nur über die materielle Rechtslage zwischen den Beteiligten entschieden werden. Es ist Sache des Rechtsinhabers dies mit der Klage nach § 771 ZPO geltend zu machen.

---

404 Th/P, § 865 ZPO, Rn. 6 und 7.
405 BGH, NJW 1989, 2542 m.w.N.
406 Vgl. Sie oben Rn. 123.
407 BGH, Urteil vom 21.09.2006, AZ IX ZR 23/05 = **juris**byhemmer; Rpfleger 2007, 88; Th/P, § 771 ZPO, Rn. 9 a.E.

hemmer-Methode: Der Gesetzeswortlaut ist dabei missverständlich, da nicht einmal das Eigentum als stärkste dingliche Rechtsposition die Veräußerung „hindern" würde, da insoweit ein gutgläubiger Erwerb in Frage kommen kann. Gemeint ist vielmehr, dass die Vollstreckungshandlung in den Zuweisungsgehalt eines Drittrechts eingreift.

Ein solches Recht liegt dann vor, wenn die Veräußerung des Vollstreckungsgegenstandes durch den Schuldner selbst oder den Gläubiger zivilrechtswidrig wäre, weil sie in den Rechtskreis des Dritten eingreifen würde.[408]

Ein-Mann-GmbH

Bei einer Ein-Mann-GmbH ist die GmbH Dritter i.S.d. § 771 ZPO, wenn die Zwangsvollstreckung aufgrund eines Titels gegen den Alleingesellschafter in einen Gegenstand erfolgt, der zum Gesellschaftsvermögen gehört.[409] Dies folgt schon aus dem Trennungsprinzip des § 13 II GmbHG, wonach für Gesellschaftsschulden allein die GmbH und für persönliche Schulden allein der Gesellschafter selbst haftet.

hemmer-Methode: I.R.d. Statthaftigkeit muss das jeweilige Recht bereits genannt werden. Es muss aber nicht geprüft werden, ob das Recht auch tatsächlich besteht. Vielmehr reicht i.R.d. Statthaftigkeit die Möglichkeit des Bestehens aus. Alles weitere – und damit die materielle Prüfung – erfolgt dann in der Begründetheit. Aber: ist umstritten, ob das so behauptete Recht überhaupt ein solches i.S.d. § 771 ZPO ist, muss diese (abstrakte) Prüfung zwingend schon bei der Statthaftigkeit erfolgen. Dementsprechend erfolgt die Darstellung nachfolgend bereits in der Statthaftigkeit. Kommen Sie dann zum Ergebnis, dass § 771 ZPO einschlägig ist, prüfen Sie wiederum in der Begründetheit, ob das Recht tatsächlich besteht! Das ist dann die „Brücke" ins materielle Recht.

Als solche Drittrechte kommen folgende Rechtspositionen in Betracht:[410]

aa) Eigentum

Eigentum, grundsätzlich auch Miteigentum

Die stärkste Rechtsposition stellt das Dritteigentum dar. Zu § 771 ZPO berechtigt auch der Miteigentumsanteil, wenn der Gläubiger die Sache selbst und nicht nur den Miteigentumsanteil nach § 857 ZPO pfändet[411] (vgl. Sie dazu Rn. 202). `259a`

auch Eigentum des Vorbehaltsverkäufers

Ausreichend ist zudem das Vorbehaltseigentum, beispielsweise des Autoverkäufers, der die Sache nach §§ 433, 449, 929 S. 1, 158 I BGB unter Eigentumsvorbehalt veräußert hat.

Möglich bleibt für den Gläubiger die Pfändung des Anwartschaftsrechts (dazu Rn. 198 ff.).

Streit herrscht dagegen beim Sicherungseigentum:[412]

str. bei Sicherungseigentum: e.A.: Sicherungsnehmer hat nur Klage aus § 805 ZPO; h.M.: § 771 ZPO (+)

aa) Teilweise wird vertreten, dass der Sicherungsnehmer lediglich formeller Inhaber des Eigentums ist. Dies zeige sich vor allem in der Insolvenz, in dem der Sicherungsnehmer nur ein Absonderungsrecht nach § 51 Nr. 1 InsO hat. `259b`

Deshalb sei § 805 ZPO der einschlägige Rechtsbehelf, zumal das Sicherungseigentum nach dieser Ansicht bei wirtschaftlicher Betrachtungsweise einem besitzlosen Pfandrecht gleichkomme.

---

408 BGH, NJW 1971, 799 = **juris**byhemmer; Th/P, § 771 ZPO, Rn. 14.

409 Vgl. BGH, NJW 2004, 217 ff. = **juris**byhemmer.

410 Th/P, § 771ZPO, Rn. 15 - 22.

411 RGZ 144, 241.

412 Bei der Sicherungsabtretung von Forderungen stellt sich dieses Problem nicht, da § 805 ZPO schon nach seinem klaren Wortlaut auf die Sachpfändung beschränkt ist. Hier ist unstreitig eine Drittwiderspruchsklage möglich, wenn die Gläubiger des Sicherungsgebers die abgetretene Forderung pfänden lassen.

Die h.M. gewährt jedoch auch dem Sicherungsnehmer die Möglichkeit des § 771 ZPO.[413]

Dieser h.M. ist aus überzeugenden Gründen zu folgen:

(1) Wäre der Sicherungseigentümer auf die Klage aus § 805 ZPO beschränkt, so würde nicht er, sondern der Vollstreckungsgläubiger bestimmen, ob und wann das Sicherungsgut verwertet werden soll.

Das Verwertungsrecht des Sicherungseigentümers bliebe somit schutzlos, zumal das i.d.R. in der Sicherungsabrede vorgesehene Recht zum freihändigen Verkauf meist die erheblich günstigere Verwertungsart ist.

(2) Überdies würde der Sicherungsnehmer dadurch in Mitleidenschaft gezogen, dass der Sicherungsgeber nach Versteigerung der Sache möglicherweise sein Unternehmen nicht fortsetzen und damit die restliche Darlehensschuld gegenüber dem Sicherungsnehmer bei ihrer Fälligkeit nicht zurückzahlen kann.

(3) Obendrein würde bei der vorzugsweisen Befriedigung des Sicherungsnehmers das zugrunde liegende Kreditverhältnis erfüllt und damit beendet. Dies ist für den Sicherungsnehmer dann ungünstig, wenn er das Geld zu einem hohen Zinssatz „verliehen" hat.[414]

hemmer-Methode: Der Unterschied zu § 51 InsO ist dadurch gerechtfertigt, dass i.R.d. Insolvenzverfahrens ohnehin eine Verwertung des gesamten Vermögens durchgeführt wird, vgl. §§ 80, 148, 159 InsO, und durch die Insolvenzeröffnung gemäß § 89 InsO Maßnahmen im Bereich der Einzelvollstreckung verboten sind. Hier hat der Sicherungsnehmer kein schutzwürdiges Interesse, der Verwertung des Sicherungsgutes zu widersprechen.

Sicherungsgeber nach h.M. vor Verwertungsreife: § 771 ZPO (+)

bb) Wird das Sicherungsgut durch Gläubiger des Sicherungsnehmers gepfändet, so kann nach h.M. auch der Sicherungsgeber, obwohl er nicht Eigentümer ist, die Drittwiderspruchsklage nach § 771 ZPO erheben.

Das Sicherungseigentum hat nämlich nur die Aufgabe, eine bestimmte Forderung des Sicherungsnehmers gegen den Sicherungsgeber zu sichern. Es soll aber nicht den Gläubigern des Sicherungsnehmers zur Befriedigung ihrer Forderungen gegen diesen zur Verfügung stehen.

hemmer-Methode: Liegt eine auflösend bedingte Sicherungsübereignung vor, kann sich der Sicherungsgeber daneben auch auf sein Anwartschaftsrecht berufen.[415]

Durch die Erhebung der Drittwiderspruchsklage kann der Sicherungsgeber verhindern, dass das Sicherungsgut gleichwohl auf diese Weise entgegen der Sicherungsabrede verwertet wird.

Die treuhänderische Bindung des Sicherungseigentums wirkt sich hier auch gegenüber Dritten, nämlich den Gläubigern des Sicherungsnehmers, aus.[416] Die Sicherungsabrede hat insoweit „quasi dingliche" Wirkung.

259c

---

413   BGHZ 12, 232 (234); 72, 141; vgl. generell zur Abgrenzung zwischen § 771 ZPO und § 805 ZPO den Aufsatz von Staufenbiel/Meurer, JA 2005, 796 ff.

414   Vgl. Sie dazu BGHZ 80, 296 (299) = **juris**byhemmer; Jauernig, Zwangsvollstreckungsrecht, § 13 IV 1 a.

415   Dazu sogleich unter Rn. 267a.

416   BGHZ 72, 141 = **juris**byhemmer.

Dies gilt nur dann nicht, wenn die Verwertungsreife eingetreten ist und der Sicherungsnehmer sich aus dem Gegenstand befriedigen könnte, denn in diesem Fall ist der Sicherungsnehmer nicht nur formell, sondern auch bei wirtschaftlicher Betrachtung vollwertiger Eigentümer.

> **Bsp.:** *A hat an B zur Sicherung eines Darlehens einen Lastwagen zur Sicherheit übereignet, darf ihn aber weiter benutzen.*
>
> Dann kann einmal B § 771 ZPO geltend machen, wenn Gläubiger des A in den Lastwagen vollstrecken.
>
> A kann Klage aus § 771 ZPO erheben, wenn Gläubiger des B in das diesem formell zustehende Eigentum vollstrecken wollen. Sonst müsste A das Darlehen sofort zurückzahlen, damit das Eigentum an ihn zurückfällt und § 771 ZPO jedenfalls greift. A steht dieses Recht nur dann nicht zu, wenn die Verwertungsreife eingetreten ist und sich B wegen Nichtzahlung des Darlehens aus dem Lastwagen befriedigen darf.

hemmer-Methode: Die gleiche Problematik stellt sich auch im Fall der Sicherungsabtretung. Auch hier steht dem Sicherungsgeber aufgrund der Treuhandabrede die Möglichkeit einer Drittwiderspruchsklage offen. Der Sicherungsgeber und der Eigentumsvorbehaltskäufer werden darüber hinaus regelmäßig die Möglichkeit haben, nach §§ 809, 766 ZPO vorzugehen, wenn Gläubiger des Sicherungsnehmers bzw. des Vorbehaltsverkäufers vollstrecken.

Die Konsequenz aus dem Widerspruchsrecht des Sicherungsgebers bei Pfändung durch Gläubiger des Sicherungsnehmers ist letztlich, dass zur Sicherheit übereignete Sachen rechtlich unpfändbar sein können, da auch die Gläubiger des Sicherungsgebers nicht vollstrecken können, weil ihnen eine Widerspruchsklage des Sicherungsnehmers droht.

bb) Anwartschaftsrecht

Anwartschaftsrecht: nach h.M. hat Anwartschaftsberechtigter Klage aus § 771 ZPO

Auch das Anwartschaftsrecht berechtigt nach h.M. zum Widerspruch nach § 771 ZPO. Eine derartige Situation kann beispielsweise entstehen, wenn Gläubiger des noch berechtigten Vorbehaltsverkäufers in die Sache vollstrecken wollen. *259d*

Solange der Käufer Gewahrsam hat, ist er hiergegen als nicht zur Herausgabe bereiter Dritter wegen § 809 ZPO geschützt.

Dieser Schutz versagt aber, wenn sich die Sache (z.B. zur Reparatur) wieder beim Verkäufer befindet. Dann stellt sich die Frage, ob das Anwartschaftsrecht des Vorbehaltskäufers eine Drittwiderspruchsklage nach § 771 ZPO rechtfertigen kann.

Dies könnte man mit der Begründung verneinen, dass wegen § 161 I BGB der Eigentumserwerb des Erstehers dem Anwartschaftsberechtigten nicht schadet.

Anderer Ansicht ist dagegen zu Recht der BGH[417] und die h.M. in der Literatur.[418] § 161 I S.2 BGB betrifft nämlich nur rechtsgeschäftliche Verfügungen im Wege der Zwangsvollstreckung, also die zwangsweise Übereignung nach §§ 897, 894, 883 ZPO.

Der Eigentumserwerb des Erstehers erfolgt aber (wie unter Rn. 148 dargestellt) kraft staatlichen Hoheitsakts, sodass dieser Eigentumserwerb keine Verfügung i.S.d. § 161 I S.2 BGB darstellt. Der Ersteher erwirbt also endgültiges und nicht nur auflösend bedingtes Eigentum. Daher muss dem Anwartschaftsberechtigten das Recht zum Widerspruch nach § 771 ZPO zustehen, damit er dem drohenden Rechtsverlust zuvorkommen kann.[419]

---

417 BGHZ 55, 20 ff. = **juris**byhemmer.

418 Th/P, § 771 ZPO, Rn. 15 a.E.

419 Vgl. Sie dazu ausführlichst Medicus, Bürgerliches Recht, Rn. 466.

cc) Beschränkte dingliche Rechte wie Grundpfandrechte

beschränkt dingliche Rechte

Der Hypothekengläubiger kann wegen der Verletzung materieller Rechtspositionen Klage nach § 771 ZPO erheben, wenn ein Dritter in die Haftungssubstanz nach § 1120 BGB durch die Mobiliarpfändung von Zubehör eingreift.

259e

Zudem kann er in diesem Fall wegen Verletzung der Verfahrensvorschrift des § 865 II ZPO auch eine Erinnerung nach § 766 ZPO erheben. Beide Rechtsbehelfe sind nach h.M. nebeneinander, auch kumulativ, zulässig, da sie jeweils auf verschiedene Gründe gestützt werden.[420]

hemmer-Methode: I.R.d. Zwangsversteigerung nach dem ZVG drohen dem Hypothekengläubiger keine Eingriffe. Soweit seine Hypothek vorrangig ist, wird sie durch die Zwangsversteigerung nicht berührt, vgl. §§ 44, 52 I S. 1 ZVG. Wenn seine Hypothek nachrangig ist, erlischt sie zwar durch die Zwangsversteigerung nach § 52 I S.2 ZVG. Durch die Beteiligung an der Erlösverteilung nach §§ 105 ff. ZVG wird der Hypothekengläubiger aber ausreichend geschützt.
Beim Pfandrecht an beweglichen Sachen ist danach zu differenzieren, ob es ein besitzloses ist oder nicht, vgl. § 805 BGB. Hat der Inhaber Besitz an der beweglichen Sache, wird es in der Regel aber gar nicht zur Pfändung kommen können, da es dann an der Herausgabebereitschaft des Dritten fehlen wird.

dd) Besitz

Besitz: § 766 ZPO (wg. § 809 BGB), § 771 ZPO str.

Der Besitz ist kein Recht i.S.d. § 771 I ZPO, weil aus dem Besitz als bloß tatsächlichem Verhältnis nicht folgt, dass die Sache, wie gefordert, zum Vermögen des Drittwiderspruchsklägers gehört. Für unbewegliche Sachen ist das herrschende Meinung, während dies bei beweglichen Sachen umstritten ist.[421]

259f

hemmer-Methode: In den meisten Fällen kann dieser Streit offen bleiben, weil der unmittelbare Besitzer ohnehin nach § 809 BGB ein Widerspruchsrecht hat, bei dessen Verletzung er Erinnerung nach § 766 ZPO erheben kann. Der mittelbare Besitzer hat i.d.R. ein obligatorisches Recht zum Besitz, welches ihm als solches bereits die Drittwiderspruchsklage eröffnet.

ee) Obligatorische Ansprüche

obligatorische Ansprüche

Inhaber von Forderungen können die Klage nach § 771 ZPO erheben, wenn beispielsweise der Gläubiger einen vermeintlichen Anspruch des Schuldners pfänden lässt, der jedoch einem Dritten zusteht. Dann geht die Pfändung mangels Schuldnerzugehörigkeit ins Leere, doch der Dritte muss zumindest den Rechtsschein beseitigen können, vgl. auch § 408 BGB.[422]

259g

Herausgabeansprüche (+), Verschaffungsansprüche (-)

Ist ein Gegenstand betroffen, auf den sich ein schuldrechtlicher Anspruch richtet, ist zu unterscheiden. Herausgabeansprüche wie § 546 I BGB (Miete), § 604 I BGB (Leihe), § 695 BGB (Verwahrung) und § 667 BGB (Auftrag) berechtigen zum Widerspruch nach § 771 ZPO.

Dies gilt nicht bei Verschaffungsansprüchen, wie z.B. dem nach § 433 I BGB. Hier gehört der Gegenstand noch zum Vermögen des Schuldners und aus diesem ist zu leisten.[423]

---

420   Th/P, § 771 ZPO, Rn. 2.

421   Vgl. m.w.N. Th/P, § 771 ZPO, Rn. 21.

422   Th/P, § 771 ZPO, Rn. 16.

423   Th/P, § 771 ZPO, Rn. 18.

Bsp. 1: A hat durch den Auftrag etwas erlangt, was er nach § 667 BGB an B herauszugeben hat. B ist noch nicht Eigentümer geworden. Dann lässt C die Sache pfänden. B kann mit Hinweis auf § 667 BGB nach § 771 ZPO widersprechen.

Bsp. 2: A schuldet nach § 433 I BGB dem B Übereignung und Übergabe eines Pkw. C lässt diesen Anspruch pfänden. Dann kann B die Klage nach § 771 ZPO nicht auf § 433 I BGB stützen.

c) Örtliche Zuständigkeit

örtliche Zuständigkeit: §§ 771 I, 802 ZPO

Gemäß § 771 I ZPO ist das Gericht örtlich zuständig, in dessen Bezirk die Zwangsvollstreckung erfolgt. Dabei handelt es sich um einen ausschließlichen Gerichtsstand nach § 802 ZPO.

260

d) Sachliche Zuständigkeit

sachliche Zuständigkeit: nach allgemeinen Vorschriften

Da § 771 I ZPO nur von der örtlichen Zuständigkeit spricht, gilt die Ausschließlichkeitsregel des § 802 ZPO nicht hinsichtlich der sachlichen Zuständigkeit.

261

Diese regelt sich nach den allgemeinen Vorschriften, also §§ 23, 71 GVG, § 1 ZPO, und damit dem Wert des Streitgegenstandes.[424] Dieser ergibt sich im Zwangsvollstreckungsrecht vor allem aus § 6 S. 1 ZPO.

Entscheidend ist dabei entweder der Wert der Forderung, wegen der vollstreckt wird,[425] oder der Sachwert, soweit dieser geringer ist.

hemmer-Methode: Nach Ansicht des OLG Karlsruhe soll der Streitwert gemäß § 3 ZPO aber auch nach freiem Ermessen des Gerichts bestimmt werden können, vgl. OLG Karlsruhe in FamRZ 2004, 1221 f.

Bsp.: Lässt C wegen einer Forderung in Höhe von 4.000,- € die Kühlanlage im Wert von 5.500,- € pfänden, geht der Rechtsstreit nach §§ 23 Nr. 1, 71 GVG, § 1 ZPO vor das Amtsgericht wegen des Streitwerts von 4.000,- €. § 6 S.2 ZPO stellt nur dann ausnahmsweise auf den Wert des gepfändeten Gegenstandes ab, wenn dieser geringer ist (wenn im Fall die Kühlanlage einen Wert von nur 3.000,- € hätte).

hemmer-Methode: Zu den gröbsten Fehlern bei § 771 ZPO gehört es, bei der sachlichen Zuständigkeit die Ausschließlichkeit anzunehmen und nicht auf die allgemeinen Vorschriften abzustellen. Machen Sie sich für die Bestimmung der sachlichen Zuständigkeit noch einmal die Wirkung des § 6 ZPO klar: Im Ergebnis orientiert sich der Streitwert immer an der geringeren Summe. Ist dies die Forderung, wegen der vollstreckt wird (und wovon § 6 S. 1 ZPO als Regelfall ausgeht), kommt es auf ihren Betrag an, ist es der gepfändete Gegenstand, ist dessen Wert ausschlaggebend.[426]

e) Ordnungsgemäßer Antrag

Antragstellung

Bei der Klageerhebung muss der Kläger nach **§ 253 II Nr. 2 ZPO** den Antrag genau formulieren. Er muss fordern, dass eine bestimmte Maßnahme (Pfändung des Gerichtsvollziehers am ...) aus einem genau bestimmten Titel (aus dem Urteil vom ...) in einen genau bezeichneten Gegenstand (in die Kühlanlage mit der Seriennummer ... des B) für unzulässig erklärt wird.[427]

262

---

424 Th/P, § 771 ZPO, Rn. 8.

425 Th/P, § 771 ZPO, Rn. 25.

426 Th/P, § 6 ZPO, Rn. 6.

427 Th/P, § 771 ZPO, Rn. 7.

Will A die Vollstreckung sofort einstellen lassen und nicht erst auf den Titel nach § 775 Nr. 1 ZPO warten, so muss er zusätzlich eine einstweilige Anordnung nach §§ 771 III, 769 ZPO beantragen.

f) Rechtsschutzbedürfnis

Rechtsschutzbedürfnis

Das Rechtsschutzbedürfnis wird ab dem Beginn der Zwangsvollstreckung bis zu deren Ende bejaht.[428]

hemmer-Methode: Machen Sie sich an dieser Stelle den Unterschied zur Vollstreckungsgegenklage, § 767 ZPO, klar. Dort ist das Rechtsschutzbedürfnis bereits dann gegeben, wenn ein Titel vorliegt, der zur Zwangsvollstreckung berechtigt. Dieser Unterschied resultiert daraus, dass ein Dritter erst dann von einer Vollstreckungsmaßnahme gegen den Schuldner betroffen sein kann, wenn tatsächlich in seinen Rechtskreis eingegriffen wird. Der Schuldner hingegen muss ab Bestehen des Titels mit der Zwangsvollstreckung rechnen.

Beginn der ZVS

Die Zwangsvollstreckung beginnt mit der Vornahme der ersten gegen den Schuldner gerichteten Vollstreckungshandlung.[429] Erst ab diesem Zeitpunkt besteht die theoretische Möglichkeit, dass ein Dritter durch die Vollstreckung in seinen Rechten berührt wird.

Ende der ZVS

Das Rechtsschutzbedürfnis besteht, solange die Zwangsvollstreckung fortdauert.[430] Es entfällt, wenn die Zwangsvollstreckung durch Verwertung des fraglichen Gegenstandes beendet oder die Fortsetzung der Vollstreckung, z.B. wegen Untergangs des Vollstreckungsobjekts, unmöglich geworden ist.

hemmer-Methode: Nach wohl h.M. lässt eine Freigabeerklärung des Gläubigers, der den Gegenstand der Zwangsvollstreckung frei gibt, das Rechtsschutzbedürfnis für eine Drittwiderspruchsklage entfallen. Prozessuale Konsequenz ist dann, dass Erledigung in der Hauptsache eintritt.[431]
Darauf kann der Kläger etwa mit einer einseitigen Erledigterklärung und der damit verbundenen, nach § 264 Nr. 2 ZPO stets zulässigen, Klageänderung in eine Feststellungsklage reagieren. Geprüft wird dann, ob sich die zum Zeitpunkt des erledigenden Ereignisses zulässige und begründete Klage durch ein nach Rechtshängigkeit eintretendes Ereignis erledigt hat.

beachte §§ 771, 769 ZPO

Das Zeitfenster, innerhalb dessen das Rechtsschutzbedürfnis besteht, muss in der Praxis daher nicht besonders groß sein. Zwischen Pfändung und Verwertung muss gem. § 816 I nur eine Woche liegen. Aus Anwaltssicht ist daher immer daran zu denken, die Erhebung der Drittwiderspruchsklage mit einem Antrag auf einstweilige Einstellung der Zwangsvollstreckung zu verbinden, §§ 771 III, 769, 775 I Nr. 2 ZPO.

ggfs. verlängerte Drittwiderspruchsklage

Verabsäumt der Anwalt dies, und wird während des Klageverfahrens verwertet, entfällt das Rechtsschutzbedürfnis, die Klage wird unzulässig. In der Klausursituation ist dann an eine sog. verlängerte Drittwiderspruchsklage zu denken. Dies ist dann ratsam, wenn ein Anspruch des Dritten gegen den Vollstreckungsgläubiger wegen des erzielten Verwertungserlöses in Betracht kommt, vgl. dazu Rn. 276 ff.).

RSB bleibt bestehen, wenn Wiederholung der ZVS möglich ist!

Ist eine Fortsetzung oder Wiederholung der Vollstreckung aus dem Titel in den Vollstreckungsgegenstand noch möglich, so ist das Rechtsschutzbedürfnis nach wie vor zu bejahen.[432]

---

428 Th/P, § 771 ZPO, Rn. 10 und 11.; vgl. aber die Ausführungen unter Rn. 300 (hemmer-Methode).

429 Vgl. Zöller/Stöber, vor § 704 ZPO, Rn. 33.

430 Vgl. BGH, NJW 1993, 935 = **juris**byhemmer.

431 Vgl. Th/P, § 771 ZPO, Rn. 11 und 23.

432 Vgl. Sie auch BGH, ZIP 1985, 676.

hemmer-Methode: Lesen Sie hierzu die Entscheidung des BGH in Life&Law 2004, 387 ff. = WM 2004, 583 ff. nach!

Ein spezielles Problem ist das der nichtigen Pfändungen (sehr klausurrelevant bei der Pfändung von schuldnerfremden Forderungen[433]). Dann geht die Vollstreckung gänzlich ins Leere, der Pfändungsgegenstand wird nicht einmal verstrickt.

Trotzdem wird das Rechtsschutzbedürfnis nach der h.M. bejaht, um den bestehenden Schein einer Vollstreckung zu beseitigen.[434]

2. Begründetheit

Begründetheit

Die Klage ist begründet, wenn der Gläubiger mit der Vollstreckung widerrechtlich in den Rechtskreis des Dritten eingreift.

264

hemmer-Methode: Noch einmal soll erwähnt werden, dass es ein die Veräußerung absolut hinderndes Recht i.S.v. § 771 ZPO nicht gibt. Selbst das Eigentum kann gutgläubig „wegerworben" werden. Gemeint ist besagter Eingriff in den Rechtskreis.

a) Bestehen eines die Veräußerung hindernden Rechts

Hier ist jetzt zu prüfen, ob die in der Zulässigkeit (Rn. 259 ff.) benannte bzw. diskutierte Rechtsposition dem Dritten tatsächlich zusteht. Dies wird der Schwerpunkt der Arbeit sein. Der Ersteller der Klausur wird hier z.B. komplizierte Übereignungsprobleme i.R.d. §§ 929 ff. BGB abprüfen.

Anmerkung: Die Rn. 265 bis 271 sind weggefallen.

b) Materielle Einwendungen des Vollstreckungsgläubigers

Klausurrelevanz

Klausurrelevant ist bei der Klage nach § 771 ZPO die Frage, inwieweit der Vollstreckungsgläubiger dem Dritten materiell-rechtliche Einwendungen entgegenhalten kann, wonach er den Gegenstand pfänden kann, weil der Kläger aus anderem Grund für die Forderung, wegen der vollstreckt wird, haftet. Dies ist z.B. denkbar in Fällen des § 1357 BGB oder dann, wenn der Dritte den Schuldbeitritt zu der titulierten Forderung erklärt hatte.

272

früher: Widerklage

Nach früher vertretener Ansicht sollte der beklagte Vollstreckungsgläubiger eine Widerklage erheben, mit der er einen Duldungstitel gegen den Drittwiderspruchskläger erstreiten musste.

heute: Einwendungen i.R.d. Klage nach § 771 ZPO

Dies wird heute als bloßer Formalismus abgelehnt. Der Vollstreckungsgläubiger kann alle materiell-rechtlichen Einwendungen erheben, zum Beispiel, dass er ein vorrangiges vertragliches Pfandrecht besitzt oder dass der Drittwiderspruchskläger sich auf eine Rechtsposition beruft, die der Anfechtung nach dem AnfG unterliegt, vgl. § 9 AnfG.

Ein weiteres wichtiges Beispiel für Einwendungen des Gläubigers gegen die Drittwiderspruchsklage ist der Fall, in dem aus einem Titel gegen die OHG in das Vermögen eines Gesellschafters vollstreckt wird.

273

---

433 Nicht aber bei schuldnerfremden Sachen, vgl. Sie dazu nochmals Rn. 110 ff. und Rn. 174.

434 BGH, WM 1981, 649 = jurisbyhemmer. Wichtig ist dies vor allem in der Situation des § 408 II BGB. Der tatsächliche Gläubiger muss den Anschein der wirksamen Pfändung aus der Welt schaffen, da ansonsten der Schuldner mit befreiender Wirkung an den Vollstreckungsgläubiger leisten könnte.

Zwar kann aus einem Titel gegen die Gesellschaft gemäß § 129 IV HGB grds. nicht gegen einzelne Gesellschafter vorgegangen werden, doch haften die Gesellschafter nach § 128 HGB persönlich für die Ansprüche Dritter gegen die Gesellschaft.

> *Bsp.: Der Gläubiger G lässt aufgrund eines Titels gegen die Gesellschaft einen Pkw des Gesellschafters A pfänden, der sich im Gewahrsam der Gesellschaft befindet.*

> A könnte nun Drittwiderspruchsklage nach § 771 ZPO erheben mit dem Hinweis auf sein Eigentum. Doch haftet er gemäß § 128 HGB persönlich für die Verbindlichkeit der Gesellschaft. Der Beklagte nach § 771 ZPO (= Vollstreckungsgläubiger) könnte unmittelbar Widerklage auf Duldung der Zwangsvollstreckung nach § 128 HGB erheben.

aber: wegen Haftung des Gesellschafters aus § 128 HGB wäre Drittwiderspruchsklage unzulässige Rechtsausübung

Deshalb wird heute überwiegend vertreten, dass der materielle Einwand der Duldungspflicht - wie hier nach § 128 HGB - immer durchgreift.[435] Der Gesellschafter kann sich deshalb nicht mit dem Hinweis auf § 129 IV HGB wehren, da dies eine unzulässige Rechtsausübung darstellen würde (exceptio doli, § 242 BGB).

hemmer-Methode: Da der Gesellschafter regelmäßig für die Gesellschaftsschulden haftet, vgl. § 128 HGB, muss man sich klar machen, dass dies letztlich zu einer weitgehenden Aushöhlung des § 129 IV HGB führt, was alleine wegen der überlegenen Auswirkungen für die Prozessökonomie haltbar ist.

Eine vergleichbare Situation besteht, wenn aufgrund eines Titels gegen den alten Firmeninhaber in das Vermögen des nach § 25 HGB haftenden Firmenerwerbers vollstreckt wird. Hier hätte der Vollstreckungsgläubiger auch die Möglichkeit nach § 729 II ZPO eine titelübertragende Klausel zu beantragen. Eine Drittwiderspruchsklage des Firmenerwerbers wäre rechtsmissbräuchlich.   274

IV. Die Rechtslage nach der Befriedigung des Gläubigers

Ausgleichsansprüche gegen den Gläubiger nach deren Befriedigung?

Klausurrelevant ist die Frage, ob der Dritte oder der Schuldner noch   275
materielle Ansprüche gegen den Gläubiger geltend machen können, wenn dieser nach der Versteigerung oder dem Einzug der Forderung befriedigt worden ist. Dann könnten Schuldner und Dritter zumindest den Erlös herausverlangen wollen.

> *Ausgangsfall: G vollstreckt aufgrund eines Titels i.H.v. 12.000,- € gegen V in einen Pkw des F, der sich im Gewahrsam des V befindet. Der Wagen wird für 11.000,- € an D versteigert, der Erlös wird nach Abzug der Versteigerungskosten i.H.v. 600,- € an G ausgezahlt. F erfährt erst jetzt von diesen Vorgängen und verlangt von G 10.400,- € heraus.*

1. Überblick

Mit der Ablieferung erwirbt der Ersteigerer nach § 817 II ZPO hoheit-   276
lich originäres Eigentum, wobei es auf einen guten Glauben nicht ankommt. Dieses Eigentum ist kondiktionsfest, der durch den Zuschlag zustande gekommene Vertrag ist Rechtsgrund auch gegenüber dem wirklichen Eigentümer der Sache.[436]

---

435   BGH, NJW 1981, 1835 = **juris**byhemmer.

436   Vgl. Sie hierzu auch oben Rn. 146 ff.; dann muss man diesem Vertrag aber absolute Wirkung beimessen; man könnte daher auch argumentieren, dass eine hoheitliche Leistung seitens des Gerichtsvollziehers vorliege, sodass die Nichtleistungskondiktion schon deshalb scheitert, weil die Leistungsbeziehung vorrangig ist.

hemmer-Methode: Eine andere Begründung für die Kondiktionsfestigkeit ist, dass der Ersteigerer das Eigentum aufgrund einer Leistung des Staates ihm gegenüber erwirbt, eine Nichtleistungskondiktion des Eigentümers ist demnach aufgrund der Subsidiarität dieser Kondiktion ausgeschlossen.

Der Eigentümer ist demnach darauf verwiesen, den Vollstreckungsgläubiger auf Herausgabe des Versteigerungserlöses in Anspruch zu nehmen.

Nachträgliche Zahlungsansprüche können auch dem Schuldner zustehen. Der Schuldner kann den Wert der versteigerten Sache dann ersetzt bekommen, wenn er § 767 ZPO mit Erfolg hätte durchsetzen können. Entscheidend ist hier also, ob eine nachträgliche rechtsvernichtende oder rechtshemmende Einrede vorliegt.

Abwehrklagen (§§ 767, 771 ZPO) sind keine Voraussetzungen für spätere Zahlungsansprüche

Nicht erforderlich ist es, dass Schuldner oder Dritter die Klagen aus §§ 767 und 771 ZPO tatsächlich erhoben haben. Sie sind für spätere Ansprüche keine Rechtsschutzvoraussetzung.

werden Abwehrklagen erhoben, können sie nach Versteigerung aufrecht erhalten, nach Erlösauszahlung umgestellt werden

Haben sie jedoch Klagen nach §§ 767, 771 ZPO geltend gemacht, können sie diese auch nach der Versteigerung aufrechterhalten, weil sich ihre Rechte im Wege der dinglichen Surrogation an dem für den versteigerten Gegenstand bezahlten Geld fortsetzen. Erst nach der Auszahlung müssen sie ihre Klagen im Wege der Klageänderung auf Bereicherungsansprüche umstellen (sogenannte verlängerte Drittwiderspruchs- oder Vollstreckungsabwehrklage), § 264 Nr. 3 ZPO.

2. Anspruch aus § 816 I S. 1 BGB

§ 816 I S. 1 BGB (-), keine Verfügung

Ein Anspruch aus § 816 I S. 1 BGB scheidet aus. Eine Verfügung im Sinne dieser Vorschrift liegt mit einer Verfügung im Wege der Zwangsvollstreckung nicht vor.[437] § 816 I S. 1 BGB stellt nicht wie z.B. die §§ 135 I S.2, 161 I S.2, 184 II BGB Verfügungen im Wege der Zwangsvollstreckung rechtsgeschäftlichen Verfügungen gleich.[438]

277

3. Anspruch aus § 812 I S. 1 Alt. 2 BGB

§ 812 I S. 1 Alt. 2 BGB: grundsätzlich anwendbar

a) Das Bereicherungsrecht ist im Verhältnis Gläubiger zum Eigentümer grds. anwendbar.[439] Die §§ 803 ff. ZPO stellen hier keine abschließende Regelung dar.

278

Erlangtes Etwas: Erlösauszahlung, u.U. auch Befreiung von Barzahlungspflicht i.S.d. § 817 IV ZPO

b) Der Gläubiger erlangt durch die Auszahlung des Erlöses Eigentum an diesem kraft staatlichen Hoheitsaktes.[440] Diese Bereicherung geschieht auch auf Kosten des ursprünglichen Sacheigentümers.[441]

279

Analog § 1247 S.2 BGB setzte sich dessen Eigentum an der versteigerten Sache am Erlös als Surrogat für das an den Ersteigerer verlorene Sacheigentum fort.

hemmer-Methode: Eine besondere Situation kann sich ergeben, wenn der Gläubiger die Sache selbst ersteigert: Das Eigentum an der ersteigerten Sache ist rechtsbeständig, weil der mit dem Zuschlag nach § 817 I ZPO, § 156 BGB zustande gekommene kaufähnliche öffentlich-rechtliche Vertrag einen Rechtsgrund i.S.d. § 812 BGB darstellt.

---

437 BGHZ 55, 25 = **juris**byhemmer.

438 Palandt, § 812 BGB, Rn. 37.

439 BGHZ 32, 240 = **juris**byhemmer.

440 Vgl. Rn. 150.

441 Vgl. Palandt, § 812 BGB, Rn. 38;

Ein Erlös wird in diesem Fall an den Gläubiger nicht ausgezahlt, vgl. § 817 IV ZPO (Befreiung von der Barzahlungspflicht des § 817 II ZPO). Die h.M. arbeitet deshalb mit der Konstruktion, dass der Gläubiger die Befreiung von der Barzahlungspflicht als „vermögenswertes Etwas" erlangt hat.

Ohne Rechtsgrund: kein Pfandrecht an Sache des Schuldners

c) Die Bereicherung auf Kosten der Dritten erfolgt auch ohne Rechtsgrund. Zwar erwirbt der Gläubiger am Erlös dinglich wirksames Eigentum; für diese Güterverschiebung fehlt allerdings eine materiell-rechtliche Grundlage.[442]

280

Nach der h.M. gibt es kein Pfandrecht, weil die Sache schuldnerfremd ist, nach der öffentlich-rechtlichen Theorie entsteht zwar ein Pfandrecht, dieses kann aber die Güterverschiebung nicht endgültig rechtfertigen, d.h. es gibt kein materielles Befriedigungsrecht.

4. Weitere Ansprüche können sich aus §§ 823 I, 826, 687 II, 678 BGB sowie aus § 280 I BGB ergeben.[443]

281

Lösung des Ausgangsfalles:

282

I. F könnte gegen G möglicherweise ein Zahlungsanspruch in Höhe von 10.400,- € gemäß §§ 816 I S. 1, 818 II BGB zustehen, weil der Gerichtsvollzieher auf Veranlassung des K die Versteigerung durchgeführt hat.

1. § 816 I S. 1 BGB regelt einen Sonderfall der Eingriffskondiktion und ist damit vor der allgemeinen Bestimmung des § 812 I S. 1 Alt. 2 BGB zu prüfen.

2. Der Anspruch wäre gegeben, wenn G als Nichtberechtigter eine dem F als Berechtigten gegenüber wirksame Verfügung über den Pkw getroffen hätte, § 816 I BGB. Zweifelhaft erscheint allerdings schon, ob überhaupt eine Verfügung des G i.d.S. vorliegt.

Verfügungen sind nur solche Rechtsgeschäfte, die die Rechtslage eines Gegenstandes unmittelbar durch Begründung eines Rechts, dessen inhaltliche Änderung, Übertragung oder Aufhebung betreffen.

Fraglich ist, ob darunter auch Verfügungen im Wege der Zwangsvollstreckung fallen:

Dagegen spricht schon, dass das BGB bei § 816 BGB nicht wie sonst (z.B. §§ 135 I S.2, 161 I S.2, 184 II BGB) die Verfügungen auf dem Gebiet der Zwangsvollstreckung den rechtsgeschäftlichen Verfügungen gleichstellt, also grundsätzlich davon auszugehen ist, dass es sich nicht um solche handelt.

Dennoch hat die früher h.M. § 816 BGB in diesen Fällen entsprechend angenommen.[444]

Nach heute h.M. wird die entsprechende Anwendung des § 816 BGB auf Verfügungen im Wege der Zwangsvollstreckung abgelehnt.

Weder der Gerichtsvollzieher noch der Pfandgläubiger treffe bei der Pfandverwertung eine rechtsgeschäftliche Verfügung. Vielmehr wird beim Pfandverkauf das Eigentum durch einen rechtmäßigen staatlichen Hoheitsakt übertragen, der Gerichtsvollzieher verfügt auch nicht als Vertreter des vollstreckenden Gläubigers. Diese hoheitliche Eigentumszuweisung lässt sich aber nicht mit der Verfügung eines Nichtberechtigten gleichsetzen.[445]

---

442   Vgl. Palandt, § 812 BGB, Rn. 38.

443   Vgl. Sie im folgenden Beispielsfall Rn. 282 a.E.

444   Vgl. RGZ 88, 356.

445   Vgl. BGHZ 55, 25 = **juris**byhemmer.

Ein Anspruch aus §§ 816 I S. 1, 818 II BGB scheidet damit aus. Ob der Gerichtsvollzieher auch als Nichtberechtigter verfügt hat, kann hier offenbleiben.[446]

II. F könnte jedoch möglicherweise gegen G einen Anspruch auf Zahlung der 10.400,- € gemäß §§ 812 I S. 1 Alt. 2, 818 II BGB haben.

1. Dazu müsste § 812 I S. 1 BGB überhaupt anwendbar sein.

a) Nach einer Mindermeinung scheiden Bereicherungsansprüche gegen den Pfandgläubiger generell aus, da ja auch der Ersteher das Eigentum durch den Gerichtsvollzieher endgültig zugewiesen erhalte.[447] Ein Bereicherungsanspruch bestehe nicht gegenüber dem Gläubiger, der den Erlös empfängt, sondern gegenüber dem Schuldner der Forderung, die der Pfändung zugrunde lag.

b) Demgegenüber bejaht die ganz h.M. die Anwendbarkeit der §§ 812 ff. BGB auch im Verhältnis Pfandgläubiger zum früheren Eigentümer der versteigerten Sache.

Der Zwangsvollstreckung komme nicht die Aufgabe einer endgültigen Güterverteilung zu. Zwar verliere der Eigentümer bei der Versteigerung sein Eigentum an der Sache und mit der Aushändigung des Erlöses durch den Gerichtsvollzieher an den Pfandgläubiger auch am Geld, das ihm analog § 1247 S.2 BGB möglicherweise zustand. Dies bedeute jedoch nicht zwingend, dass Bereicherungsansprüche ausgeschlossen sind.[448]

2. Fraglich ist weiter, ob G in sonstiger Weise auf Kosten des F bereichert ist, § 812 I S. 1 Alt. 2 BGB (sog. Nichtleistungs- oder Eingriffskondiktion).

a) Erlangtes Etwas ist der ausgezahlte Erlös, d.h. Eigentum und Besitz durch Hoheitsakt.

b) Die Bereicherung erfolgte auch unmittelbar auf Kosten des F.

Durch die Versteigerung hat F sein Eigentum am Pkw verloren. Gleichzeitig verlor F durch die Auszahlung an G seinen Anspruch auf Auszahlung des Versteigerungserlöses, der ihm ohne die Auszahlung im Wege dinglicher Surrogation analog § 1247 S.2 BGB zugefallen wäre.

c) Fraglich ist aber, ob die Bereicherung ohne Rechtsgrund erfolgte.

Dies ist der Fall, da G materiell-rechtlich keinen Anspruch auf Befriedigung aus dem schuldnerfremden Vermögen des F gehabt hat. Insbesondere hat er nach der herrschenden gemischt privatrechtlich / öffentlich-rechtlichen Theorie kein Pfändungspfandrecht erworben. Nach der rein öffentlich-rechtlichen Theorie existiert zwar ein solches Pfändungspfandrecht, ohne jedoch auch einen Rechtsgrund für das Behalten des Erlöses zu geben.

F hat demnach gegen G aus §§ 812 I S. 1 Alt. 2, 818 I BGB einen Anspruch auf Herausgabe des an G ausgezahlten Erlöses.[449]

hemmer-Methode: Interessant ist die Frage nach den Rechten des Vollstreckungsgläubigers im Verhältnis zum Vollstreckungsschuldner, wenn der Dritte den Erlös nach § 812 I S. 1 Alt. 2 BGB herausverlangen kann. Nach h.M. erlischt die Forderung, wegen der vollstreckt wird, in diesem Fall nicht. § 819 ZPO regelt nur eine Gefahrtragung. Zwar ist die konkrete Zwangsvollstreckung beendet, es kann aber die Erteilung einer weiteren vollstreckbaren Ausfertigung verlangt werden.[450]

---

446 Hemmer/Wüst, Bereicherungsrecht, Rn. 369.

447 Gloede, MDR 1972, 291.

448 Palandt, § 812 BGB, Rn. 13 und 37 ff.; BGHZ 32, 240.

449 Dies ist nicht identisch mit dem Versteigerungserlös. Bevor dieser an den Vollstreckungsgläubiger ausgezahlt wird, werden nämlich zunächst die Vollstreckungskosten abgezogen, § 788 ZPO, vgl. Sie auch Th/P, § 819 ZPO, Rn. 2.

450 Stein/Jonas, § 815 ZPO, Rn. 15 ff.; Brox/Walker, Zwangsvollstreckungsrecht, Rn. 412.

III. Anspruch aus §§ 990, 989 BGB

Ein solcher Schadensersatzanspruch scheitert bereits daran, dass es an einer Vindikationslage fehlt, denn dem Eigentümer wurde mit der wirksamen Verstrickung seine Verfügungsbefugnis entzogen. Einem nicht verfügungsberechtigten Eigentümer kann aber auch kein Vindikationsanspruch zustehen.[451]

IV. Anspruch aus § 823 I BGB[452]

1. Die Zwangsvollstreckung in den Pkw und dessen Versteigerung stellt eine Verletzung des Eigentums der F dar. Daran ändert sich auch nichts, wenn das beeinträchtigte Recht der F „nur" in Sicherungseigentum besteht.[453]

2. Dies geschah auch rechtswidrig, da K keine Verwertungsbefugnis hatte und Rechtfertigungsgründe nicht ersichtlich sind.[454]

3. Allerdings erfolgte die Eigentumsverletzung nicht schuldhaft, da K das Sicherungseigentum der F bei Einleitung des Zwangsvollstreckungsverfahrens weder kannte noch kennen musste.

4. Der Schaden der F besteht im Verlust ihres Sicherungseigentums.

V. Ansprüche aus §§ 687 II, 678 bzw. 826 BGB

Diese Ansprüche scheitern an der fehlenden positiven Kenntnis des K.

VI. Anspruch auf Schadensersatz aus § 280 I BGB

Nach der Rspr. des BGH kommt zwischen dem Pfändungsgläubiger und dem Drittberechtigten ein gesetzliches Schuldverhältnis zustande, wenn der Drittberechtigte die Freigabe verlangt und sein Recht hinreichend glaubhaft macht.[455]

In der Literatur[456] wird als Grundlage dieses gesetzlichen Schuldverhältnisses der materielle Beseitigungsanspruch aus § 1004 BGB herangezogen.

Dennoch scheitert ein derartiger Anspruch der F wiederum am fehlenden Verschulden des K, welches nach BGH und Literatur erforderlich ist.

hemmer-Methode: Diese sehr schwierige Materie war schon mehrfach Gegenstand auch von Erstexamensklausuren![457] Machen Sie sich die praktische Relevanz der zuletzt geprüften Schadensersatzansprüche klar. Der Zugriff auf den erzielten Versteigerungserlös gem. § 812 I BGB wird in der Regel kein hinreichender Ersatz für den Dritten darstellen, weil im Rahmen der Versteigerung in aller Regel keine Marktpreise erzielt werden. Schadensersatzansprüche wären aber auf den objektiven Wert der Sache gerichtet.

---

451 BGH, NJW 1987, 1882 = **juris**byhemmer.

452 Die Möglichkeit der Klage nach § 771 ZPO schließt deliktische Ansprüche außerhalb der prozessualen Abwehrbefugnis nicht aus, vgl. Sie dazu die durchaus examensrelevante Entscheidung des BGH in NJW 1992, 2014.

453 BGHZ 100, 95, (107) = **juris**byhemmer.

454 Beachten Sie, dass ein subjektiv redliches Verhalten in einem gesetzlich geregelten Vollstreckungsverfahren die Rechtswidrigkeit eines deliktischen Eingriffs i.S.d. § 823 BGB nicht indiziert und allenfalls in Ausnahmefällen außerhalb der schon im Verfahrensrecht vorgesehenen Sanktionen nach dem Recht der unerlaubten Handlung gehaftet wird (BGHZ 74, 9 [14 f.]; 95, 10 [19]). Ein solcher Ausnahmefall liegt aber vor, wenn im Wege der Zwangsvollstreckung in Rechtsgüter nicht beteiligter Dritter eingegriffen wird.

455 BGHZ 58, 207 (211 ff.) = NJW 1972, 1048 = **juris**byhemmer; Jauernig, Zwangsvollstreckungsrecht, § 13 II.

456 Henckel, JZ 1973, 32.

457 Vgl. Sie hierzu bspw. die Fallbesprechung von Musielak in JuS 1999, 881.

D) Die Klage auf vorzugsweise Befriedigung, § 805 ZPO

§ 805 ZPO: Sicherung besitzloser Pfandrechte

Die besitzlosen Inhaber von Pfand- und Vorzugsrechten (vgl. §§ 50, 51 InsO) sollen den Pfändungsvorgang nicht blockieren können. Ihr Recht dient letztlich nur der Sicherung eines Geldanspruchs. Deshalb genügt ihnen die bevorzugte Befriedigung aus dem Vollstreckungserlös.

283

Darauf zielt § 805 ZPO ab, da die Klage auf vorzugsweise Befriedigung im Gegensatz zu anderen Vollstreckungsrechtsbehelfen nicht die Zwangsvollstreckung ganz untersagen oder ein bestimmtes Vorgehen rügen, sondern nur sichern soll, dass der Kläger seinem (vorrangigen) Recht entsprechend am Erlös beteiligt wird.

Die Sache wird also weiter im Wege der Zwangsversteigerung verwertet, jedoch ist der Erlös hieraus vorzugsweise an den Kläger auszuzahlen.

hemmer-Methode: Denken Sie auch in der Klausur immer an § 805 ZPO, wenn z.B. ein Pfandrecht eine Rolle spielt bzw. wenn (auch ohne dass das Pfandrecht erwähnt ist) von einem Mietverhältnis (Vermieterpfandrecht!) die Rede ist.
Hier sei auch nochmals auf die andere Schutzrichtung des § 805 ZPO hingewiesen: Es geht nicht um die Verhinderung der Zwangsvollstreckung, sondern um die Verteilung des Geldes, also um die „vorzugsweise Befriedigung". Insofern können sich aus dem Sachverhalt bereits wertvolle Anhaltspunkte für die Abgrenzung von § 771 ZPO zu § 805 ZPO ergeben. Wenn der Kläger nicht wissen möchte, „was er gegen die Zwangsvollstreckung unternehmen kann", sondern „wie er sicherstellen kann, dass er zu seinem Geld" kommt, trifft die Klage auf vorzugsweise Befriedigung das Rechtsschutzbegehren am besten.

Die Klage auf vorzugsweise Befriedigung ist bereits nach dem Wortlaut des § 805 ZPO nur bei der Vollstreckung in eine körperliche Sache wegen einer Geldforderung statthaft.[458] Bei der Zwangsvollstreckung in Forderungen besteht nur die Möglichkeit der Drittwiderspruchsklage.

Zuständigkeit

Die sachliche und örtliche Zuständigkeit bestimmt ausschließlich § 805 II ZPO. Vorläufigen Rechtsschutz bewilligt das Gericht automatisch nach dem Glaubhaftmachen (§ 294 ZPO) des Anspruchs über § 805 IV S. 1 ZPO, indem es die Hinterlegung des Geldes anordnet.

284

Es kann i.R.d. einstweiligen Rechtsschutzes noch nicht die Auszahlung des Betrages verlangt werden.

Begründetheit, wenn besitzloses Pfandrecht besteht

Die Klage ist begründet, wenn der Dritte ein vorrangiges[459] Pfand- oder Vorzugsrecht an der Sache hat, beispielsweise ein Vermieterpfandrecht nach § 562 BGB oder das kaufmännische Zurückbehaltungsrecht nach § 369 HGB.[460]

285

hemmer-Methode: Behaupten jedoch mehrere Pfändungspfandgläubiger den jeweiligen Vorrang ihrer Rechte (§ 804 III ZPO), so wird dieser Streit im Verteilungsverfahren nach §§ 878 ff. ZPO entschieden.

---

458 Th/P, § 805 ZPO, Rn. 4.
459 Vgl. Sie zu den Rangverhältnissen Rn. 130.
460 Th/P, § 805 ZPO, Rn. 9 mit weiteren Beispielen.

E) Vollstreckungserinnerung und sofortige Beschwerde

Im Unterschied zu § 767 ZPO und § 771 ZPO werden mit der Erinnerung nach § 766 ZPO und der sofortigen Beschwerde nach § 793 ZPO Mängel des Vollstreckungsverfahrens gerügt.

286

I. Überblick

verfahrensrechtliche Rechtsbehelfe:
Vollstreckungserinnerung,
§ 766 ZPO;
sofortige Beschwerde, § 793 ZPO;
Rechtspflegeerinnerung, § 11 II
RPflG

Im „Dschungel" der verfahrensrechtlichen Rechtsbehelfe muss die Statthaftigkeit besonders genau geprüft werden. Den Kern bilden zwei Rechtsbehelfe, auf die sich Schuldner, Gläubiger und Dritte berufen können: Die Vollstreckungserinnerung nach § 766 ZPO und die sofortige Beschwerde nach § 793 ZPO. Die Rechtspflegeerinnerung nach § 11 II RPflG spielt hingegen seit der Änderung des RPflG 1998 kaum noch eine Rolle.

287

Rechtsbehelfe wegen verfahrensrechtlicher Mängel			
	⇩		⇩
Streitgegenstand	**Zwangsvollstreckungs-maßnahmen**	**Entscheidungen**	
handelndes Organ	Gerichtsvollzieher, Vollstreckungsgericht, Rechtspfleger	Richter	Rechtspfleger
Statthafter Rechtsbehelf	**Vollstreckungserinnerung, § 766 ZPO**	**sofortige Beschwerde, § 793 ZPO**	**Grds. sofortige Beschwerde, § 793 ZPO vgl. § 11 I RPflG**
Antragsberechtigte	Vollstreckungsschuldner, Vollstreckungsgläubiger, ggf. Dritte (§ 809 ZPO)		

Abgrenzung

1. Von diesen Rechtsbehelfen sind abzugrenzen:

im Klauselverfahren: Erinnerung,
§ 573 I ZPO

a) Die Verfahrensrechtsbehelfe im Vorbereitungs- oder Klauselverfahren. Zur Wiederholung: Verweigert beispielsweise der Urkundsbeamte der Geschäftsstelle das Erteilen einer vollstreckbaren Ausfertigung des Urteils, kann der Gläubiger gegen diese Weigerung mit der Erinnerung nach § 573 I ZPO vorgehen.

288

Geht der Gerichtsvollzieher anschließend ohne einen vollstreckbaren Titel vor, liegt der Fehler im Vollstreckungsverfahren. Der Schuldner kann Erinnerung nach § 766 ZPO erheben.

Dienstaufsichtsbeschwerde (im Voll-
streckungsrecht (-))

b) Die Dienstaufsichtsbeschwerde ist im Anwendungsbereich von § 766 ZPO grundsätzlich ausgeschlossen. In das Vollstreckungsverfahren darf nicht mit allgemeinen Dienstanweisungen eingegriffen werden.[461]

289

materiell-rechtliche Einwendung,
§§ 767, 771 ZPO

c) Die Rechtsbehelfe zur Geltendmachung materiell-rechtlicher Einwendungen, vgl. §§ 767 und 771 ZPO. § 766 ZPO dient nicht dazu, Einwendungen gegen den vollstreckbaren Anspruch (hierfür gilt § 767 ZPO) oder aus einem der Zwangsvollstreckung entgegenstehendem Recht (hierfür gilt § 771 ZPO) geltend zu machen.

290

---

461   Th/P, § 766 ZPO, Rn. 5.

Wird eine Erinnerung hierauf gestützt, so ist sie unbegründet[462] (vgl. Sie dazu auch Rn. 236)

2. Die Erinnerung nach § 766 ZPO und die sofortige Beschwerde nach § 793 ZPO selbst sind untereinander wie folgt abzugrenzen:

bei Entscheidung: sofortige Beschwerde oder Rechtspfleger-erinnerung

a) Liegt eine Entscheidung des Vollstreckungs- oder Prozessgerichts vor, so kommt grundsätzlich die sofortige Beschwerde nach § 793 ZPO in Betracht. **291**

Entscheidung: nach h.M. dann, wenn vorherige Anhörung der Parteien

Ob eine Entscheidung vorliegt, entscheidet die h.M.[463] rein formal. Eine Entscheidung ist demnach dann gegeben, wenn ein Beschluss des Vollstreckungs- oder Prozessgerichts nach Anhörung der Parteien ergangen ist.

Ein Urteil hingegen stellt niemals eine Entscheidung im Sinne dieser Vorschrift dar,[464] da sich § 793 ZPO auf die freigestellte mündliche Verhandlung bezieht, während diese für ein Urteil zwingend vorgeschrieben ist.[465]

Eine Entscheidung liegt auch vor, wenn ein Antrag des Gläubigers abgelehnt wird. Auch wenn hier der Schuldner nicht gehört worden ist, wird die Entscheidung zumindest nach der Würdigung des Gläubigervorbringens getroffen.

z.B. Zurückweisung eines Zwangs-vollstreckungsantrages

> **Um eine Entscheidung handelt es sich bei:** **292**
>
> ⇨ der Zurückweisung eines Zwangsvollstreckungsantrages durch das Vollstreckungsgericht;
>
> > *Bsp.: Der Gläubiger beantragt die Pfändung einer bestimmten Forderung, was von dem gemäß § 828 ZPO zuständigen Vollstreckungsgericht verweigert wird.*
>
> ⇨ Beschlüssen des Vollstreckungsgerichts nach § 766 ZPO;
>
> ⇨ Entscheidungen nach § 765a ZPO;
>
> > *Bsp.: Der Mieter beantragt eine weitere Räumungsfrist als Vollstreckungsschutzmaßnahme.*
>
> ⇨ der Ablehnung eines Antrags auf besondere Verwertung nach §§ 825, 844 ZPO;
>
> ⇨ fast allen weiteren Beschlüssen des Prozessgerichtes.
>
> > *Bspe.: Das Prozessgericht erlaubt dem Gläubiger, eine vertretbare Handlung auf Kosten des Schuldners vorzunehmen (§ 887 ZPO). Das Gericht setzt gegen den Schuldner ein Zwangsgeld in Höhe von 3.000,- € fest (§ 888 ZPO). Hier kommt eine Erinnerung nur in Betracht, wenn der Gerichtsvollzieher hilfsweise herangezogen wird wie zur Übergabe nach § 897 ZPO.*

§ 11 I RPflG: bei Entscheidung des Rechtspflegers stets Rechtspflegererinnerung

b) Die sofortige Beschwerde ist nach der Änderung des RPflG 1998 auch dann einschlägig, wenn es um Entscheidungen des Rechtspflegers geht.[466] Die Rechtspflegererinnerung ist grds. subsidiär, § 11 I RPflG, und nach § 11 II RPflG nur noch dann statthaft, wenn nach den allgemeinen Vorschriften ein Rechtsmittel nicht gegeben ist.[467] **293**

---

462   Th/P, § 766 ZPO, Rn. 4.

463   Zöller-Stöber, § 766 ZPO, Rn. 2.

464   Th/P, § 793 ZPO, Rn. 3.

465   Vgl. Sie insoweit auch zu den Ausnahmefällen: Th/P, § 128 ZPO, Rn. 5.

466   Zu den Zuständigkeiten des Rechtspflegers vgl. § 20 Nr. 16, Nr. 16a, Nr. 17 RPflG.

467   Umfassend zum Dritten Gesetz zur Änderung des RPflG: Rellermeyer, Rpfleger 1998, 309.

Da bei Entscheidungen im Zwangsvollstreckungsverfahren die sofortige Beschwerde nach § 793 ZPO möglich ist, bleibt demnach grds. keine Anwendungsmöglichkeit für die Rechtspflegererinnerung.

hemmer-Methode: Bis zur Änderung des RPflG war bei Entscheidungen des Rechtspflegers die Rechtspflegererinnerung vorrangig. Der Rechtspfleger hatte nochmals die Möglichkeit der Abhilfe. Half er nicht ab, legte er die Erinnerung dem Richter vor (vgl. § 11 II S.2 RPflG). Half auch der Richter nicht ab, ging es zum Rechtsmittelgericht (vgl. § 11 II S. 4 RPflG). Durch die Änderung des RPflG sollte die Gleichstellung zwischen Richter und Rechtspfleger verdeutlicht werden. Der Rechtspfleger ist nicht lediglich Hilfsorgan des Richters, sondern eigenständiges Organ der Rechtspflege, vgl. § 9 RPflG. Demnach muss der Richter auch nicht mehr die Entscheidung des Rechtspflegers bestätigen, bevor das Verfahren zum Rechtsmittelgericht gelangt, sondern es ist wie bei Entscheidungen des Richters sogleich die sofortige Beschwerde nach § 793 ZPO möglich.

bei Einwänden gegen Art und Weise von Vollstreckungsmaßnahmen, § 766 ZPO

c) Werden Einwände gegen die Art und Weise der Zwangsvollstreckung erhoben, greift die Vollstreckungserinnerung nach § 766 ZPO.

294

Der Anwendungsbereich des § 766 ZPO erfasst vor allem die Vollstreckungsakte des Gerichtsvollziehers und solche des Vollstreckungsgerichts, auch des Rechtspflegers, die ohne vorherige Anhörung des Schuldners ergehen.

beim Grundbuchamt als Vollstreckungsorgan: § 71 GBO

Nur am Rande sei noch bemerkt, dass als spezieller Rechtsbehelf die Beschwerde nach § 71 GBO vorgeht, wenn das Grundbuchamt als Vollstreckungsorgan eine Zwangshypothek einträgt, § 867 ZPO.

295

II. Die Vollstreckungserinnerung nach § 766 ZPO[468]

1. Zulässigkeit

Zulässigkeitsschema

Zulässigkeitsschema zur Erinnerung nach § 766 ZPO:

a) Statthaftigkeit

b) Zuständigkeit

c) Form; keine Frist einzuhalten

d) Beschwer

e) Rechtsschutzbedürfnis

296

Statthaftigkeit

a) Statthaft ist die Erinnerung bei Einwänden gegen die Art und Weise der Zwangsvollstreckung, § 766 ZPO, also insbesondere[469]

297

⇨ bei Fehlern des Gerichtsvollziehers bei der Ausführung,

⇨ bei seiner Weigerung, einer Weisung des Gläubigers zu folgen (Abs. 2),

⇨ bei jeder Anordnung (nicht bei einer Entscheidung) oder Maßnahme des Vollstreckungsgerichts,

⇨ beim Kostenansatz nach § 788 ZPO und

⇨ bei ausreichender Sicherung des Gläubigers nach § 777 ZPO.

---

468 Umfassend hierzu Wittschier, JuS 1999, 585.
469 Th/P, § 766 ZPO, Rn. 15 ff.

ausschließlich örtliche und sachliche Zuständigkeit, §§ 766 I, 764 I ZPO	**b)** Ausschließlich sachlich und örtlich zuständig ist das Amtsgericht, in dessen Bezirk die Zwangsvollstreckung stattfindet, §§ 766 I, 764 I, II, 802 ZPO.

298

> **hemmer-Methode: Die funktionelle Zuständigkeit liegt dabei gemäß § 20 Nr. 17 S.2 RPflG beim Richter, sog. Richtervorbehalt.[470]**

Form und Frist	**c)** Eine Frist ist nicht zu beachten, die Erinnerung ist analog § 569 II ZPO schriftlich oder zu Protokoll der Geschäftsstelle einzulegen, § 569 III ZPO analog.[471] Ein bestimmter Antrag des Rechtsbehelfsführers ist jedoch nicht notwendig, da die Erinnerung ohne Rücksicht auf ihre Begründung zulässig ist.[472]

299

Beschwer	**d)** Der Rechtsbehelfsführer muss beschwert sein. Er muss sich also auf die Verletzung einer Verfahrensvorschrift berufen, die ihm zugutekommen soll.

300

„Dritterinnerung"	Diese Beschwer ist regelmäßig nur dann problematisch, wenn Dritte (d.h. also nicht der Vollstreckungsschuldner) nach § 766 ZPO vorgehen. Sie sind nur dann erinnerungsbefugt, wenn sie die Verletzung einer Verfahrensvorschrift rügen können, die gerade ihrem Schutz dienen soll. Man spricht in einem solchen Fall von einer „Dritterinnerung".[473]

> **hemmer-Methode: Denken Sie an die ähnliche Problematik der Klagebefugnis nach § 42 II VwGO bei der Drittanfechtung von Verwaltungsakten.**

> *Bsp.: Solche Vorschriften sind §§ 809, 829 II ZPO. Erwägenswert ist auch eine Einbeziehung einiger Tatbestände des § 811 ZPO, soweit der Dritte in den Schutzbereich fällt, so z.B. Familienmitglieder bei § 811 Nr. 1, 5[474] ZPO. Dagegen kann sich der Dritte i.d.R. nicht darauf berufen, Eigentümer der gepfändeten Sache zu sein, da der Gerichtsvollzieher dies (außer in Evidenzfällen, vgl. Rn. 120) nicht zu berücksichtigen hat. Hier bleibt dem Dritten nur die Klage nach § 771 ZPO.*

> **hemmer-Methode: Hat der Dritte an sich beide Rechtsbehelfe (§ 771 ZPO und § 766 ZPO) zur Verfügung, kann ihm für den i.d.R. schwerer überprüfbaren Rechtsbehelf des § 771 ZPO das Rechtsschutzbedürfnis fehlen, wenn z.B. ein evidenter Verfahrensverstoß vorliegt. Doch sollte man hier im Interesse eines wirksamen Schutzes nicht allzu streng sein.[475] Insbesondere wenn sich in der Klausur materiell- und verfahrensrechtliche Probleme ergeben, wird i.d.R. eine Bearbeitung von beiden Rechtsbehelfen erwartet werden.**

Rechtsschutzbedürfnis	Das erforderliche Rechtsschutzbedürfnis ist für den Vollstreckungsschuldner und etwaige Dritte von Beginn der Zwangsvollstreckungsmaßnahme an bis zu deren Ende gegeben, bei der Sachpfändung also bspw. bis zur Auszahlung des Versteigerungserlöses.[476] Für den Vollstreckungsgläubiger besteht das Rechtsschutzbedürfnis sobald und solange eine vollstreckbare Ausfertigung i.S.d. § 724 ZPO erteilt ist.

---

470   Th/P, § 766 ZPO, Rn. 8.

471   Th/P, § 766 ZPO, Rn. 19.

472   Th/P, § 766 ZPO, Rn. 14.

473   K. Schmidt, JuS 1992, 90 ff. (95).

474   Vgl. die Ausführungen im Rahmen der Rn. 109.

475   Th/P, § 771 ZPO, Rn. 1.

476   Th/P, § 766 ZPO, Rn. 21.

2. Begründetheit

Begründetheit, wenn Verfahrensverstoß vorliegt

Begründet ist der Rechtsbehelf, wenn das Gericht eine Verletzung der gerügten Verfahrensvorschrift feststellt. Dabei hat es sich an den Antrag des Rechtsbehelfsführers zu halten.[477]

301

3. Einstweilige Anordnung

Der Erlass einer einstweiligen Anordnung ist nach §§ 766 I S.2, 732 II ZPO möglich.

302

III. Die sofortige Beschwerde nach § 793 ZPO

1. Zulässigkeit

sofortige Beschwer, § 793 ZPO Zulässigkeit

a) Statthaft ist die sofortige Beschwerde, wenn eine Entscheidung im Vollstreckungsverfahren vorliegt, § 793 ZPO. § 793 ZPO regelt dabei nur die Statthaftigkeit (§ 567 I Nr. 1 ZPO). Für die anderen Zulässigkeitsvoraussetzungen gilt § 572 II ZPO.

303

b) Zuständig ist zunächst das Ausgangsgericht, das abhelfen kann, § 572 I ZPO. Hilft es nicht ab, hat es die Beschwerde unverzüglich dem Beschwerdegericht vorzulegen. Beschwerdegericht ist das nach der Gerichtsorganisation jeweils übergeordnete Gericht.

c) Für die Form gilt § 569 ZPO, als Frist gilt eine Notfrist von zwei Wochen nach § 569 I S. 1 ZPO.

d) Beschwert ist derjenige, zu dessen Gunsten die Verfahrensvorschrift besteht.

2. Begründetheit

Begründetheit

Die sofortige Beschwerde ist begründet, wenn die Entscheidung fehlerhaft ist und soweit der Beschwerdeführer beschwert ist. Neue Tatsachen und Beweise sind zu berücksichtigen, § 571 ZPO.

304

IV. Die Rechtspflegererinnerung

§ 11 RPflG

Die Rechtspflegererinnerung nach § 11 RPflG hat seit Änderung des Gesetzes 1998 stark an Bedeutung eingebüßt. Sie ist streng subsidiär zur sofortigen Beschwerde, vgl. § 11 I, II RPflG.

305

---

477   Th/P, § 766 ZPO, Rn. 23.

§ 7 DIE SICHERUNG DER ZWANGSVOLLSTRECKUNG

A) Eidesstattliche Versicherung und Haft

I. Wesen

306

Vermögensauskunft, § 802c, f ZPO

Die Vermögensauskunft nach §§ 802c, f ZPO ist das letzte Mittel des Gläubigers, den Schuldner zur Zahlung seiner Geldschuld oder zur Herausgabe der Sache zu bewegen.

307

In der Praxis hat die Vermögensauskunft nach § 802c ZPO vor allem bei der Geltendmachung von Geldansprüchen Bedeutung.

Eintragung in Schuldnerverzeichnis, § 915 ZPO

Wenn der Schuldner nämlich seiner Pflicht zur Abgabe der Erklärung nachkommt, wird er in ein Schuldnerverzeichnis eingetragen, § 882c I Nr.1 ZPO. Das Einsichtsrecht richtet sich nach § 882f ZPO.

Wirtschaftlich jedenfalls bedeutet dies für den Schuldner das „Aus". Besonders seine Kreditwürdigkeit ist dahin.

II. Verfahren

Verfahren: früher erfolglose Pfändung; heute: isolierter Antrag zulässig

Früher konnte die Abgabe der Vermögensauskunft erst dann verlangt werden, wenn ein erfolgloser Vollstreckungsversuch durchgeführt worden war. Nach §§ 802c, f ZPO ist dies nun keine Voraussetzung mehr.[478]

308

Das Verfahren richtet sich nach § 802f ZPO. Das Verzeichnis wird beim zentralen Vollstreckungsgericht hinterlegt (für die einzelnen Bundesländer kommentiert in Th/P, § 882h, Rn. 4), §§ 802f VI, 802k ZPO. Dem Gläubiger wird unverzüglich ein Ausdruck zugeleitet.

III. Haft

Haftbefehl

Kommt der Schuldner im Termin seiner Pflicht zur Abgabe der Erklärung nicht nach oder erscheint er erst gar nicht, ordnet das Gericht auf Antrag des Gläubigers die Haft nach § 802g I S. 1 ZPO an.

309

Nach Erlass des Haftbefehls hat der Gerichtsvollzieher den Schuldner auf Antrag nach § 802g II S. 1 ZPO zu verhaften.

Die Haft darf maximal sechs Monate dauern, § 802j I S. 1 ZPO.

Der Schuldner hat es dann in der Hand, die Haft jederzeit zu beenden, indem er die eidesstattliche Versicherung abgibt, § 802i ZPO.

B) Einstweiliger Rechtsschutz

I. Überblick

Arrest und einstweilige Verfügung

Der einstweilige Rechtsschutz ist in §§ 916 bis 945 ZPO geregelt; er stellt eine besondere Rechtsschutzform dar. Es handelt sich dabei um ein summarisches Verfahren zur Sicherung der Rechtsverwirklichung.

310

---

[478] Die Änderungen erfolgten mit Wirkung zum 01.01.2013 durch das Gesetz zur Verbesserung der Sachaufklärung, vgl. zusammenfassend zu den Änderungen d'Alquen, Life&Law 2013, 58 ff.

Einstweiliger Rechtsschutz ist notwendig, weil ein oft langwieriger Prozess zum Verlust der Gläubigerrechte führen kann. Es muss daher ein schnelles Verfahren geben, das zu einer einstweiligen Sicherung des Gläubigers, nicht jedoch zu seiner Befriedigung führt.

Das Gesetz gibt vorläufigen Rechtsschutz in zwei Formen, die sich gegenseitig ausschließen:

1. den **Arrest** zur einstweiligen Sicherung der Zwangsvollstreckung wegen einer auf Geld gerichteten Forderung,

2. die **einstweilige Verfügung** zur einstweiligen Sicherung von Ansprüchen, die nicht auf Geld gerichtet sind.

> **hemmer-Methode: Beide Sicherungsformen sind im Bereich der Zwangsvollstreckung geregelt, obwohl es sich in Wirklichkeit um vereinfachte und beschleunigte Erkenntnisverfahren handelt, die mit einer gerichtlichen Entscheidung enden, aus der gemäß § 928 ZPO vollstreckt werden kann.**
> **Die Eingliederung von Arrest und einstweiliger Verfügung in das 8. Buch der ZPO ist daher irreführend.**[479]

Gesetzestechnisch ist der Arrest in den §§ 916 bis 934 ZPO vollständig geregelt, während sich die einstweilige Verfügung (im Hinblick auf ihre praktische Relevanz unglücklich) über die Verweisung in § 936 ZPO nach den Vorschriften des Arrestes bzw. den Sonderbestimmungen in §§ 935, 937 bis 945 ZPO richtet.

II. Der Arrest, §§ 916 ff. ZPO

1. Voraussetzungen des Arrestbefehls

Arrestanspruch / Arrestgrund

Notwendig sind ein Arrestanspruch und ein Arrestgrund. Der Arrestanspruch nach § 916 ZPO meint den geldwerten materiell-rechtlichen Anspruch, beispielsweise einen Anspruch auf Zahlung von 10.000,- € aus Darlehen.

311

Unter dem Arrestgrund (§ 920 II ZPO) versteht man die Besorgnis, dass ohne Verhängung des Arrests die Vollstreckung des Urteils vereitelt oder wesentlich erschwert würde (§ 917 ZPO). Nach h.M. handelt es sich dabei um eine besondere Form des Rechtsschutzbedürfnisses.[480]

Bei der Frage des Arrestgrundes ist zu unterscheiden zwischen dem dinglichen Arrest (§ 917 ZPO) und dem nur subsidiär statthaften persönlichen Arrest (§ 918 ZPO).

Glaubhaftmachung

Arrestanspruch und Arrestgrund hat der Gläubiger nach § 920 II i.V.m. § 294 ZPO glaubhaft zu machen. Dann entscheidet das Gericht durch Beschluss oder Urteil, § 922 ZPO.

Zuständig ist nach § 919 ZPO sowohl das Gericht der Hauptsache als auch das Amtsgericht, in dessen Bezirk der mit Arrest zu belegende Gegenstand oder die in ihrer persönlichen Freiheit zu beschränkende Person sich befindet.

---

479   Jauernig, Zwangsvollstreckungsrecht, § 34 III.
480   Arens/Lüke, Zivilprozessrecht, Rn. 717.

2. Rechtsbehelfe[481]

Rechtsbehelfe

Gegen Urteile kann sich der Schuldner nur mit der Berufung wehren; eine Revision ist nicht statthaft (§ 542 II S. 1 ZPO).   *312*

Wird dagegen durch Beschluss entschieden, so muss man unterscheiden:

a) wird das Gesuch abgewiesen, steht dem Gläubiger gemäß § 567 I Nr. 2 ZPO die sofortige Beschwerde zu,

b) gegen einen stattgebenden Beschluss ist dagegen nicht die Beschwerde, sondern der Widerspruch gegeben (§ 924 I ZPO).

hemmer-Methode: Anders als die Beschwerde hat der Widerspruch keinen Devolutiveffekt, sondern führt dazu, dass das erlassende Gericht nunmehr einen Termin zur mündlichen Verhandlung bestimmt und durch Urteil entscheidet (§§ 924 II S.2, 925 I ZPO), wogegen wiederum die Berufung statthaft ist.

Zudem kann der Schuldner dem Gläubiger nach § 926 ZPO aufgeben lassen, innerhalb einer bestimmten Frist Klage in der Hauptsache zu erheben, falls dies noch nicht geschehen ist.

Schadensersatzanspruch, § 945 ZPO

Auch bleibt dem Schuldner der Schadensersatzanspruch nach § 945 ZPO, wenn sich der Arrest unabhängig vom Verschulden des Gläubigers als ungerechtfertigt herausstellt.

3. Die Vollziehung des Arrestbefehls

Vollziehung

Mit dem Erlass des Arrestbefehls ist der Gläubiger noch nicht gesichert. Dazu ist die Vollziehung des Befehls nötig. Sie richtet sich gemäß § 928 ZPO nach den Vorschriften über die Zwangsvollstreckung, soweit die §§ 929 ff. ZPO keine Besonderheiten vorsehen.   *313*

Zu beachten ist dabei aber, dass die Vollziehung noch nicht zur Befriedigung, sondern nur zur Sicherung des Gläubigers führen darf.[482] So werden bewegliche Sachen zwar gepfändet nach § 930 ZPO, mit Ausnahme des § 930 III ZPO nicht aber auch verwertet.

In ein Grundstück wird gemäß § 932 ZPO grundsätzlich nur durch eine Arresthypothek vollstreckt.

III. Die einstweilige Verfügung, §§ 935 ff. ZPO[483]

Zulässigkeit und Begründetheit

Ist in einer Klausur nach den Erfolgsaussichten eines Antrags auf einstweilige Verfügung gefragt, so ist, da es sich lediglich um ein summarisches Erkenntnisverfahren handelt, zwischen Zulässigkeit und Begründetheit zu unterscheiden.   *314*

---

481   Vgl. Arens/Lüke a.a.O., Rn. 719.

482   Th/P, § 928 ZPO, Rn. 1.

483   Ausführlicher in Hemmer/Wüst, ZPO I, Rn. 656 ff.

1. Zulässigkeit

Besonderheiten

I.R.d. Zulässigkeitsprüfung sind gegenüber dem normalen Erkenntnisverfahren folgende Besonderheiten zu beachten: 315

ausschließlicher Gerichtsstand, § 802 ZPO

a) Sachlich und örtlich zuständig ist grundsätzlich das Gericht der Hauptsache, §§ 937 I, 943 ZPO. Hierbei handelt es sich um einen ausschließlichen Gerichtsstand, § 802 ZPO.

Ausnahmsweise ist unter den Voraussetzungen des § 942 ZPO eine sog. Dringlichkeitszuständigkeit gegeben.

Behauptung eines Verfügungsanspruchs

b) Der Antragsteller muss behaupten, dass ihm ein durch eine einstweilige Verfügung sicherbarer Anspruch zusteht.[484]

2. Begründetheit

Glaubhaftmachung:

Der Antrag auf Erlass einer einstweiligen Verfügung ist begründet, wenn der Antragsteller das Bestehen eines Verfügungsanspruchs und eines Verfügungsgrundes glaubhaft macht, §§ 936, 920 II ZPO. 316

Zum Beweis von Verfügungsanspruch und -grund kann sich der Antragsteller also neben den im Strengbeweisverfahren zulässigen Beweismitteln insbesondere der Versicherung an Eides Statt bedienen, § 294 ZPO.

Verfügungsanspruch

a) Verfügungsanspruch ist der zu sichernde, materiell-rechtliche Anspruch des Antragstellers. 317

hemmer-Methode: An dieser Stelle können Sie in der Klausur systematisches Verständnis zeigen! Die Prüfung des Verfügungsanspruchs ist das „Einfallstor" für die gewohnte, materiell-rechtliche Anspruchsprüfung. Lassen Sie sich also durch die Falleinkleidung nicht irritieren!

Verfügungsgrund

b) Verfügungsgrund ist, allgemein formuliert, die bestehende Gefahr einer Rechts- oder Interessensbeeinträchtigung beim Antragsteller für den Fall, dass eine vorläufige Regelung des Rechtsverhältnisses oder eine Sicherung des bestehenden Zustandes unterbleibt. 318

3. Arten der einstweiligen Verfügung

Sicherungsverfügung

a) Die Sicherungsverfügung, § 935 ZPO, dient der Sicherung eines Anspruchs auf eine nicht in Geld bestehende Individualleistung, z.B. Herausgabe von Sachen, Bestellung von Rechten, Abgabe von Willenserklärungen, vgl. v.a. §§ 885 I, 899 II ZPO. 319

grds. keine Vorwegnahme der Hauptsache

Die Sicherungsverfügung ist das Gegenstück zum Arrest und darf wie dieser nicht über eine Sicherung des Gläubigers hinausgehen. Eine vollständige Realisierung des zu sichernden Rechts bleibt also grundsätzlich dem Hauptsacheverfahren vorbehalten.[485]

Regelungsverfügung

b) Die Regelungsverfügung, § 940 ZPO, dient hingegen der vorläufigen Regelung eines streitigen Rechtsverhältnisses, z.B. vorläufige Entziehung der Geschäftsführungs- und Vertretungsbefugnis eines Gesellschafters oder Einsicht in die Geschäftsbücher. 320

---

484   Th/P, § 935 ZPO, Rn. 1.
485   Hemmer/Wüst, ZPO I, Rn. 658.

Die Abgrenzung zwischen Sicherungs- und Regelungsverfügung kann im Einzelfall schwierig sein. Die Praxis unterscheidet zwischen den beiden Formen der einstweiligen Verfügung häufig nicht und nennt die §§ 935, 940 ZPO zusammen als Rechtsgrundlage.[486]

Ausnahme: Leistungsverfügung bei gesteigerter Dringlichkeit

c) Die Leistungsverfügung, die gesetzlich nicht geregelt ist, führt ausnahmsweise zu einer Befriedigung des Antragstellers, also zu einer Vorwegnahme der Hauptsache i.R.e. einstweiligen Verfügung.[487]

321

Als Verfügungsgrund ist hierfür allerdings eine gesteigerte Dringlichkeit erforderlich. Bei Unterhaltszahlungen ist eine Leistungsverfügung neben einer einstweiligen Anordnung nach §§ 246-248 FamFG unzulässig.[488]

4. Verfahren

Verfahren

Prinzipiell folgt das Verfahren in Verfügungssachen gemäß § 936 ZPO den Regeln des Arrestprozesses.

322

---

486   Th/P, § 935 ZPO, Rn. 3.
487   Zöller, § 940 ZPO, Rn. 6.
488   Th/P, § 940, Rn. 9.

Die Zahlen verweisen auf die Randnummern des Skripts